O Livro dIsso

Coleção Estudos
Dirigida por J. Guinsburg

Equipe de realização – Tradução: José Teixeira Coelho Netto; Revisão: Plinio Martins Filho; Produção: Ricardo W. Neves e Sergio Kon; Capa: Fotomontagem de um retrato de Groddeck com um desenho de Freud na tentativa de topografar o Isso de Groddeck.

Georg Groddeck

O LIVRO dISSO

Título do original alemão
Das Buch vom Es

Copyright © Limes Verlag

Tradução feita a partir da leitura comparada das competentes traduções inglesa e francesa (*The Book of the It*, Londres, Vision Press e *Le Livre du Ça*, Paris, Gallimard/Tell).

Dados Internacionais de Catalogação na Publicação (CIP)
(Câmara Brasileira do Livro, SP, Brasil)

Groddeck, Georg, 1866-1934.
   O livro dIsso / Georg Groddeck ; [tradução José Teixeira Coelho Netto]. — São Paulo : Perspectiva, 2012. — (Estudos ; 83 / dirigida por J. Guinsburg)

   Título original: Das Buch vom Es.
3ª reimpr. da 4. ed. de 1997.
ISBN 978-85-273-0122-0

   1. Psicanálise 2. Sexo (Psicologia) I. Guinsburg, J.
II. Título. III. Série.

04-6482   CDD-150.195

Índices para catálogo sistemático:
1. Psicanálise : Psicologia 150.195

4ª edição – 3ª reimpressão
[PPD]

Direitos reservados em língua portuguesa à
EDITORA PERSPECTIVA S.A.

Av. Brigadeiro Luís Antônio, 3025
01401-000 – São Paulo – SP – Brasil
Telefax: (0-11) 3885-8388
www.editoraperspectiva.com.br

2020

Sumário

O Fuçador das Almas	IX
Prefácio	XV
Carta 1	1
Carta 2	9
Carta 3	17
Carta 4	25
Carta 5	35
Carta 6	43
Carta 7	53
Carta 8	61
Carta 9	69
Carta 10	75
Carta 11	81
Carta 12	87
Carta 13	93
Carta 14	99
Carta 15	111
Carta 16	119
Carta 17	125
Carta 18	131
Carta 19	137
Carta 20	143
Carta 21	149
Carta 22	155
Carta 23	161

Carta 24	167
Carta 25	173
Carta 26	179
Carta 27	185
Carta 28	191
Carta 29	199
Carta 30	207
Carta 31	215
Carta 32	223
Carta 33	229

O Fuçador das Almas

Em 1913, Georg Groddeck publicava seu sétimo livro, *Nasamecu*, título formado a partir de *Natura sanat, medicus curat*: a natureza sara, o médico cura. Nessa obra — cujo título já apresentava o programa a que ele permaneceria sempre fiel — Groddeck falava dos ossos, dos músculos, da alimentação, da circulação sangüínea, dos olhos e outros temas conexos e de como tudo isso se apresentava no homem "sadio" e no homem "doente". Era uma discussão e uma explicação de alguns problemas que se apresentam para o corpo humano (ou, como diria ele, que o corpo humano *se* apresenta) e de como Groddeck os enfrentava. O livro quase poderia ser tomado como uma espéoie de manual de auto-auxílio médico, mesmo que não fosse essa a intenção (maliciosa) de Groddeck. E tanto poderia ser tomado por isso que de fato foi. Alguns anos após a publicação de *Nasamecu*, Groddeck recebe uma carta de um australiano, de que nunca ouvira falar, contando como aquele livro lhe salvara a vida. Aquele estranho lhe dizia que viajava pelo interior da Austrália quando ficou seriamente doente. Não havia por ali, no interior, assistência médica. Como sempre. Mas o missivista ouvira falar de um certo homem que vivia perto e que, dizia-se, fazia milagres. Era sua única e provavelmente última alternativa: foi procurá-lo. E curou-se. Mais tarde, aquele santo milagroso confessou-lhe que na verdade não era médico, mas tinha um livro que o ajudava em suas curas, um livro maravilhoso. O livro, claro, era *Nasamecu*.

Isso deve ter acontecido muitas outras vezes, com esse e outros livros de Groddeck. Eu mesmo gosto de acreditar que um outro livro seu, exatamente este *Livro dIsso*, me salvou (e eu talvez lhe deva mais do que consigo ou quero admitir). Se é assim, como é que quase

X   O LIVRO dISSO

ninguém ainda ouviu falar em Groddeck, particularmente no Brasil? Groddeck, a quem Freud, o próprio Freud, deve se não o conceito pelo menos a expressão *das Es*, mais conhecido como Id e que na verdade é o Isso? Há uns quatro anos, escrevendo um artigo para um jornal sobre Groddeck, tive a curiosidade de saber se a biblioteca do Instituto de Psicologia da Universidade de São Paulo tinha em seu acervo algum livro dele. Não tinha. Quando se observa que as primeiras edições comerciais dos livros de Groddeck fora da Alemanha, que começaram a divulgar seu nome *do lado de cá* (para o Brasil, mas Inglaterra e França poderiam incluir-se aí também, já a Alemanha faz parte do outro, do outro lado, já é quase um oriente), datam do começo da década de 60, não se estranha muito que em fins de 70 esse material ainda não tivesse chegado por aqui. Esse atraso, para nós, como sempre, significa trem no horário. Mesmo assim, é um atraso considerável, para nós e para qualquer outro, França e Inglaterra inclusive, que se responsabilizaram por essa redivulgação. Afinal, *O Livro dIsso* é de 1923. Por que esse desconhecimento, essa negligência? Durrell, em seu prefácio, tem bastante razão quando lembra que isso se deve essencialmente ao fato de Groddeck nunca ter cedido à tentação de fundar uma Sociedade Groddeckiana de Psicanálise, nos moldes das sociedades responsáveis pela divulgação das obras de Freud ou Jung. Como sabe um bom agente literário, toda obra, por melhor que seja, necessita de um processo de "implementação" sem a qual ela não aparece e frutifica. Claro, não exageremos, Freud e Jung não precisaram disso. Mas tiveram suas sociedades, que os perpetuaram. Groddeck não aceitou a beatificação. Nunca poderia.

Mas essa é apenas parte da negligência – se é essa a palavra – mostrada para com Groddeck. Há outras. A resistência do próprio Freud, que reconheceu por escrito sua dívida com Groddeck no caso da designação *das Es* (embora seu conceito disso fosse mais restrito que o de Groddeck), tem seu papel nesse jogo. Como é possível ver na correspondência entre ambos, Freud freqüentemente acha que Groddeck exagera, se· deixa levar por sua imaginação; em mais de uma ocasião, Freud faz questão de ressaltar que não subscreve de modo algum certas colocações de Groddeck e não deixa· de exortá-lo a voltar para o "bom caminho", quer dizer, o caminho de Freud. Tudo bem, afinal Freud era um homem, podia ter suas recaídas de ·auto-estima, autoconsideração, de mestre (coisa que Groddeck nunca negou) sentindo-se excedido pelo discípulo. Tudo bem – mas recriminações ou críticas assinadas por um nome como o de Freud não desaparecem propriamente da noite para o dia. E Groddeck, de seu lado, não tanto por retaliação como por convicção, nunca seguiu exatamente os passos do mestre. Ele mesmo gostava, e muito, de chamar-se "um analista selvagem" – quer dizer, estava à margem, reconhecia isso, reivindicava isso. Os médicos não o aceitaram integralmente, também – pelas razões que se pode ler neste livro – embora sempre lhe encaminhassem seus casos perdidos, seus pacientes desenganados. Os médicos daquele momento e os de hoje, embora a medicina psicossomática seja agora (ou deveria ser) uma veneranda senhora de barbas brancas. Groddeck

O FUÇADOR DAS ALMAS   XI

estava fora dos círculos psicanalíticos que faziam furor no momento, que estavam na moda, e estava fora do circuito tradicional da medicina, isolado em seu sanatório de Baden-Baden. Seu primeiro trabalho era curar, só depois dar conferências e escrever. Com isso, ficou fora também do circuito acadêmico. Não é de estranhar, portanto, que as universidades brasileiras não tenham ou não tivessem, até bem pouco, livros de Groddeck, seja em que língua for (este parece ser o primeiro, em português, ou no Brasil). E enquanto a universidade continuar acadêmica, este não será um livro para ela.

Este é um livro, antes de mais nada, gostoso de ler. Depois, um livro que ninguém lê impunemente: é o leitor quem está em jogo em cada página, profundamente, visceralmente, existencialmente. Para quem se recusar a este jogo, o livro não serve nada. Não é um livro de estudo, embora não haja estudo possível, formação alguma, sem a leitura deste livro. É um livro a-sistemático, onde o autor diz e se desdiz apenas para se confirmar e se pôr em dúvida o tempo todo. Um livro exagerado, como a vida, malicioso, cujo autor sente um evidente prazer em tirar o pêlo do leitor. Onde já se viu? Portanto, é inútil tentar aqui uma esquematização da linha de desenvolvimento do livro, bobagem destacar os elementos a cuja volta o livro se organiza, ou os pontos da teoria de Groddeck. O leitor com formação ou informação psicanalítica reconhecerá isso por conta própria. O leitor comum (o que é isso?) não precisa dessas coisas. Basta entregar-se ao prazer da leitura e a esse outro prazer, não raro incômodo: a autodescoberta.

Este livro, numa palavra, é sobre tudo. É sobre o homem, sobre o mundo, sobre a cultura. Sobre tudo, sobre sempre. É uma leitura das lendas, dos mitos religiosos, da família, da doença, do doente, do médico, do sexo, da vida, da morte, dos excrementos, da filosofia. Não adianta insistir na procura das variações: é um livro sobre o homem, um livro sobre tudo isso. Uma revelação, uma operação de encantamento.

*

O Livro dIsso estava pronto em dezembro de 1921, como se lê numa carta de Groddeck a Freud de 4 desse mês. Seu título inicial era "Cartas a uma Amiga sobre a Psicanálise", assumindo seu nome atual após conversas com Rank ou o próprio Freud, não é possível determinar. Nesse livro está praticamente tudo sobre Groddeck e sua teoria. A amiga é imaginária, quem assina as cartas é um médico fantasma, "amigo de Groddeck", muita coisa é inventada mas tudo é verdadeiro. Ali Groddeck conta como atacou a psicanálise em seus primeiros escritos (justamente em *Nasamecu*) e como se envergonha por isso. Fala de seu abatimento quando descobriu que um outro, Freud, havia divulgado antes dele certas concepções, as da psicanálise, que ele havia descoberto sozinho. Diz como acabou lendo Freud e como se tornou seu discípulo, sem insistir ou mencionar que deu a Freud o conceito de *Es*, Isso, Id. Mostra que teria chegado aonde chegou mesmo que Freud não tivesse existido. Talvez, até, mais longe: Freud criticou vários trechos do livro e Groddeck remanejou-o por esse e

XII   O LIVRO dISSO

outros motivos, desbastando-o, tornando-o menos agressivo e espantoso do que previsto na versão inicial, a ponto de Groddeck desgostar-se da fatura final, demasiado polida a seu ver. O livro conta suas primeiras descobertas no setor (ao redor de 1911, se é preciso datar; leu Freud em fins de 13, reconhece a primazia de Freud em 15, integra-se ao freudismo em 17), mostra de modo indolor o método intuitivo de trabalho de Groddeck e indica por que poderia ter sido ele o inventor da psicanálise. Mostra também, coisa rara naquele momento e ainda agora, o desprezo criador de Groddeck pela ciência e pela verdade. (Numa carta de fevereiro de 22, Freud faz questão de destacar que não apenas não condivide "o pan-psiquismo de Groddeck que raia o misticismo" como receia seu "desprezo prematuro pela ciência e pela razão": Groddeck reivindica exatamente tudo isso.) E mostra ainda a atitude fundadora de Groddeck: ele não está preocupado com o modo pelo qual os leitores ou os intelectuais receberão seu livro, o que fariam seguramente "com indignação", mas sim com a reação do público para o qual aquele livro, e outros antes e depois, havia sido escrito: seus *pacientes*. Em maio de 23, ainda em carta a Freud, manifesta que o livro está, sim, tendo seus efeitos entre seus pacientes. Ao contrário do que ainda hoje, inexplicavelmente, se verifica – o médico considerando que o paciente não está à altura de entender e menos ainda discutir seus problemas, que devem ser deixados à competência do médico: conhecemos isso também na área da condução política e econômica do país – Groddeck insistia em que seus pacientes deviam não apenas ser informados sobre o que tinham mas também, especialmente, sobre os princípios gerais, pelo menos, dos princípios teóricos utilizados em seu tratamento. Em seu "sanatório", como o chamava, Groddeck reunia assiduamente seus pacientes para fazer-lhes "conferências psicanalíticas" – não para ilustrá-los mas para que tivessem os meios de reagir a seus males.

   É muito, para um livro do gênero? É pouco, quando verificamos que ali vem contada a história de cada um de nós.

                                    *

   Georg Walther Groddeck nasceu a 13 de outubro de 1866 em Bad Kösen, Alemanha, filho de um médico, Karl Groddeck, cujos escritos teriam sido lidos com particular atenção por Nietzsche. Foi seu pai quem começou a encaminhá-lo para fora da ciência médica de seu tempo, num trabalho continuado depois, na universidade, pelo professor que Groddeck menciona o tempo todo, Ernst Schwenninger, médico de Bismarck. Já naquela época, Schwenninger via a alopatia com extrema reserva (também Groddeck fala com horror do estado de intoxicação por remédios ostentado por muitos dos pacientes que o procuravam). Seguindo essa orientação, Groddeck estabeleceu inicialmente uma sistemática de trabalho baseada em massagens especiais (ele mesmo era capaz de fazê-las), dietas e banhos de água quente, ao que acrescentou, numa segunda fase, seu procedimento analítico.

   Groddeck interessou-se amplamente pelas questões da arte (tem mais de um livro sobre o assunto, onde expõe concepções inovadoras

O FUÇADOR DAS ALMAS   XIII

como sua análise do feminismo em *Casa de Boneca*, de Ibsen; Jane Fonda não teria feito o filme que fez se tivesse lido Groddeck e descoberto em que consiste o "feminismo" de Nora). Apaixonou-se também — algo coerente e previsível, dentro de sua obra e prática — pela utopia; leitor de Owen, iniciou uma cooperativa em Baden-Baden, voltada particularmente para o projeto de construções. Publicou ainda um romance, *Der Seelensucher*.

Morreu em conseqüência de um ataque cardíaco em maio de 1934, numa casa de saúde de Knonau, perto de Zurich.

*

As cartas imaginárias que compõem *O Livro dIsso* vêm assinadas por um certo Patrik Troll. Groddeck "explica" o Patrik mas silencia sobre Troll. Tanto quanto sei, tampouco os exegetas mais conhecidos de Groddeck (e ninguém como ele para dizer como detestava os exegetas) manifestaram-se a respeito desse nome. Mas Groddeck sentia tanto prazer, um verdadeiro prazer, um prazer quase infantil — o melhor prazer que existe —, com o jogo das associações, das livre-associações, que seria quase um pecado não tentar esse jogo. Ele riria, benevolamente, quer a associação-interpretação esteja certa ou errada. No máximo, diria que assim é se me parece. O fato é que Groddeck era leitor assíduo de Ibsen, entre outros; em 1910 publicou um livro sobre as peças de Ibsen. Bem, em *Peer Gynt*, uma das personagens importantes é a figura de *troll*, ser mítico do folclore escandinavo, gigante ou anão, habitante das cavernas ou das montanhas (ou das cavernas nas montanhas), amoral e imoral, capaz de ser homem e mulher, severo e devasso, brincalhão e destruidor. A polaridade é algo fundamental para Groddeck, algo que ele aponta sempre como característica do Isso, "essa força que faz o homem agir, pensar, crescer, que o faz sadio ou doente, em suma, que o *vive*". E não apenas *a* polaridade é própria do Isso, do homem, mas *essa* polaridade do *troll*, com todas *essas* oposições que estão o tempo todo no homem, qualquer homem, e que estão o tempo todo em Patrik Troll, malicioso sábio curandeiro, aliás Georg Groddeck. *Se non è vero...* vale assim mesmo; gosto dessa solução e aprendi que o gosto, o prazer, é fundamental na hermenêutica. Ou em qualquer ciência.

teixeira coelho

Prefácio

Este livro extraordinário merece hoje, duplamente, nossa atenção, porque não é apenas uma obra-prima da literatura: é também uma resenha em primeira mão, pelo pai da medicina psicossomática, do desenvolvimento de suas idéias a respeito da saúde e da doença. Não, apesar do assunto, não se trata de uma tese! Groddeck desenvolve suas idéias ao longo de uma série de cartas familiares dirigidas a uma de suas pacientes — cartas espirituosas, impregnadas de poesia e malícia. Como todos os poetas, ele não é sistemático, nem dogmático ou didático — o que talvez explique a negligência de que é alvo por parte dos médicos. Seu procedimento é o da "intuição" escolhida, com a habilidade de um escritor nato. No entanto... escrevia Freud que "em vão" Georg Groddeck "afirma nada ter a ver com a ciência". De fato, em vão! Mas Groddeck era mais um curandeiro e um sábio do que um médico; ele não podia permanecer nos limites de um determinismo psicológico tão rígido quanto o de Freud. Ele gostava de Freud e o reverenciava como mestre, e de fato tudo deve a esse grande homem, porém... seu ângulo de visão é inteiramente novo e original. Foi o primeiro a reconhecer todo o valor das hipóteses de Freud no domínio das doenças orgânicas; em sua célebre clínica de Baden-Baden, lutou contra o câncer e a tísica, e não contra as neuroses. Suas armas principais eram o regime, as massagens e a investigação psicológica na linha freudiana. Seu modo de proceder partia do princípio de que as doenças do homem eram uma espécie de representação simbólica de suas predisposições psicológicas e que muitas vezes o centro delas, seu modelo tipológico, podia muito bem ser elucidado com sucesso através dos métodos freudianos somados às massagens e ao regime, tanto quanto qualquer neurose obsessiva. Ele se recusava a aceitar a divisão entre alma e corpo em dois compartimentos; para ele, eram diferentes modalidades do ser. Fabricamos nossas doenças mentais e físicas do mesmo modo. Hoje isso parece tamanho lugar-comum que o leitor terá alguma dificuldade em conceber como essa atitude era original quando foi exposta pela primeira vez por Groddeck. Mas dê uma olhada na data da primeira publicação deste livro!

Se é assim, como é que a obra de Groddeck pôde sofrer um eclipse tão pouco merecido? Em parte porque ele não queria escrever teses laboriosas, mas sobretudo porque sua modéstia o levou a opor-se a pedidos de seus alunos e admiradores, que desejavam fundar uma Sociedade Groddeck no gênero das sociedades que nos familiarizaram com as obras de Freud, Jung, Adler etc. Ele sentia o horror dos poetas pelos discípulos, pelos ensaios, artigos e exegeses... horror de toda essa poeira estéril que se levanta ao redor de um homem original e de uma idéia nova. Ele não queria ser transformado em papa ou bonzo. Sua vida era uma vida dedicada a curar. O conjunto de sua posição filosófica poderia de fato ser resumida a algumas centenas de palavras; mas o que nos prende a Groddeck não está apenas em suas idéias (é também o impacto de uma *transmissão* poética). Ele foi o primeiro a reorientar a medicina moderna ao pôr de lado a divisão corpo-alma: algumas de suas descobertas podem parecer fantásticas ainda hoje, mas tenho a certeza de que sua exatidão será demonstrada. Seus livros têm a certeza mágica da poesia... que é, resumindo, a faculdade de ver...

É simultaneamente uma honra e um prazer para um escritor inglês (que muito deve a esse grande gênio alemão) ter sido escolhido para prefaciar uma reedição desse livro injustamente negligenciado. Penso com alegria nos jovens leitores alemães que redescobrirão esse enigmático (e muitas vezes malicioso) poeta alemão da saúde do espírito... eu deveria ter escrito da saúde psico-espiritual, pois Groddeck teria desprezado uma frase truncada como aquela. O fato de estarem ou não esses leitores de acordo com algumas de suas idéias é inteiramente secundário: com Groddeck, somos arrebatados por seu entusiasmo vivificante, através das voltas e reviravoltas desta inteligência terna e irônica. Como eu gostaria de tê-lo conhecido, pelo menos para lhe apertar a mão!

Norman Douglas tinha o costume de dividir os escritores em duas categorias segundo a atitude diante da vida; em sua escala de valores, uns diziam sim à vida e os outros diziam não. Groddeck era dos que dizem sim, até a medula dos ossos. Sua força e sua ternura deveriam nos comover ainda hoje, pois ainda precisamos dele. E aqui está ele.

Lawrence Durrell

Carta 1

Minha querida amiga, você quer que eu lhe escreva, nada de pessoal, nem mexericos, nem frases feitas, mas coisas sérias, instrutivas, científicas mesmo. É muito sério.

O que é que eu, um pobre coitado, entendo de ciência? Não posso exibir-lhe, por outro lado, o pouco saber exigido pela prática da medicina, com o que você acabaria vendo os farrapos que nós, médicos, usamos por baixo da aprovação com que o Estado nos revestiu. Mas eu talvez consiga atender seus desejos contando-lhe a razão pela qual me tornei médico e como cheguei ao ponto de sentir aversão pela ciência.

Não me lembro de, quando menino, ter sentido um interesse especial pela profissão de médico. Em compensação, tenho a certeza de que nem nessa época, nem mais tarde, atribuí a essa profissão sentimentos de filantropia. E se às vezes — o que seguramente aconteceu — eu me escudei atrás desse nobre pretexto, que um tribunal indulgente me perdoe por essa mentira. Acabei sendo médico porque meu pai era médico. Ele havia proibido que todos meus irmãos seguissem esse caminho, provavelmente porque pretendia convencer-se a si mesmo e aos outros que suas dificuldades financeiras dependiam da má remuneração do médico, o que não era verdade uma vez que ele gozava, junto aos jovens e aos mais velhos, da reputação de ser um bom clínico, recebendo por isso as devidas honras. Mas, como seu filho e sem dúvida como qualquer um de nós, ele gostava de olhar para fora de si quando sabia que alguma coisa não ia bem lá dentro dele mesmo. Um dia, ele me perguntou — por que, eu não sei — se eu queria ser médico. E como essa pergunta me fazia diferente de meus irmãos, disse que sim. Foi assim que meu destino foi deci-

O LIVRO dISSO

dido, tanto em relação à escolha de minha carreira quanto ao modo pela qual eu deveria exercê-la. Pois a partir daquele momento, passei a imitar conscientemente meu pai, ao ponto de, alguns anos mais tarde, quando uma de suas velhas amigas ficou me conhecendo, ela ficar maravilhada: "Tem tudo do pai, menos a genialidade".

Nessa ocasião, meu pai me contou um incidente que mais tarde, quando aumentaram minhas dúvidas a respeito de minha capacidade como médico, fez com que eu me mantivesse em meu posto. É possível que eu já conhecesse aquela história mas, seja como for, é incontestável que ela me causou uma enorme impressão. Ele me disse que um dia, quando eu tinha três anos, ele me havia visto brincando com a boneca de minha irmã, um pouco mais velha que eu e minha companheira de brinquedos. Lina insistia em vestir uma roupa extra na boneca, e só depois de uma longa discussão eu concordei, dizendo: "Está bem, mas você vai ver, ela vai morrer sufocada!" Desse episódio, meu pai acabou concluindo que eu tinha dom de médico. E disso tudo eu tirei a mesma conclusão, por mais injustificada que ela pudesse ser.

Menciono esse episódio menor porque ele me dá o pretexto para falar de um traço de meu caráter: uma curiosa angústia que me invade de repente, e sem motivos aparentes, diante de certas circunstâncias de pouca importância. A angústia – ou o medo –, como você sabe, é conseqüência de um desejo recalcado. No momento em que eu expressava a opinião de que a boneca acabaria sufocada, eu devo ter sentido a vontade de matar alguém ou alguma coisa, personificada na boneca. Quem era esse ser, não sei; suponho que devia ser exatamente minha irmã. Por causa de sua saúde delicada, minha mãe gratificava-a com agrados que eu achava que me eram devidos, já que era o caçula. É isso aí: você tem aqui a essência do médico: uma propensão para a crueldade recalcada ao ponto de tornar-se uma coisa útil, e cujo censor é o medo de fazer sofrer. Quase valeria a pena observar até o fim a que ponto chega, nos seres humanos, essa oposição, delicadamente equilibrada, entre a crueldade e a angústia, pois isso é de uma enorme importância para a vida. Mas aqui, nesta carta, acho que basta dizer que meu comportamento para com minha irmã exerceu uma grande influência sobre a evolução e o controle de meu desejo de fazer os outros sofrerem. Nossa brincadeira preferida era brincar de mãe e filho. Às vezes o filho se comportava mal e tinha de receber umas palmadas. Tudo isso de uma forma suave, por causa do estado doentio de minha irmã – e o reflexo disso pode ser visto no modo pelo qual tenho exercido minha profissão. Além de meu horror pela sangrenta destreza do cirurgião, sinto uma verdadeira repugnância pelas misturas tóxicas dos farmacêuticos e, assim, fui levado a adotar as massagens e o tratamento psíquico. Estes não são menos cruéis, mas adaptam-se melhor às necessidades individuais de sofrimento dos humanos. Das exigências cotidianamente renovadas que a doença cardíaca de Lina propunha a meu tato, nasceu minha tendência por interessar-me de preferência pelos pacientes crônicos, não tendo eu nenhuma paciência com as infecções agudas.

CARTA 1

É mais ou menos isso que, provisoriamente, posso lhe dizer a respeito da escolha de minha profissão. Se você remoer um pouco tudo isso dentro de você mesma, acabará tendo uma série de idéias a respeito de minha atitude diante da ciência. Quando, desde a infância, alguém se debruça sobre um doente em separado, dificilmente essa pessoa conseguirá aprender a classificação sistemática. Mas mesmo aí o mimetismo interveio. Em medicina, meu pai era um herege, reconhecendo sua própria autoridade, seguindo seu próprio caminho e às vezes perdendo-se nele, a seu bel-prazer. Em relação ao respeito pela ciência, não era possível encontrar qualquer vestígio disso em suas palavras ou atos. Ainda me lembro como ele ria das esperanças depositadas na descoberta dos bacilos da tuberculose e do cólera, e com que prazer ele dizia que, desprezando todos os dogmas da fisiologia, havia alimentado com sopinha um bebê. O primeiro livro de medicina que ele pôs em minhas mãos — eu ainda estava no ginásio — foi a obra de *Radmacher* sobre o ensino da medicina experimental; como os trechos combatendo a ciência estavam energicamente assinalados no livro, e amplamente acrescidos de observações marginais, não é de espantar que, desde o começo de meus estudos, eu tenha me inclinado pelo ceticismo.

Esta propensão para a dúvida tinha ainda outras origens. Com a idade de seis anos, perdi por um tempo a afeição exclusiva de minha irmã. Ela desviou seus sentimentos para uma colega de escola, de nome Alma, e, coisa particularmente dolorosa para mim, transferiu nossas brincadeirinhas sádicas para sua nova amiga, deixando-me de fora. Uma vez consegui surpreender as duas menininhas contando-se histórias mutuamente — coisa de que gostavam acima de tudo. Alma estava falando de uma mãe malvada que, como punição, punha seu filho sapeca numa fossa negra — e é preciso ter em mente o que era uma fossa dessas, primitiva, numa cidade do interior, há muito tempo. Ainda hoje lamento não ter conseguido ouvir o fim dessa história. De repente, a amizade entre elas acabou e minha irmã voltou para mim. Mas esse período de solidão foi suficiente para provocar em mim uma profunda antipatia pelo nome de Alma.

Será que posso agora lhe lembrar que a Universidade é chamada de Alma Mater? Isso me fez ficar sempre com um pé atrás em relação à ciência, tanto mais quanto a expressão Alma Mater aplicava-se também ao colégio onde recebi minha formação clássica, onde sofri muito e a respeito do qual teria muita coisa a dizer se eu tivesse de fazer com que você compreendesse meu desenvolvimento no plano humano. Mas não é isso que está em jogo, e sim o fato de que eu transferi para a ciência toda a raiva e o sofrimento de meus anos passados nos bancos escolares por ser muito mais cômodo atribuir a origem das perturbações da alma a realidades exteriores do que ir procurar a causa disso nos cantos mais escuros do inconsciente.

Mais tarde, infinitamente mais tarde, percebi que a expressão Alma Mater — "mãe amamentadora" — recorda, para mim, os primeiros e mais terríveis conflitos de minha vida. Minha mãe só amamentou o primeiro de seus filhos; nessa época ela contraiu uma grave

4 O LIVRO dISSO

infecção nos seios, em conseqüência do que suas glândulas mamárias secaram. Meu nascimento deve ter ocorrido alguns dias antes da data prevista. Seja como for, a ama-de-leite que me estava destinada não se achava por perto e durante três dias fui alimentado, mais ou menos alimentado, por uma mulher que me vinha dar de mamar duas vezes por dia. Minha saúde não foi prejudicada por isso, me disseram depois. Mas quem pode conhecer os sentimentos de um bebê? Ter fome não é uma acolhida agradável para um recém-nascido. Várias vezes encontrei pessoas que passaram pela mesma experiência e embora eu não possa demonstrar que o espírito delas tenha sofrido algum dano, isso é algo bastante provável. E comparando-me com elas fico com a impressão de que eu me saí excepcionalmente bem de tudo isso.

Conheci, por exemplo, uma mulher – e a conheço há muito tempo – cuja mãe afastou-se dela desde seu nascimento; ela não a amamentou, embora tenha dado de mamar a seus outros filhos, e entregou-a à ama e à mamadeira. Mas a menininha preferia passar fome do que ter de chupar o bico de borracha; começou a enfraquecer, chegando mesmo a um passo da morte, até que um médico fez a mãe perceber sua indiferença culposa. Com isso, de repente a mãe sem coração se transformou em mãe preocupada. Mandou vir uma ama-de-leite e não passava um minuto sem se ocupar com a criança. A menina melhorou, cresceu, tornou-se uma mulher cheia de saúde. E transformou-se no carrasco da mãe, que até à morte cumulou-a de atenções. Mas o ódio da criança continuou vivo. Sua vida é uma cadeia de hostilidades de uma frieza de aço, e cada um dos elos dessa cadeia foi forjado pela vingança. Torturou a mãe enquanto esta viveu e abandonou-a em seu leito de morte para ir viajar. E sem perceber, persegue todos que lhe recordam a mãe, e até o fim da vida conservará esse ciúme que a fome lhe incutiu. Não tem filhos. As pessoas que destestam a mãe não têm filhos; isto é tão verdadeiro que nos casais sem filho é possível apostar, sem errar, que um dos dois é inimigo da própria mãe. Quando se odeia a mãe, teme-se o próprio filho, pois o ser humano vive segundo o velho preceito: "Neste mundo tudo se paga...". No entanto, esta mulher se vê devorada pelo desejo de ter um filho. Seu modo de andar é o de uma mulher grávida. Quando vê um bebê, seus seios incham e quando suas amigas estão grávidas, sua barriga cresce. Durante anos, esta mulher (que sob outros aspectos foi bem aquinhoada pela vida) ia todos os dias a uma maternidade para ali desempenhar as funções de enfermeira, limpando os bebês, lavando fraldas, cuidando das parturientes e, às escondidas, de vez em quando, com gestos de criminosa, colando em seu peito sem leite a boca dos recém-nascidos. E se casou duas vezes com homens que ela já sabia que não podiam ter filhos. Ela vive do ódio, da angústia, do ciúme e da tortura incessante provocada por uma sede de algo inacessível.

Conheço uma outra; também esta passou fome em seus primeiros dias, logo após o nascimento. Nunca conseguiu admitir o ódio que sentia pela mãe; mas o sentimento de ter matado essa mãe persegue-a sem parar, por mais absurda que essa idéia lhe possa parecer.

CARTA 1

É que a mãe morreu de uma operação da qual a filha nunca ficou sabendo. Há muitos anos ela vive sozinha, doente, fechada num quarto, alimentando um ódio geral contra a humanidade, sem ver ninguém, tendo ciúmes de todo mundo e odiando.

No que me diz respeito, a mim pessoalmente, a ama-de-leite acabou aparecendo e ficou três anos em casa. Você já imaginou as atribulações de uma criança amamentada por uma ama? É uma situação complicada, pelo menos quando a mãe verdadeira gosta da criança. De um lado está a mãe, em cuja barriga a gente viveu durante nove meses, sem nenhuma preocupação no quentinho, nadando na felicidade. Como não gostar dela? E depois, uma segunda pessoa, em cujo seio a gente se alimenta todo dia, cujo leite a gente bebe, sentindo sua pele fresca e respirando seu cheiro. Como não se afeiçoar por ela? E então, a quem se apegar? Alimentado pela ama, o bebê se coloca num estado de incerteza do qual nunca conseguirá sair. Sua capacidade de crença se vê abalada em suas bases e a escolha torna-se para ele mais difícil do que para os outros. E o que pode lembrar a expressão Alma Mater para um ser humano cuja vida sentimental foi separada em duas partes desde que nasceu, que foi enganado sobre o poder absoluto da paixão, senão envolvido pela hipocrisia e pela mentira? A ciência parecerá para ele uma coisa estéril, desde o começo. Ele sabe: aquela ali, que não te alimenta, é tua mãe, e ela te reivindica como sendo coisa dela; mas esta outra te alimenta, sem ser tua mãe. A criança fica diante de um problema que a ciência não consegue resolver, um problema que é preciso evitar; diante dessa questão inoportuna, mais vale procurar refúgio no reino da fantasia. Quando você se acostuma com esse reino, logo descobre que a ciência nada mais é que uma variedade da fantasia, uma espécie de especialidade, dotada de todas as vantagens e de todos os perigos de uma especialidade.

Há pessoas que não se sentem à vontade no reino da fantasia e é a respeito de uma dessas que eu gostaria de lhe falar, rapidamente. Ela nunca deveria ter nascido, mas acabou aparecendo neste mundo apesar da vontade do pai e da mãe. O leite da mãe secou, e arrumaram uma ama-de-leite. O garotinho cresceu junto com seus felizes irmãos e irmãs que, estes sim, haviam sido amamentados pela mãe. Mas, no meio deles permaneceu como se fosse um estranho, assim como sempre foi um desconhecido para o pai e para a mãe. E sem querer, ou mesmo sem perceber, aos poucos acabou com os elos que uniam seus pais. Sob a pressão de uma culpabilidade semiconsciente que um par de olhos jovens acabou por revelar na insólita atitude deles em relação a esse filho, chegaram ao ponto de evitar-se mutuamente e cada um passou a desconhecer o que acontecia com o outro. Quanto ao filho, tornou-se um incrédulo. Sua vida dissociou-se. E como ele não se permite entregar à imaginação — pois acha que deve ser um homem honrado, enquanto seus sonhos são os de um aventureiro sem eira nem beira — começou a beber, destino freqüentemente reservado àqueles que se viram sem afeto nas primeiras semanas de existência. Mas, como tudo que acontecia com ele, também o etilismo se dissociou. Durante certos períodos, durante algumas semanas ou

6 O LIVRO dISSO

meses ele se vê tomado por uma necessidade de beber. Tive o trabalho de remontar um pouco até a fonte de sua aberração e sei que essa história infantil da ama sempre vem à tona um pouco antes de ele sentir a necessidade de recorrer à diva garrafa. É isso que me dá a certeza de que ele pode ser curado. Agora, um detalhe curioso: este homem escolheu para esposa uma mulher que também nutre um ódio profundo pelos pais e que, como ele, adora as crianças, ao mesmo tempo em que morre de medo de dar à luz a uma criança. E como se isso não bastasse à alma dilacerada desse homem, a fim de ter certeza de que uma criança não acabaria por nascer dele, que o puniria, contraiu uma doença venérea que transmitiu à mulher. Na vida das pessoas acontecem muitas dessas tragédias ocultas.

Minha carta está acabando. Posso terminar a história de minha ama-de-leite? Não me lembro mais de seu aspecto físico, só me recordo do nome dela, Berta, a resplandecente. Mas tenho recordações muito exatas do dia em que ela foi embora. Como presente de despedida, ela me deu uma moeda de bronze de três *groschen*, chamado "Dreier", e me lembro muito bem que, ao invés de gastar o dinheiro em doces, como ela havia dito, me sentei nos degraus de pedra da escada da cozinha e comecei a lustrar a moeda. Desde esse dia, o número três me persegue. Palavras como trindade, tríplice, triângulo, adquirem, para mim, uma ressonância suspeita. E não apenas as palavras, mas também as noções a ela ligadas, e mesmo conjuntos de idéias, elaborados em torno desse tema pelo cérebro obstinado de uma criança. E foi assim que, desde pequenininho, deixei de lado o Santo Espírito, porque era o terceiro; foi por isso que, na escola, a construção de triângulos tornou-se para mim um pesadelo, e também essa foi a razão pela qual a política da Tríplice Aliança, tão decantada numa certa época, recebeu minha desaprovação desde o primeiro momento. Vou ainda mais longe: esse três acabou sendo para mim uma espécie de número maldito. Quando me ponho a pensar no que foi minha vida sentimental percebo que todas as vezes que deixei meu coração falar acabei chegando em terceiro lugar em relação a duas pessoas unidas por uma certa inclinação; que todas as vezes eu separava de seu companheiro a pessoa que provocava minha paixão e que meus próprios sentimentos em relação a ela começavam a esfriar assim que conseguia essa separação. Lembro-me mesmo que, a fim de reanimar um pouco meu sentimento esmaecido, eu atraía outra vez um terceiro sedutor, para logo a seguir pô-lo de lado. Foi assim que renovei, sem que eu mesmo percebesse, e num sentido que sem dúvida foi importante, os afetos das duplas relações com a mãe e com a ama, bem como a luta resultante da separação. Coisa que dá o que pensar e que pelo menos demonstra que na cabeça de uma criança de três anos acontecem coisas estranhamente confusas mas orientadas numa direção muito precisa.

Só voltei a ver minha ama muito mais tarde — eu devia estar com oito anos — e apenas durante alguns minutos. Não a reconheci e a presença dela me causava uma penosa sensação de opressão.

CARTA 1

Preciso contar-lhe ainda duas outras historinhas que têm uma certa significação em relação à palavra "Dreier". Quando meu irmão mais velho começou a aprender latim, um dia meu pai lhe perguntou, durante o jantar, como se dizia "lágrimas". Ele não sabia. Não sei por que razão eu havia, na véspera, enquanto Wolf recitava sua lição em voz alta, prestado atenção à palavra "lacrima", e respondi no lugar dele. Como recompensa, me deram uma moeda de cinco *groschen*. Terminado o jantar, meus dois irmãos me propuseram a troca desses cinco *groschen* por uma moeda reluzente de três *groschen*, e eu aceitei com prazer. Além do desejo de fazer com que aqueles meninos que me eram superiores agissem mal, recordações e sentimentos confusos devem ter-me levado a aceitar o negócio.

O segundo incidente me diverte toda vez que penso nele. Uma geração mais tarde, escrevi para meus filhos uma pequena comédia onde aparecia uma velha enrugada, corcunda, uma pedagoga que dava aulas de grego e que era motivo de riso. Dei a essa filha de minha imaginação, de peito chato e de cabelo ralo, o nome de "Dreier". Foi assim que a fuga diante da primeira dor sem recordação precisa do adeus fez da mulher cheia de vida e amor que me amamentou, e à qual eu me apeguei, a representação daquilo que para mim é a ciência.

O que lhe escrevi aqui é, sem dúvida, bastante sério. Sério para mim... Mas só os deuses podem saber se era isso que você queria que aparecesse em nossas cartas. Seja como for, continuo, como sempre

Seu fiel

Patrik Troll.

Carta 2

Querida amiga, você não ficou satisfeita; você diz que em minha carta há muitos elementos pessoais e quer que eu seja mais objetivo. Eu pensava que tinha sido.

Vamos fazer uma recapitulação: eu lhe falei a respeito da escolha de uma profissão, de repulsões, de dissociações íntimas existentes desde a infância. De fato, falei de mim mesmo; mas minhas experiências são típicas. Pode transferi-las para outras pessoas e verá como isso é verdade. Antes de mais nada, você perceberá que sua vida é regida por forças que não surgem à luz do dia, forças que temos de procurar com muito esforço. Gostaria de demonstrar-lhe com um exemplo, um exemplo *meu*, como acontece em nós muita coisa situada fora de nosso pensamento consciente. Mas talvez seja melhor eu lhe dizer desde já o que pretendo escrever nestas cartas. Assim você poderá decidir se o assunto lhe parece suficientemente sério. E se acontecer de eu me perder em divagações laterais ou em discursos inúteis, você me chamará a atenção. Será um serviço que você estará prestando a nós dois.

Acredito que o homem é vivido por algo desconhecido. Existe nele um "Isso", uma espécie de fenômeno que comanda tudo que ele faz e tudo que lhe acontece. A frase "Eu vivo..." é verdadeira apenas em parte; ela expressa apenas uma pequena parte dessa verdade fundamental: o ser humano é vivido pelo Isso. É desse Isso que falarei em minhas cartas. Você concorda?

Mais uma coisa. Desse Isso conhecemos apenas aquilo que está em nosso consciente. A maior parte dele — e de longe a maior parte! — constitui um setor em princípio inacessível. Mas é possível ampliar os limites de nosso consciente através da ciência e do trabalho e com isso penetrar profundamente no inconsciente quando nos decidirmos não mais a "saber" porém a "imaginar". Coragem, meu belo Doutor Fausto! A capa já está pronta para voar! A caminho, na direção do inconsciente. . .

Não é surpreendente que não consigamos recordar nada de nossos três primeiros anos de vida? Um ou outro de nós arranha aqui e ali uma fraca recordação de um rosto, de uma porta, de um papel colorido que acredita ter visto na infância. Mas ainda não consegui encontrar alguém que se lembrasse de seus primeiros passos, da maneira como aprendeu a falar, comer, ver, ouvir. E no entanto, cada uma dessas coisas é um verdadeiro acontecimento. Acredito que a criança que começa a andar pela primeira vez através de seu quarto experimenta sensações muito mais profundas do que um adulto durante uma viagem à Itália. Posso facilmente imaginar que a criança que de repente reconhece sua mãe nesse ser que lhe sorri amorosamente se sente muito mais profundamente emocionada do que o homem que vê sua bem-amada atravessar pela primeira vez os umbrais de sua casa. Por que esquecemos tudo isso?

Haveria muito a dizer a respeito. Mas antes de responder, vamos começar eliminando uma primeira objeção: a pergunta está mal formulada. Não nos esquecemos desses três primeiros anos; o que acontece é que a lembrança deles sai de nosso consciente e continua a viver no inconsciente, permanecendo ali de modo tão vivo que tudo o que fazemos decorre desse tesouro de recordações inconscientes: caminhamos do mesmo modo como aprendemos a caminhar naquele momento, comemos, falamos, sentimos do mesmo modo como o fizemos então. Assim, há recordações que são empurradas para fora pelo consciente, embora sejam de vital importância, e que, por serem indispensáveis, são conservadas em regiões de nosso ser que batizamos com o nome de inconsciente. Mas por que o consciente se esquece de experiências sem as quais o ser humano não conseguiria sobreviver?

Posso deixar essa pergunta sem resposta? Serei obrigado a voltar a ela outras vezes. No momento, e sendo você mulher, prefiro que você me diga por que as mães são tão mal informadas a respeito de seus próprios filhos, por que também elas esquecem a parte mais essencial desses três anos? Talvez elas apenas finjam esquecer. A menos que, também nelas, o essencial não chegue igualmente ao consciente.

Você vai se aborrecer porque estou outra vez fazendo pouco das mães. Mas que posso fazer? Essa nostalgia é uma coisa que vive dentro de mim. Quando estou triste, meu coração invoca a mãe e não a encontra. Devo odiar Deus e o Universo por causa disso? Mais vale rir de si mesmo, desse estado de infantilismo do qual nunca conseguimos sair. Pois raramente alguém se torna adulto e, mesmo assim, apenas superficialmente. Brincamos de adulto assim como uma criança brinca de ser uma pessoa crescida. Para o Isso, não existe uma idade para as coisas e o Isso é nossa própria vida. Examine o ser humano no momento de suas dores mais profundas, de suas alegrias mais intensas: seu rosto se torna infantil, seus movimentos também; sua voz se torna mais flexível, o coração bate como se fosse o de uma criança, os olhos

CARTA 2

brilham ou se enchem de lágrimas. Claro, procuramos esconder tudo isso, mas todas essas reações nem por isso deixam de ser visíveis, e as percebemos sem nos determos nelas porque não distinguimos em nós mesmos esses pequenos sinais, que tanto dizem; e por isso, não os descobrimos nos outros. A gente deixa de chorar quando se torna adulta? É sem dúvida porque isso não faz parte dos hábitos, porque algum idiota baniu as lágrimas da moda. O fato de Aires ter gritado como dez mil homens quando foi ferido sempre foi para mim uma coisa agradável. E o fato de Aquiles ter chorado por Patrocles só o rebaixa aos olhos dos gloriosos. Somos uns hipócritas, essa é a verdade. Não nos atrevemos nem mesmo a rir de modo franco. Mas isso não impede, quando não sabemos alguma coisa, que pareçamos alunos pilhados em flagrante, que assumamos a mesma expressão de angústia de nossa infância, que pequenos detalhes em nosso modo de andar, dormir, falar, nos acompanhem por toda a vida, de modo que os que quiserem vê-los podem dizer: "Olha só, uma criança!" Preste atenção numa pessoa que acha que está sozinha: a criança que existe nela logo aparece, às vezes de modo cômico: ela boceja, coça a cabeça, ou a bunda, enfia o dedo no nariz e — vamos falar a verdade — até peida. Mesmo as senhoras mais distintas peidam. Ou então preste atenção em pessoas completamente absorvidas numa ação qualquer, mergulhadas em meditação, ou então amantes, doentes, velhos; todos, de um modo ou de outro, dão sinais de infantilismo.

Quando se tenta pôr um pouco de ordem nisso tudo, a vida surge como um baile à fantasia durante o qual a gente se disfarça talvez umas dez, doze, cem vezes. Mas na verdade a gente cai no baile tal como é; debaixo da fantasia e no meio daquelas máscaras, a gente continua a ser o que é, e sai do baile do mesmo jeito que entrou nele. Na vida, a gente começa sendo criança e atravessa a idade adulta através de mil caminhos que levam todos a um mesmo ponto: a volta ao estado infantil. A única diferença entre as pessoas é que elas voltam à infância ou tornam-se pueris.

Esse fenômeno, essa coisa que existe em nós, e que se manifesta conforme lhe parece melhor em todos os níveis das idades, pode ser observado também na criança. É notório o fato de que o rosto de um recém-nascido se parece com o de um velho, e isso deu origem a vários comentários. Ande pelas ruas e observe as menininhas de três ou quatro anos — a coisa é mais evidente nelas do que nos meninos, e deve haver uma boa razão para isso —, você verá como elas agem do mesmo modo que suas mães. E todas elas, e não por acaso, se mostram particularmente marcadas pela vida; não é bem isso, é que todas elas têm, num momento ou outro, essa curiosa expressão de velhice. Uma tem a boca torta de uma mulher amarga, outra tem lábios que revelam seu gosto pelos mexericos; numa outra surgem os traços de uma velha e, noutra ainda, uma *coquette*. E não acontece muitas vezes de descobrirmos uma verdadeira mãe numa menininha de fraldas? Não se trata apenas de uma questão de mimetismo, é o Isso que se manifesta. Às vezes ele prevalece sobre a idade e decide da roupa que se vai usar hoje ou amanhã.

12   O LIVRO dISSO

Talvez seja também o ciúme que me leva a zombar das mães;
a inveja de não ser eu também uma mulher, de não poder tornar-me
mãe.

Não ria, tudo isso é verdade e não é só comigo que acontece
isso, todos os homens passam por isso, mesmo os que pensam ser
muito machos. A linguagem é uma prova evidente disso; o mais macho
dos homens não hesita em dizer que alguma coisa dele "está em plena
gestação", fala de um filho de seu cérebro e fala de alguma coisa que
ele teve dificuldade de realizar como sendo "um parto difícil".

E não se trata apenas de modo de expressão. A única coisa em
que você acredita é na ciência? Pois bem, o ser humano compõe-se
simultaneamente do homem e da mulher, essa é uma verdade científica reconhecida, ainda que as pessoas se recusem a levar isso em conta
em seu modo de pensar ou em sua fala, como acontece freqüentemente quando se trata das verdades primeiras. Portanto, no ser chamado homem existe uma mulher; numa mulher existe um homem,
e a única coisa estranha existente na idéia de que um homem pode
desejar dar a luz a uma criança é o modo pelo qual essa coisa evidente
é negada com tanta obstinação.

Às vezes essa mistura entre homem e mulher é nefasta. Há pessoas cujo Isso hesita; consideram tudo sob dois ângulos e tornam-se
escravos de uma dualidade de pontos de vista originada na infância.
Entre esses hesitantes, já mencionei as crianças amamentadas por
uma ama. Na verdade, as quatro pessoas que mencionei têm um Isso
que, em certos períodos, não sabe se é homem ou mulher. Em relação a mim, você deve sem dúvida se lembrar que minha barriga incha,
submetida a certas influências, e desincha quando comento o fato
com você. Deve se lembrar que chamo isso de minha "gravidez".
Já lhe contei ou não? Não importa, vou contar de novo. Há uns vinte
anos me cresceu uma excrescência no pescoço. Naquela época, eu
ainda não sabia o que sei – ou acredito saber – agora. Em suma,
durante dez anos me arrastei por este mundo com um pescoço enorme
e até me havia resignado a levar para o túmulo esse inchaço preso
em meu papo. Depois fiquei conhecendo o Isso e percebi – não vale
a pena dizer como – que essa excrescência era de fato uma criança
imaginária. Você mesma se surpreendeu com o modo pelo qual me
livrei dessa monstruosidade, sem operação, sem tratamento, sem iodo
e sem tiroidina. Conforme penso, o inchaço desapareceu porque meu
Isso aprendeu a ver e ensinou meu consciente a compreender que,
como muitos outros, eu tenho de fato uma dupla vida e uma dupla
natureza sexual, e que era inútil demonstrar essa coisa evidente através de um tumor. Vamos em frente: essa mulher que, sem estar obrigada a isso, ia experimentar a maternidade através do parto de desconhecidas, atravessa períodos em que seus seios murcham completamente; é quando desperta o homem que existe nela. Isso a leva, nos
embates amorosos, a deitar sobre seu companheiro e a cavalgá-lo.
O Isso da terceira dessas solitárias fez crescer entre suas coxas uma
excrescência que tem um pouco o aspecto de um pequenino pinto.
Muito curiosamente, ela o pincelou com iodo a fim de que desapare-

CARTA 2

cesse, acreditava ela, mas na realidade para dar à extremidade dessa tumescência o aspecto avermelhado da glande. A última das crianças criada por uma ama, de que lhe falei, é como eu: seu ventre incha, como numa gravidez imaginária. E aí ele sofre de cólicas hepáticas, de dores do parto enfim, se você prefere; de modo especial, tem problemas apendiculares — como todos os que gostariam de ser castrados, tornar-se mulheres. É que a mulher nasce — é nisso que acredita o Isso infantil — a partir de um homem que sofreu ablação das partes sexuais. Ele teve três crises de apendicite. Em cada uma delas, o desejo de tornar-se mulher podia ser percebido sem dificuldade: Ou fui eu quem o persuadiu disso? Difícil dizer.

Preciso dizer ainda alguma coisa de uma quinta criança alimentada por uma ama, um homem cheio de talentos mas que, em sua qualidade de possuidor de duas mães, sempre se sente dividido e tenta acabar com essa dissociação através do uso do *pantopon* (preparado de ópio). Segundo a mãe, foi por superstição que ela não o amamentou, ela mesma; já havia perdido dois filhos e não quis dar o peito ao terceiro. Mas ele não sabe se é homem ou mulher, seu Isso não sabe. A mulher que existe nele despertou pela primeira vez na infância e ele sofreu de uma pericardite, gravidez imaginária do coração. Mais tarde, a coisa voltou a acontecer sob a forma de uma pleurisia e de um irresistível impulso homossexual.

Pode rir quanto quiser de minhas histórias de amas-de-leite. Estou acostumado a ser motivo de riso e não desgosto, de vez em quando, de ter uma ocasião para reacender meus ânimos.

Posso lhe contar uma outra história? Eu a ouvi de um homem que morreu na guerra, há muito tempo. Ele entrou alegre e contente no nada, pois pertencia à categoria dos heróis. Ele me contou que, uma vez, o cachorro da irmã dele, uma espécie de *poodle* — ele devia ter então dezessete anos — tinha-se esfregado em sua perna, masturbando-se. Ele ficou olhando, interessado, quando, de repente, no momento em que o líquido seminal escorreu por sua perna, foi tomado pela idéia de que o cachorro ia dar à luz filhotinhos; esta idéia perseguiu-o durante semanas, meses.

Agora, se você permitir, vamos penetrar no país dos contos de fadas, vamos falar dessas rainhas que, no lugar dos filhos que estão esperando, encontram nos berços cães recém-nascidos, e podemos ligar a esse fato todo tipo de consideração sobre o papel curioso que o cachorro representa na vida oculta do ser humano, considerações que iluminariam de modo diferente o horror farisaico ostentado pelos seres humanos diante de sentimentos e atos ditos perversos. Mas talvez esse seja um assunto íntimo demais. Vamos ficar com a questão da gravidez no homem. É algo bastante difundido.

O que mais chama a atenção numa mulher grávida é sua enorme barriga. O que você pensou quando eu disse, há pouco, que também no homem uma barriga enorme pode ser considerada como sintoma de gravidez? Claro, não há criança alguma em seu ventre. Mas seu Isso trata de arranjar uma barriga grande através da comida, da bebida, de inchaços etc. porque ele deseja conceber e, assim, acredita estar num período de gestação. Partos e gravidez simbólicos são coisas que existem; tudo acontece no inconsciente e dura um tempo maior ou menor; mas *sempre* desaparecem quando o processo inconsciente de sua significação simbólica é descoberto. Não é muito simples, mas de vez em quando é possível descobrir esse processo, especialmente quando se trata de um inchaço da barriga atribuído a gazes ou a qualquer uma das dores simbólicas de gestação no ventre, nos rins ou na cabeça. É que o Isso é bem estranho, e não leva em consideração a ciência anátomo-fisiológica; ele refaz por si mesmo o feito de Zeus, segundo a velha lenda ateniense, e dá à luz pela cabeça. Tenho suficientes dons de imaginação para poder acreditar que esse mito – e muitos outros – devem suas origens à ação do inconsciente. É necessário que a expressão "estar em plena gestação de uma idéia" se ache profundamente ancorada nos homens, seja algo que lhes diga alguma coisa de muito especial, para que eles a tenham transformado em lenda!

É evidente que essas gestações e essas dores simbólicas também surgem em mulheres capazes de gerar, e talvez mesmo até com mais freqüência. Mas elas se verificam também em mulheres velhas e parecem mesmo representar, durante e após a menopausa, um papel primordial nas formas de doença as mais variadas. Também as crianças se entregam a essas fantasias de reprodução, mesmo aquelas cujas mães estão convencidas que seus filhos ainda acreditam na cegonha.

Será que posso aborrecê-la ainda com outras afirmações extravagantes? Posso lhe dizer que os sintomas secundários da gravidez, como a náusea, as dores de dentes, têm uma origem simbólica? Que os diferentes tipos de hemorragia, sobretudo as hemorragias uterinas intempestivas, mas também as hemorragias nasais, retais, pulmonares, estão estreitamente ligadas às noções da gestação? Ou que as hemorróidas, parecidas a vermes do reto, esse flagelo que atormenta um bom número de seres humanos durante toda a vida, na maioria das vezes se originam da associação verme-criança, e desaparecem quando some o terreno de cultura propícia criada pelo desejo simbólico do inconsciente?

Conheço uma mulher – é uma dessas que têm por profissão adorar as crianças sem ter nenhum filho próprio, pois odeia a própria mãe – cujas regras sumiram durante cinco meses; a barriga inchou, os seios ficaram maiores; ela achava que estava grávida. Um dia eu lhe falei longamente sobre a relação entre os vermes e as idéias de gravidez que constatei numa de nossas amigas comuns. Naquela mesma noite, ela "deu à luz" a uma ascáride e, enquanto dormia, suas regras voltaram, ao mesmo tempo que a barriga desinchava.

E com isso cheguei à questão das origens ocasionais dessas gestações mentais. Elas pertencem – todas elas, pode-se dizer – ao domínio das associações, de que já lhe dei um exemplo: o do relacionamento criança-verme. Na maioria das vezes, essas associações vão muito longe, são multiformes e, por emanarem da infância, dificilmente chegam ao consciente. Mas há também associações simples, evidentes, que se revelam de imediato a todos. Um de meus amigos contou-me que na véspera do dia em que sua mulher ia dar à luz, ele tentou fazer como se esse acontecimento fosse algo que se passa-

CARTA 2

ria com ele – acontecimento que achava ser muito doloroso. De fato, sonhou que ele mesmo estava parindo, e sonhou isso com todos os detalhes, que conhecia por ter presenciado partos anteriores; acordou no momento em que a criança estava nascendo e percebeu que, na falta de uma criança, havia expelido alguma coisa que tinha um calor vital, coisa que ele não tinha feito desde a adolescência.

Era um sonho, está bem; mas se perguntar a mesma coisa a seus amigos de ambos os sexos, descobrirá com surpresa que é muito freqüente que maridos, avós e mesmo crianças sintam em seus próprios corpos o parto de um parente que está para nascer. · ·

Relacionamentos tão claros assim não são, porém, indispensáveis. Às vezes basta ver um bebê, um berço, uma mamadeira. Basta também comer certos alimentos. Você mesma deve conhecer muitas pessoas cuja barriga incha após terem comido couve-flor, ervilha, feijão, cenoura ou pepino. Às vezes as dores do parto surgem sob a forma de cólicas, e o parto pode mesmo ser representado sob a forma de vômitos ou diarréias. As relações que o Isso – tão bobo em comparação com nossa inteligência tão vangloriada – estabelece no inconsciente são completamente ridículas. Por exemplo, ele pode descobrir uma semelhança entre uma couve-flor e a cabeça de uma criança; para ele, as ervilhas e os feijões repousam em suas cascas como uma criança em seu berço ou no ventre da mãe; a sopa de ervilha ou o purê de ervilhas lembram, para ele, fraldas sujas, e quanto às cenouras e pepinos, deixo que você pense a respeito... Mas você não vai adivinhar se eu não lhe der uma pequena ajuda.

Quando as crianças brincam com um cachorro e observam tudo o que ele faz, de vez em quando elas percebem, lá onde se localiza o aparelho que serve às necessidades do animal, uma espécie de excrescência vermelha e pontuda, que tem uma certa semelhança com uma cenoura. Mostram esse fenômeno curioso para a mãe ou outra pessoa qualquer que estiver mais à mão e ficam sabendo, pelos olhares e frases embaraçados dos adultos, que não se deve falar dessas coisas, nem mesmo observá-las. O inconsciente conserva essa impressão com uma nitidez maior ou menor, e por terem, num dado momento, identificado a cenoura com a ponta vermelha do cachorro, põem na cabeça que também as cenouras são um assunto tabu, e quando se deparam com a possibilidade de terem de comer cenoura reagem mostrando nojo, repugnância ou mesmo gravidez simbólica. Também sob esse aspecto o inconsciente, infantil, é surpreendentemente bobo em relação a nossa "notável" inteligência; ele acredita que os germes da criança vêm pela boca e através dos alimentos, até chegarem ao abdômen, onde começarão a crescer – mais ou menos do mesmo modo como as crianças acreditam que um caroço de azeitona engolido por engano pode fazer com que cresça um pé de azeitonas na barriga. Mas apesar dessa inocência, de um modo obscuro elas sabem que aquela "coisa" vermelha do cachorro tem um certo relacionamento com o nascimento das crianças. Sabem disso tão confusamente ou tão claramente quanto suspeitam que, antes de chegar à barriga da mãe, o germe do irmãozinho ou da irmãzinha esteve, de algum modo, nesse estranho apêndice do homem ou do menino semelhante a um pequeno rabo que teria sido preso no lugar errado e que tem pendurado debaixo dele um saco em miniatura com dois ovos ou duas nozes, do qual também se fala a meia-voz, que só pode ser tocado para fazer xixi e com o qual apenas a mãe tem o direito de brincar.

Veja como o caminho que vai da cenoura à gravidez imaginária é longo e difícil de descobrir. No entanto, quando se passa a conhecê-lo, fica-se sabendo também o que significa·a incongruência do pepino, pois este legume, além da semelhança fatal e cômica com o membro do pai, contém em seu interior outros pepinos que simbolizam de modo engenhoso os germes das futuras crianças.

Estou percebendo que me afastei de meu assunto mas espero, minha amiga, que em virtude de nossa amizade você releia as cartas que lhe parecerem muito confusas. Talvez isso a ajude a compreender de um modo mais claro aquilo que estou procurando explicar, ou seja, que o Isso, essa coisa pela qual somos vividos, não distigue nem entre os sexos, nem sentre as idades. Acredito também que lhe dei pelo menos uma amostra da falta de bom senso desta entidade. Talvez agora você compreenda por que sou suficientemente feminino a ponto de querer pôr uma criança no mundo. Mas se não fui suficientemente claro, tentarei ser mais explícito da próxima vez.

Com todo meu afeto,

Patrik Troll

Carta 3

Parece então que não fui muito claro; minha carta estava confusa, você gostaria que as coisas fossem mais ordenadas e, de modo especial, que se falasse de fatos devidamente estabelecidos, instrutivos, científicos e não de minhas idéias estranhas, algumas das quais, como a história dos obesos "grávidos", lhe parecem totalmente loucas.

Muito bem, minha querida amiga, se você quer mesmo instruir-se, meu conselho é que procure obter um desses tratados normalmente usados nas universidades. Quanto a minhas cartas, vou dar-lhe a chave para o deciframento delas: tudo aquilo que lhe parecer razoável ou apenas um pouco insólito provém diretamente do professor *Freud*, de Viena, e de seus discípulos; o que lhe parecer totalmente fora de propósito é de minha paternidade.

Você acha que estou me aventurando um pouco quando afirmo que as mães nada sabem sobre seus filhos. Você admite que o coração de uma mãe pode se enganar, e mesmo que ele se engana mais do que uma mãe pode pensar; e que se engana mesmo, às vezes, em questões de importância vital, mas que se existe um sentimento com o qual se pode contar é o amor materno, esse mistério insondável.

E se conversássemos um pouco sobre o amor materno? Não pretendo poder resolver esse mistério, que acredito ser insondável. Mas há muita coisa a dizer a respeito dele, e coisas de que em geral não se fala. Em relação a ele, freqüentemente se fala em voz da natureza, mas esta voz freqüentemente se exprime numa linguagem bem estranha. Por enquanto não é preciso lembrar o fenômeno dos abortos, que sempre existiu e que somente aqueles que se deixam torturar pelo remorso acreditam poder banir deste mundo; basta observar durante vinte e quatro horas o comportamento de uma mãe com

18 O LIVRO dISSO

seu filho; pode-se ver então uma boa dose de indiferença, cansaço, raiva. É que, em toda mãe, ao lado do amor que ela sente pelo filho, existe também uma aversão por esse mesmo filho. O homem está submetido a uma lei inflexível; ali onde há amor, também há ódio; onde há estima, há desprezo, onde há admiração, há ciúme. Este é uma lei inelutável, e as mulheres não estão excluídas de seus efeitos. Você conhece essa lei? Sabe que ela também se aplica às mães? Se você sente amor materno já sentiu o ódio materno?

Repito minha pergunta: qual a origem do fato de uma mãe estar tão mal informada sobre seu filho? Conscientemente informada, pois o inconsciente não ignora esse sentimento de ódio, e quando se sabe interpretar o inconsciente não é possível deixar-se enganar pela suposta predominância do amor; é fácil perceber que o ódio é tão grande quanto o amor e que entre os dois a indiferença representa a norma. E então, surpresos — sentimento sempre presente quando nos debruçamos sobre a vida do Isso — seguimos as pistas que, aqui e ali, afastam-se dos caminhos batidos para perderem-se nas trevas misteriosas do inconsciente. Talvez essas pistas, fáceis de omitir e que freqüentemente passam despercebidas, acabam por resumir-se na razão pela qual a mãe ignora ou não quer tomar conhecimento de seu ódio por seu próprio filho, e mesmo no fato de nos esquecermos dos primeiros anos de nossa vida.

Em primeiro lugar, gostaria de lhe demonstrar, minha amiga, onde surge essa aversão, esse ódio materno. Pois você não vai acreditar nisso assim sem mais, só por amizade.

Quando, num romance construído segundo os critérios bem aceitos por um certo público, o par amoroso, após mil perigos, enfim se une, vem o momento em que ela esconde, ruborizada, o rosto no peito varonil do bem-amado e lhe conta, sussurrando, um suave segredo. Tudo isso é muito bonito, mas na vida a gravidez, além da interrupção das regras, se faz anunciar de um modo bem pouco agradável, através de náuseas, vômitos; nem sempre, claro, para eliminar a previsível objeção, e espero, pelas mulheres autoras, que elas não passem por esses vômitos da gravidez, do mesmo modo como suas personagens não os têm em seus romances. Mas você concordará que isso é muito freqüente. Essas náuseas são causadas pela repugnância do Isso em relação a essa coisa que se introduziu no organismo. As náuseas expressam o desejo de eliminar a coisa, e os vômitos são uma tentativa de pô-la para fora. Por conseguinte, desejo e esboço de aborto. Que me diz?

Talvez mais tarde eu possa lhe falar sobre minhas experiências no que diz respeito ao vômito tal como ele aparece fora da gravidez normal; também nesse caso há relações simbólicas que merecem nossa atenção, curiosas associações do Isso. Mas antes quero que observe que se pode ver reaparecer nessas náuseas a idéia de que o germe da criança penetra na mulher pela boca, coisa que indica também este outro sintoma da gravidez, originário do ódio da mulher pela criança: a dor de dente.

Em relação à dor de dente, o Isso murmura com a voz baixa mas insistente do inconsciente: não mastigue! Preste atenção, cuspa

CARTA 3

o que está comendo! Na verdade, quando aparece a dor de dente da mulher grávida, o envenenamento através da semente ou do sêmen do homem já é um fato consumado. Mas o inconsciente espera poder eliminar essa porção de veneno, com a condição de que outra não venha somar-se à primeira. De fato, ele tenta destruir o veneno vivo da fecundação através da dor de dente. É que — e aqui reaparece a completa falta de lógica com a qual o Isso se manifesta constantemente por baixo do pensamento lógico — o inconsciente confunde dente com criança. Para o inconsciente, o dente é uma criança. Pensando bem, não acho que essa concepção do inconsciente seja tão boba assim. Ela não é mais ridícula que a idéia de Newton, que descobriu o universo naquela maçã que caía. E me pergunto seriamente se a associação feita pelo Isso entre o dente e a criança não é muito mais importante e cientificamente mais fecunda do que as deduções astronômicas de Newton. O dente é o filho da boca; a boca é o útero no qual ele cresce, do mesmo modo como o feto se desenvolve na matriz. Você sabe muito bem a que ponto esse simbolismo está enraizado no homem, caso contrário ele nunca teria pensado nas expressões "lábios" da vagina, "lábios" da vulva.

Assim, a dor de dente é o desejo inconsciente de ver o germe da criança ficar doente e morrer. Como sei que é assim? Entre outras coisas — há muitos modos de se chegar a esse conhecimento — porque os vômitos e as dores de dente desaparecem quando se faz com que a mãe fique ciente desse desejo inconsciente de que a criança morra. A partir desse momento ela se dá conta de como esses meios pouco servem para o objetivo inconscientemente pretendido e, na maioria das vezes, renuncia a eles. Na verdade, ela chega mesmo a condenar esse objetivo, severamente, quando o distingue em toda sua crueza.

Os "desejos" estranhos e os enjôos das mulheres grávidas também provêm em parte desse ódio. Os desejos se ligam à idéia do inconsciente que procura aniquilar o germe da criança através da ingestão de certos alimentos. Os enjôos encontram sua razão de ser em diversas associações de idéias que lembram a gravidez ou a fecundação. É que, nesses momentos, esse enjôo, esse desgosto é tão grande e tão forte — em todas as mulheres, o que não diminui em nada o amor que sentem pela criança que vai chegar — que se torna necessário eliminar até a simples noção dele.

E assim por diante até o infinito. Quer ouvir mais um pouco? Faz pouco mencionei o aborto, procedimento que aquele que ostenta sua moralidade repudia com o maior desprezo — publicamente. Mas a prevenção da fecundação é cientificamente estudada e leva ao mesmo resultado. Não preciso, claro, lhe dizer a que ponto isso se tornou costume, hoje. Assim como não é necessário ensinar ninguém sobre o modo como isso se faz. No máximo, vale a pena comentar que o fato de permanecer solteiro também é um modo de evitar a criança detestada, e já foi demonstrado que essa é uma das razões freqüentes do celibato e da virtude. Quando, por acaso, mesmo assim se estabelecem laços conjugais, não faltam meios para a intimidação do marido. Para tanto, basta, através da palavra e da ação

20 O LIVRO dISSO

— ou melhor, da inação — insistir nos sacrifícios que a esposa consente em fazer pelo esposo. Há muitos homens que, convencidos dessa besteira, e cheios de um temeroso respeito, consideram com admiração esse ser superior habitado por um espírito de imolação e que suporta, pelo amor de suas queridas crianças e de seu companheiro bem-amado, as imundícies do baixo-ventre. No que diz respeito a esse assunto, os desígnios de Deus não surgem de modo muito claro aos olhos dessa nobre criatura; uma vez que ele deseja que o filho seja concebido na imundície e na sacanagem, deve-se submeter a tanto. Mas mesmo assim, tem-se o direito de fazer o marido compreender quanto se despreza tudo isso; é indispensável fazer desfilar esses sentimentos, sem o que ele poderia acabar descobrindo que há compensações para essas demonstrações de amor, compensações que ninguém pretende dispensar. E quando enfim se consegue levar o marido a renunciar ao miserável prazer de praticar a masturbação na vagina de sua mulher, é possível atribuir-lhe de mil modos as causas do mau humor, da infância sem alegria dos filhos e das desgraças do casamento.

Tem mais: para que servem as doenças? Particularmente as dores abdominais? Sob muitos aspectos, elas são agradáveis. Antes de mais nada, permitem evitar os filhos. Depois, há a satisfação de ouvir o médico dizer que essa doença se deve ao marido, em virtude de suas depravações anteriores; na vida conjugal, todas as armas de que se pode dispor nunca são em número suficiente. Existe sobretudo — se estou entrando em assuntos muito íntimos peço que me diga claramente — a possibilidade de mostrar-se a um estranho. É na mesa de exame que se pode sentir as mais belas sensações, sensações tão fortes que levam o Isso a produzir doenças variadas.

Há pouco encontrei uma mulher que estava disposta a ser franca. "Você me disse uma vez, há muito tempo — me disse ela — que as mulheres iam ao ginecologista porque não detestavam sentir o contato de uma outra mão diferente daquela do marido amado; mais, que era com esse objetivo que a gente ficava doente. Desde essa época, nunca mais passei por um exame e nem fiquei doente!" São coisas assim, muito instrutivas, que a gente gosta de ouvir. E é pelo fato de essa história conter um ensinamento que a contei para você. O fato notável dessa história é que eu não disse aquela verdade cínica com a intenção de prestar uma ajuda médica àquela jovem, mas sim com a intenção de fazê-la rir ou provocá-la. Mas o Isso dela apoderou-se do que eu disse e transformou-o em remédio, realizando com isso um trabalho que nem eu nem mais seis médicos teriam realizado. Diante de fatos como esse, o que se pode dizer sobre o desejo do médico de socorrer um paciente? A gente fica quieto, confuso, e pensa consigo mesmo: tudo acaba se arranjando!

Em relação à ginecologia, o essencial se dá fora dos domínios do consciente; é a inteligência racional que escolhe o médico diante do qual a pessoa aceita deitar-se, é essa inteligência que examina a roupa de baixo para decidir se é ou não suficientemente bonita, que recorre ao bidê e ao sabonete. Mas já a partir da maneira pela qual a pessoa se deita, a intenção consciente cede seu lugar e é o incons-

CARTA 3

ciente que atua; mais ainda na escolha da própria doença, no desejo de ficar doente. Esse é um assunto exclusivamente do Isso. É o Isso inconsciente e não a razão consciente que cria as doenças. Elas não provêm do exterior, como se fossem inimigos; são criações oportunas de nosso microcosmo, de nosso Isso, e são tão racionais quanto a estrutura do nariz e dos olhos que são, também, produtos do Isso. Ou será que você acha inadmissível que um ser que, com filamentos de sêmen e um óvulo, faz um homem possa também suscitar um câncer, uma pneumonia ou uma eliminação de matriz?

Diga-se de passagem, e é como explicação: não estou ·querendo dizer nem por um momento que uma mulher possa provocar problemas abdominais por malícia ou por luxúria. Não é isso que estou dizendo. Mas o Isso, o inconsciente impõe-lhe essa doença contra sua própria vontade consciente, porque o Isso gosta da luxúria, é perverso e exige sua parte. Gostaria que você me lembrasse, quando chegar o momento, de lhe contar como o Isso satisfaz seu direito ao gozo, por bem ou por mal, no bem e no mal.

Minha convicção relativa ao poder do inconsciente e à impotência da vontade consciente é tão forte que chego ao ponto de considerar as doenças simuladas como sendo manifestações do inconsciente; ao ponto de que, para mim, fazer-se passar por doente é uma máscara por trás da qual se ocultam enormes setores dos mistérios da vida cuja extensão precisa é impossível determinar. Neste sentido, é indiferente para o médico que lhe mintam ou digam a verdade, contanto que ele avalie tranqüila e objetivamente as declarações do doente, examine sua língua, seu comportamento, seus sintomas, dedicando-se honestamente a resolver o problema a seu modo.

Mas estou esquecendo que queria lhe falar sobre o ódio da mãe pelo próprio filho. Também a respeito deste ponto devo lembrar um curioso processo do inconsciente. Imagine que pode acontecer – e isso acontece amiúde – de uma mulher desejar ardentemente ter um filho e mesmo assim não consiga ficar grávida; não é porque o marido ou ela sejam estéreis, mas porque existe no Isso umã corrente que se obstina em afirmar: mais vale que você não tenha filhos. De modo que sempre que se apresenta a possibilidade de uma fecundação, toda vez que o sêmen penetra na vulva, aquela corrente torna-se tão poderosa que consegue impedir a fecundação. Ela fecha o orifício do útero, produz uma toxina que destrói o espermatozóide, mata o óvulo etc. Seja como for, o resultado é que a gravidez não acontece, e apenas porque o Isso opõe-se a ela. Quase se poderia dizer que o útero opõe-se a isso, tanto esses processos são independentes dos pensamentos conscientes do ser humano. A respeito, terei mais alguma coisa a dizer, quando chegar a hora. Em suma, a mulher não tem filhos, até que o Isso, em conseqüência de algum processo que não se sabe qual seja, ou mesmo após um tratamento, se convence de que sua aversão pela gravidez é um vestígio de alguma noção infantil cuja origem remonta à primeira infância. Você não pode imaginar, minha querida amiga, como são estranhas as idéias que surgem quando se pesquisam os motivos dessas resistências à maternidade! Conheço uma mulher

22 O LIVRO dISSO

que temia dar à luz a uma criança de duas cabeças, em conseqüência de antigas e confusas recordações de um parque de diversões por ela visitado e também em virtude de remorsos, mais vivos e mais recentes, provocados pelo fato de que ela estava pensando em dois homens ao mesmo tempo.

Qualifiquei essas idéias de inconscientes: isso não é de todo exato, pois essas mulheres — que querem ardentemente um filho e tudo fazem por tornarem-se mães — não sabem e, quando lhes é dito, não querem acreditar que elas mesmas estão se ·impedindo de terem esse filho. Mas essas mulheres têm uma consciência pesada; não porque são estéreis e se sentem desprezadas: hoje não mais se despreza uma mulher por não ser fértil. De resto, a consciência pesada não desaparece com a gravidez. Ela só desaparece quando se consegue descobrir e purificar, na parte mais profunda da alma, as fontes envenenadas que intoxicam o inconsciente.

Como é difícil falar do Isso! Tange-se uma corda qualquer e, ao invés de um som, produzem-se vários, cujas sonoridades se misturam e se calam, a não ser que provoquem outras, sempre novas, até que se produza uma cacofonia incrível em que se perde todo discurso. Pode acreditar, não é possível falar do inconsciente; só se pode balbuciar algumas coisas a respeito dele ou, melhor, indicar bem baixinho isto ou aquilo a fim de que o bando infernal do universo inconsciente não surja das profundezas dando berros discordantes.

Será que preciso acrescentar que o que eu disse sobre a mulher também vale para o homem que quer evitar a gravidez; que também ele pode, pela mesma razão, ficar solteiro, tornar-se padre, praticar a castidade ou apanhar uma sífilis, uma blenorragia, uma orquite, com o único objetivo de não ter filhos? Que ele dá um jeito para que seu sêmen seja incapaz de reproduzir, que ele impede seu membro de alcançar a ereção etc.? Acima de tudo, não pense que quero atribuir a culpa de tudo à mulher. Se é o que está parecendo é apenas porque eu mesmo sou homem e tenho a tendência de atribuir à mulher uma culpabilidade que pesa sobre meus ombros; essa também é uma das características do Isso, todas as culpas pensáveis e imagináveis pesam sobre cada um de nós, de modo que se é obrigado a dizer, a respeito do assassino, do ladrão, do hipócrita, do traidor: Mas você também é um deles!

Por enquanto, ainda estamos falando do ódio da mulher pelo filho e vou ter de andar depressa para não me alongar muito nesta carta. Até agora eu lhe falei sobre a prevenção da concepção. Mas veja bem: uma mulher que deseja ardentemente um filho recebe a visita de seu marido, durante uma estada numa estância mineral. Eles mantêm relações: prevendo acontecimentos felizes, ao mesmo tempo em que se sente invadida por uma surda angústia, ela fica à espera da menstruação seguinte. A menstruação não vem; no segundo dia do atraso, a mulher escorrega num degrau, cai e, por um átimo, pensa com alegria: me livrei da criança. Essa mulher manteve seu filho, pois o desejo do Isso foi mais forte que sua aversão. Mas quantos milhares de vezes uma queda dessas provocou a morte de um óvulo recém-

CARTA 3

-fecundado? Pergunte a suas amigas, e em pouco tempo terá reunido uma verdadeira coleção de incidentes do mesmo tipo. Se você tiver conquistado a confiança dessas amigas — coisa muito rara entre os seres humanos, e que deve ser merecida, antes de ser conseguida — elas lhe dirão: fiquei contente que as coisas tivesse acontecido daquele modo. E se você insistir, ficará sabendo que havia razões imperiosas para evitar a gravidez, e que o tombo foi desejado, não pelo consciente, claro, mas pelo inconsciente. A mesma coisa se aplica ao fato de levantar um peso muito grande ou receber uma pancada, é a mesma situação. Quer você acredite ou não, nunca houve um aborto que não tivesse sido intencionalmente provocado pelo Isso por razões facilmente identificáveis. Nunca! Em seu ódio, e quando tem o controle da situação, o Isso convida a mulher a dançar, montar a cavalo, viajar ou recorrer às mulheres "entendidas" que usam agulhas, sondas ou venenos, ou então a cair, bater-se, deixar-se bater ou ficar doente. Às vezes acontecem mesmo incidentes curiosos, em que o inconsciente não sabe o que faz. Por exemplo, uma nobre criatura, que leva uma vida superior, que paira acima das contigências abdominais, tem o costume de tomar escalda-pés pelando de quente com a esperança de abortar sem ter culpa alguma. Mas em relação ao feto, esse banho quente na verdade é agradável e favorece seu desenvolvimento. Como pode ver, de vez em quando o Isso tira o pêlo de si mesmo!

Terminando, seria difícil para mim continuar insistindo nestas idéias insensatas e impiedosas a respeito das quais lhe falei. Mesmo assim, vou tentar. Tenho certeza de que toda criança deve seu nascimento à raiva da mãe. A mãe não agüenta mais estar grávida e ter de carregar um peso de vários quilos, e por isso rejeita a criança, de modo aliás não muito delicado. Quando essa "encheção" não se dá, a criança fica no ventre materno e ali se calcifica. Isso já aconteceu.

Para ser justo, é preciso acrescentar que a criança também não quer ficar naquela prisão obscura e colabora ativamente com o parto. Mas isso pertence a uma outra cadeia de raciocínios. Basta, por ora, constatar que esse desejo comum da separação é indispensável, à mãe e à criança, para que o nascimento aconteça.

Por hoje, chega. Como sempre seu,

Patrik Troll

Carta 4

Minha querida amiga, você tem razão. Minha intenção era falar-lhe sobre o amor materno e acabei falando do ódio materno. Mas é que o amor e o ódio estão sempre presentes, juntos. Um é a conseqüência do outro. É pelo fato de sempre se falar do amor materno, a respeito do qual todo mundo acha que sabe tudo, que preferi, desta vez, começar pela outra ponta da meada. Além disso, não estou convencido de que você tenha se relacionado com o amor materno de outro modo que não por tê-lo experimentado e escutado ou por ter pronunciado algumas palavras líricas ou trágicas a respeito.

O amor materno é evidente, é um *a priori* enraizado na mulher; trata-se, nela, de um sentimento sagrado, inato. Tudo isso talvez seja verdade, mas eu me surpreenderia se a natureza se baseasse, sem mais, em sentimentos femininos, ou apenas se servisse de sensações que nós, humanos, qualificamos de sagradas. Examinando as coisas mais atentamente, é possível descobrir, senão todas, pelo menos algumas das origens desse sentimento original. Essas fontes parecem ter bem poucas relações com o popular instinto de reprodução. Vamos então deixar de lado tudo que já foi dito sobre o amor materno e observar aquilo que acontece entre esses dois seres, a mãe e o filho.

Temos, de início, o momento da concepção, a lembrança consciente ou inconsciente de um instante de êxtase. Pois sem essa sensação verdadeiramente celeste — celeste porque, afinal, a crença na beatitude e no reino dos céus está ligada a ela — não há concepção. Você não está se convencendo com aquilo que estou dizendo e deve estar pensando em mil e uma experiências do leito conjugal execrado, em estupros, em fecundações em estado de inconsciência. Mas tudo isso vem apenas provar que o consciente

26 O LIVRO dISSO

não precisa participar dessa embriaguez; para o Isso, para o inconsciente, esses casos não provam nada. Para poder estabelecer a existência dessas sensações, será preciso recorrer aos órgãos através dos quais elas se expressam, aos órgãos da volúpia feminia. E você se surpreenderia ao constatar a que ponto as paredes da vagina ou seus lábios, o clitóris ou o mamilo estão pouco se preocupando com a eventual aversão experimentada pelo consciente. Eles respondem a seu modo aos esfregamentos, à excitação apropriada e pouco lhes importa que o ato sexual seja ou não agradável para o ser pensante. Pergunte aos médicos de mulheres, aos juízes, aos delinqüentes: vai ver como confirmarão o que estou dizendo. Talvez consiga também uma resposta sincera de mulheres que conceberam sem volúpia, vítimas de violação ou das quais alguém abusou enquanto não tinham consciência de si mesmas. Mas, para conseguir essas respostas, você teria de saber perguntar ou, melhor, saber como ganhar a confiança delas. É somente quando o ser humano está convencido da total falta de desprezo de seu interlocutor, da seriedade com que este observa o mandamento "Não julgarás. . ." que ele abre as portas de sua alma. Ou então consiga que essas presas frígidas da luxúria masculina lhe contem seus sonhos; o sonho é a linguagem do inconsciente e neles é possível ler muita coisa. O mais simples seria você se questionar a si mesma, honestamente, conforme é seu hábito. Será que você nunca percebeu no homem que você ama uma incapacidade temporária em conseguir uma ereção? Quando ele está pensando em você, ele dispõe de uma virilidade tão poderosa que sente um desejo carnal; e de repente, quando se aproxima de você, todo esse esplendor se recolhe molemente. Curioso fenômeno: significa que o homem é capaz de amar milhares de vezes, nas circunstâncias mais extraordinárias, mas que de modo algum consegue ter uma ereção na presença de uma mulher que pretende impedi-lo de ter uma ereção. Essa é uma das armas mais ocultas da mulher, uma arma que ela utiliza sem hesitação quando quer humilhar o homem; ou melhor, o inconsciente da mulher se serve dessa arma. Pelo menos é o que eu imagino, pois não quero acreditar que uma mulher seja conscientemente capaz de uma malvadeza dessas; me parece, mais provável, aliás, que a utilização desse fluido destinado a enfraquecer o homem só pode ser produzido com a ajuda de fenômenos inconscientes que se produzem no organismo da mulher. Seja como for, é absolutamente impossível que um homem possa abusar de uma mulher se de algum modo ela não estiver de acordo: nesse caso, você faria bem em não confiar na frigidez da mulher, atribuindo-a a seu desejo de vingança e à incrível malícia de seu caráter.

Você nunca sonhou que estava sendo violada? Não diga que não, de imediato, porque eu não acreditaria. Será que você não tem medo, como tantas outras mulheres — e exatamente as que se dizem frígidas — de passear num bosque ou de andar pelas ruas numa noite escura? Eu já lhe disse antes: o medo, a angústia são a manifestação de um desejo: receio de ser violada é desejar ser violada. Claro, conhecendo-a como a conheço, você não precisa ir olhar embaixo da cama

CARTA 4

ou dentro do armário! Mas quantas mulheres fazem isso, sempre com o temor e o desejo de descobrir um homem suficientemente forte a ponto de não temer a justiça. Você sem dúvida conhece a história daquela mulher que, descobrindo um homem sob a cama, exclamou: "Finalmente! Há vinte anos que eu esperava!" E como é significativo que se pense nesse homem como alguém com uma faca reluzente, faca que deve ser enfiada na vagina! Claro, agora você está acima de tudo isso. Mas você já foi jovem: pense bem! Vai acabar se lembrando do momento – que estou dizendo? do momento? Vai acabar se lembrando de toda uma série de momentos em que você se arrepiava ouvindo passos atrás de você; em que você acordou de repente num hotel, pensando: "Será que fechei direito a porta?"; em que você se enfiou tremendo sob as cobertas, e tremendo porque precisava resfriar o fogo que a estava consumindo por dentro. Você nunca lutou com seu amante, fazendo de conta de que estava sendo violada? Não? Ah, boba você que se privou dessas brincadeiras do amor e bobagem ter pensado que eu iria pensar mal de você por isso! Mas creio apenas que você tem uma péssima memória e na verdade está fugindo covardemente do conhecimento que tem de si mesma. É impossível que uma mulher não deseje essa suprema prova de amor, quase a única, se poderia dizer. Ser bela, sedutora a ponto de fazer o homem esquecer todo o resto e só pensar em amar: todas querem isso e aquela que negar está se enganando ou então mentindo conscientemente. E se posso lhe dar um conselho, procure reanimar um pouco em você essa fantasia. Não é muito bom brincar de esconde-esconde consigo mesma. Feche os olhos e abandone-se a seus sonhos, sem preconceitos ou segundas intenções. Em poucos segundos você se sentirá arrebatada pelas imagens do sonho, você mal se atreverá a continuar pensando, respirando. Preste atenção nos galhos secos que estão estalando, estão pulando sobre você, mãos apertam sua garganta, você cai, estão rasgando suas roupas e esse medo atroz... Tente agora ver o homem que está sobre você... É grande, pequeno, moreno, loiro, barbudo, imberbe? Esse nome encantador! Claro, claro, eu sabia que você o conhecia. Você o viu ontem, anteontem, há anos atrás, na rua, no trem, montando a cavalo ou dançando. E aquele nome que lhe atravessou a mente a faz tremer. É que você nunca pensou que aquele homem pudesse despertar em você instintos tão baixos. Ele lhe era indiferente? Você o abomina? Ele é repugnante? Ouça bem: seu Isso está gargalhando, está tirando seu pêlo. Não, não se levante, não procure nem seu relógio, nem seu molho de chaves, sonhe, sonhe! Sonhe com seu martírio, com sua vergonha, pense na criança dentro de você, no tribunal e no seu encontro com o criminoso na presença do juiz vestido de preto, pense na tortura de saber que você desejou aquilo que ele fez e pelo que ele está pagando agora. Horrível, inconcebível e tão apaixonante! Uma outra imagem: a criança nasce, você está trabalhando, as agulhas lhe machucam as mãos enquanto a criança, despreocupada, brinca a seus pés e você fica pensando como vai fazer para alimentá-la. Indigência, privação, cansaço! Mas eis que chega o príncipe encantado, o generoso, o delicado, essa pessoa estranhamente bondosa; ele a ama, você o ama, mas você renuncia a ele. Veja como o Isso escarnece de seu nobre gesto! Mais uma imagem: a criança se desenvolve em seu seio e, com ela, a angústia do que vai ser o nascimento dela, pense no modo como você a estrangulará, jogando-a no rio e neste caso é você que se verá diante daqueles sombrios juízes; você, a assassina. E de repente abrem-se as portas do universo dos contos e das fábulas, fazem uma fogueira, a infanticida é amarrada ao poste e as chamas começam a lamber-lhe os pés. Ouça o que o Isso está lhe murmurando: ele está lhe mostrando o poste e as línguas de fogo, ele lhe diz, sussurrando, a quem pertencem esses pés que estão ligando o mais profundo de seu ser àquelas chamas. Não é sua mãe que está falando? O inconsciente é cheio de mistérios; anjos e demônios, nele, estão lado a lado.

Vamos falar um pouco sobre o estado de inconsciência. Se tiver a ocasião, preste atenção numa crise de histeria. Isso lhe dirá muita coisa sobre a maneira pela qual um grande número de pessoas dão um jeito para perder a consciência a fim de experimentar sen-. sações voluptuosas. Claro, é um processo bobo, mas é que a hipocrisia é mesmo estúpida. Ou então vá até uma clínica cirúrgica, assista algumas anestesias; vai perceber, e ouvir, como o ser humano é capaz de gozar, mesmo em estado de inconsciência. E também preste atenção aos sonhos; os sonhos dos seres humanos são extraordinários intérpretes da alma.

Vamos fazer uma recapitulação: creio que uma das fontes do amor materno é o gozo sentido no momento da concepção. Vou passar por cima, sem querer diminuir sua importância, de toda uma série de sentimentos confusos, como o desejo pelo homem recaindo na criança, o orgulho pelo desempenho — por mais curioso que isso possa parecer diante de nossa alta inteligência, nos sentimos vaidosos por coisas que, como a concepção, são produto do Isso — ou daquilo que consideramos como uma obra nobre e da qual tampouco somos os autores, como a beleza, as riquezas herdadas, os grandes dons do espírito; em todo caso, a mulher sente-se orgulhosa de ter criado, durante uma noite e com um trabalho divertido, um ser vivo. Não vou dizer nada sobre o modo pelo qual a admiração e a inveja dos outros concorrem para a formação do amor materno, nem como o sentimento de ser responsável de modo exclusivo por um ser vivo — pois a mulher gosta de acreditar na exclusividade de sua responsabilidade quando tudo dá certo, embora acredite nisso com menos convicção, e coagida pela consciência de culpa, quando tudo vai mal — como esse sentimento, portanto, aumenta a ternura pela criança que vai chegar ou como a idéia de proteger um pequenino ser incapaz, de alimentá-lo com seu próprio sangue — uma das frases favoritas usadas mais tarde com os filhos e nas quais a mulher finge acreditar, mesmo sabendo como são falsas — dá à mãe a impressão de uma certa semelhança com Deus e, em conseqüência disso, lhe inculca a noção de existência de uma pia analogia entre ela e a mãe do filho de Deus.

Prefiro chamar sua atenção para um fato simples e aparentemente sem importância: o fato de o corpo feminino possuir um espaço

CARTA 4

vazio e oco, a ser preenchido pela gravidez, pela criança. Mesmo que você não consiga imaginar bem como a "sensação de vazio" pode ser angustiante e que sensação de bem-estar pode ser proporcionada pela sensação de "estar com a barriga cheia", mesmo assim você pode fazer uma idéia da sensação que a mulher tem com a gravidez. Uma certa idéia, que seja. É que, em relação aos órgãos contidos no abdômen da mulher, não se trata apenas de uma sensação de vazio: acima de tudo — e isso desde a infância — trata-se de uma eterna sensação de imperfeição que, às vezes mais às vezes menos, fere a mulher em seu amor-próprio. Numa época qualquer de sua vida, mas desde cedo, em conseqüência de observações pessoais ou de um outro modo, a menina percebe que lhe falta alguma coisa que o homem, o menino, tem. De passagem, não é surpreendente que ninguém saiba quando e como a criança aprende a reconhecer a diferença dos sexos? Mesmo que essa descoberta seja, seria possível dizer, o acontecimento mais importante da vida humana? Essa menina, como estava dizendo, percebe a ausência, nela, de um dos componentes do ser humano e interpreta isso como uma falha em sua natureza. Estranhas associações de idéias estão ligadas a isso; podemos voltar a falar disso, mas todas trazem a marca da vergonha e de um sentimento de culpa. No começo, ainda existe a esperança de que essa falha será consertada por alguma coisa que ainda irá crescer, existe a sensação de que se está apenas, momentaneamente, no prato da balança que está embaixo. Mas esta esperança não se realiza; permanece apenas o sentimento de culpa cujo motivo parece cada vez mais inexplicável, e uma vaga nostalgia, dois sintomas não muito claros, mas de uma força cada vez maior. A vida profunda da mulher será afetada durante muito tempo por isso, como se se tratasse de um tormento sempre presente. Depois vem o momento da concepção, o esplendor da saciedade, o desaparecimento do vazio, da devorante inveja, da vergonha. A seguir, reaparece a esperança de que, em seu corpo, está crescendo uma nova parte de seu ser, isto é, a criança que, ela, não terá aquela falha, a criança que se tornará um menino.

Na verdade, não há prova alguma de que a mulher grávida prefira dar à luz um menino. Se estudássemos os casos em que a preferência é por uma menina, ficaríamos sabendo muito sobre essas mães, mas também veríamos confirmada a regra geral segundo a qual a mãe deseja sobretudo um menino. Se lhe conto agora uma experiência pessoal é que um detalhe acessório me parece característico e fará com que você sem dúvida morra de rir, desse riso alegre, divino, que saúda a vinda do cômico capaz de expressar uma verdade profunda. Um dia, perguntei às mulheres e moças que conhecia — elas não eram, claro, mais que umas vinte — se desejavam um menino ou uma menina. Todas responderam: um menino. Mas há uma coisa engraçada nisso. Perguntei então com que idade elas estavam imaginando esse menino e o que elas imaginavam que ele estava fazendo naquele momento. Com exceção de três, todas me deram a mesma resposta: dois anos, deitado no trocador, com um jato jorrando despreocupado por entre as pernas, formando um arco orgulhoso. Das dissidentes,

30 O LIVRO dISSO

uma aludiu aos primeiros passos, a segunda imaginava-o brincando com um carneiro e a terceira pensava nele com três anos, em pé e urinando. Você deve ter compreendido, não, minha querida amiga? Tivemos aí a possibilidade de olhar, por um momento, bem fundo dentro do ser humano, a possibilidade de perceber, no meio de uma risada, seus motivos interiores. Não se esqueça disso, é o que lhe peço. E pense se não seria adequado ir adiante com a pesquisa e com isso somar outros dados ao nosso conhecimento.

A gênese da criança no abdômen, seu crescimento, e seu aumento de peso impõem-se ainda de um outro modo à alma feminina, vêm sobrepor-se a hábitos fortemente enraizados e utilizam, para ligar a mãe à criança, gostos que, a partir das camadas ocultas do inconsciente, dominam o coração e a vida do ser humano. Você não deve ter deixado de observar que a criança, reinando do alto de seu penico, não entrega de imediato aquilo que o adulto, para quem essa ocupação não é tão deliciosa assim, está lhe pedindo, primeiro suavemente e depois insistindo de um modo cada vez mais enérgico. Se você vê algum interesse – o que sem dúvida pode ser tomado como um interesse bastante estranho – em observar de perto essa tendência para a constipação voluntária, que muito freqüentemente torna-se um hábito para o resto da vida, peço que se lembre que no interior do abdômen perdem-se, perto do reto e da bexiga, nervos muito finos e sensíveis cuja ação consiste em fazer surgir certas vontades e que podem ser despertados pela excitação. Depois você se lembrará que freqüentemente acontece de as crianças, enquanto estão brincando ou estudando, se remexerem em suas cadeiras – talvez você mesma tenha feito isso, durante sua inocente infância – mexerem as pernas, esfregarem as pernas até que aquelas inevitáveis palavras da mãe acabem por ecoar: "João – ou Rosa – vá ao banheiro!" Por que isso? Será que o garotinho ou a garotinha se abandonam a suas brincadeiras e jogos, como quer a mãe com base em uma de suas próprias tendências há muito reprimidas, ou então será que eles estão demasiado absortos em seus deveres? Não. É a volúpia que cria esses estados, uma estranha forma de auto-satisfação, praticada desde a infância e desenvolvida mais tarde até a perfeição através da constipação. Salvo que, então, e infelizmente, o organismo não responde mais à volúpia mas sim – junto com a sensação de culpa da masturbação – produz dores, vertigens, dores de barriga ou seja qual for o nome das mil seqüelas possíveis do hábito de manter uma constante pressão sobre os nervos genitais. Sim, e depois você pode pensar nas pessoas que têm o hábito de sair de casa sem ter evacuado antes e que depois, com vontade, travam na rua lutas penosas sem nem mesmo darem-se conta das delícias que elas representam. É preciso observar a regularidade e a total inutilidade dessas lutas entre o ser humano e seu posterior para concluir que, neste caso, o inconsciente está praticando um inocente onanismo. Pois bem, minha estimada amiga, a gravidez pertence a esse tipo de masturbação, só que muito mais forte, pois neste caso o pecado fica envolto numa auréola de santidade. Mas por

CARTA 4 31

mais santificada que seja a maternidade, isso não impede que o útero grávido excite seus nervos e produza uma sensação de volúpia. Você acha que essa volúpia deve ser registrada pelo consciente? Errado. Tudo bem, essa pode ser sua opinião, mas permita que eu ria dela.

E dado que chegamos a esse tema espinhoso da volúpia secreta, inconsciente, nunca claramente definida, vou me permitir falar do que representam, para a mãe, os movimentos da criança. Também o poeta se interessou por este tema, revestiu-o de rosas e delicadamente perfumou-o. Na verdade, essa sensação, depois que teve retirada a aura de sublimação que a envolve, não é nada diferente daquela que geralmente se produz quando alguma coisa se mexe no ventre da mulher. É a mesma sensação que o homem produz nela, só que ela está livre de toda idéia de pecado, ela se vê, antes, levada às nuvens, ao invés de ser censurada.

Você não tem vergonha?, você pode estar dizendo. Não, não tenho, minha cara; tenho tão pouca vergonha que devolvo a pergunta a você. Você não se sente esmagada de dor e vergonha pensando naquele ser humano que jogou na lama o bem mais precioso da vida, a união entre o homem e a mulher? Pense, nem que seja por um minuto, no que representa essa volúpia a dois: é a ela que se deve o casamento, a família, o Estado. Ela é que fundou a casa e a cidade, faz do nada surgir a ciência, a arte e a religião; foi ela que fez tudo, tudo, tudo, tudo. Tudo aquilo que você hoje respeita! Será que você ainda se atreve, depois de tudo isso, a achar que é sacrílega a comparação entre o enlace amoroso e os movimentos da criança?!

Não, você é compreensiva demais para persistir em me querer mal por ter usado sem pensar termos proscritos pela hipocrisia de uma professorinha piegas. E você consentirá em me seguir ainda mais longe e em admitir uma afirmação ainda mais severamente desaprovada pelo coração e pela civilização: a de que o parto é um ato de suprema volúpia capaz de produzir uma impressão que permanece sob a forma de ternura pela criança, sob a forma de amor materno.

A menos que sua boa vontade não chegue a esse ponto! É verdade que esta afirmação está em contradição com todas as experiências, com a experiência de séculos. No entanto, um fato que julgo fundamental, e que constitui um ponto de partida, não a contradiz: é que não pára de nascer criança e, por conseguinte, todos esses temores, todos esses sofrimentos com que nos massacram os ouvidos desde tempos imemoriais não são suficientemente fortes a ponto de impedir que o desejo os supere, ou qualquer outra sensação de volúpia.

Você já presenciou um parto? Há, em todo parto, um fato estranho: a parturiente geme, grita, mas seu rosto está sempre vermelho, febrilmente superexcitado, e seus olhos têm esse brilho extraordinário que nenhum homem esquece quando foi ele que o provocou numa mulher. É um tipo especial de olhar, um olhar curiosamente velado, que expressa embriaguez. E o que há de tão notável, de tão incrível, no fato de a dor ser uma volúpia, uma suprema volúpia? Somente os que farejam por toda parte a perversão e prazeres anti-

32   O LIVRO dISSO

naturais não sabem ou fingem ignorar que a grande volúpia se faz
acompanhar pela dor. Portanto, livre-se dessa impressão que lhe foi
comunicada pelas lamentações das mulheres que sentem falta das
crianças e dos contos ridículos das comadres invejosas. Tente ser
honesta. A galinha também cacareja quando põe um ovo. Mas o galo
não se importa com isso e se apressa a cavalgar outra vez a galinha,
cujo horror diante das dores que o ato de pôr ovos provoca acaba se
traduzindo, de modo surpreendente, por uma completa submissão
amorosa aos desejos do senhor e mestre do galinheiro.

A vagina da mulher é um Moloch insaciável. Onde anda, portanto, essa vagina que se contentaria com ter em si um pequeno membro do tamanho de um dedo quando pode dispor de outro, grosso
como o braço de uma criança? A imaginação da mulher trabalha com
instrumentos poderosos, sempre foi e sempre será assim.

Quanto mais grosso for o membro, maior será o êxtase; durante
o parto, a criança bate com seu grosso crânio contra o orifício vagi-
nal, sede do prazer na mulher, exatamente como o membro de um
homem; trata-se dos mesmos movimentos de vaivém, de um lado para
outro, trata-se da mesma dureza, da mesma violência. Claro que esse
supremo ato sexual faz sofrer, e claro que, por isso, ele é inesquecível e
constantemente procurado; é o auge de todos os prazeres femininos.

Se o parto é de fato um ato de volúpia, por que o momento
das dores é descrito como o de um sofrimento sem paralelo? Não sei
responder a essa pergunta: pergunte às mulheres. Posso porém afirmar
ter encontrado, aqui e ali, mães que me confessaram: "Apesar das
dores, ou talvez por causa delas, o nascimento de meu filho foi a
mais linda impressão de minha vida". Talvez se possa supor que a
mulher, sempre obrigada a dissimular, é incapaz de falar de modo
franco sobre suas sensações porque lhe inculcaram, para toda a vida,
o horror ao pecado. Mas nunca se conseguirá descobrir inteiramente
a origem dessa identificação entre o desejo sexual e o pecado.

É possível acompanhar certos encadeamentos de idéias, através
do labirinto desse difícil problema. Assim, me parece natural que
alguém, a quem sempre se ensinou, se necessário com a ajuda da religião, que o parto é uma coisa terrível, perigosa, dolorosa, continue a
acreditar nisso, mesmo que sua própria experiência seja diversa. Está
claro para mim que grande parte desses contos horríveis foram inven-
tados para impedir as moças de terem relações extraconjugais. A inveja
das que não dão à luz, especialmente a inveja da mãe em relação à
filha diante daquilo que para ela, mãe, pertence apenas ao passado,
também é responsável por essa situação. O desejo de intimidar o
homem — e não deve ele então ter ciência do que ele mesmo inflinge
a sua bem-amada, do sacrifício dela, de seu heroísmo? — o fato de
se deixar ele apanhar nas malhas dessa comédia e, de tirano malvado
que era, tornar-se, pelo menos por algum tempo, pai amoroso, também deve concorrer com sua parte para a mesma coisa. De modo
particular, a necessidade interior de sentir-se grande, nobre, de sentir-se mãe conduz ao exagero, leva a mentir. E mentir é pecado. Enfim,
a imagem da Mãe surge das trevas do inconsciente, pois não há desejo

CARTA 4

ou volúpia que não se deixem penetrar pela nostalgia de se ver novamente no seio da mãe, que não amadureçam e se envenenem com a vontade de unir-se sexualmente à mãe. Incesto, o crime supremo. Não é o suficiente para sentir-se em estado de pecado?

Mas no que exatamente essas razões misteriosas nos dizem respeito, agora? Gostaria de convencê-la de que a natureza não se detém diante dos nobres sentimentos de uma mãe. A natureza não acredita que uma mulher qualquer, simplesmente por ser mãe, possa tornar-se o ser adorado, pronto para todos os sacrifícios, ser para nós sem igual, em relação ao qual basta pronunciar seu nome para sentir prazer e alegria. Gostaria de convencê-la de que a natureza atiça de mil modos o fogo cujo calor nos acompanha por toda a vida, que ela lança mão de tudo — pois o que acabo de lhe dizer é apenas uma minúscula parte das fontes de onde provém o amor materno — que ela lança mão de tudo para retirar da mãe toda e qualquer possibilidade de afastar-se ela de seu filho.

Será que consegui convencê-la disso? Se a resposta for afirmativa, eu ficaria muito contente, do fundo de meu coração.

Seu velho amigo,

Patrik Troll

Carta 5

Quer dizer que não me enganei, minha querida amiga, quando pensei que, aos poucos, você se interessaria pelo inconsciente. Estou acostumado com suas brincadeiras sobre minha mania de exagerar nas coisas. Mas por que você escolheu exatamente, para me gozar, minha volúpia pelo parto? Nesse ponto, sou eu quem está com a razão.

Você disse, outro dia, que as histórias que eu intercalava nas minhas cartas lhe agradavam. "Dão vida às coisas", você disse, "e a gente quase fica tentada a acreditar em você quando você conta fatos tão sólidos como esses". Para dizer a verdade, eu poderia muito bem ter inventado tudo isso. São coisas que estão dentro e fora do território da ciência. Enfim, você não ficará sem sua historinha.

Há alguns anos atrás, e após um longo período de esterilidade, uma mulher pôs uma menina no mundo. A criança não havia virado dentro do útero, iria sair primeiro com o traseiro, e o parto se deu sob anestesia numa maternidade, sob a direção de um parteiro famoso, auxiliado por dois assistentes e duas parteiras. Dois anos depois, nova gravidez; e como, nesse intervalo, eu passara a ter uma certa influência sobre a mulher, decidiu-se que ninguém tomaria decisão alguma sobre o parto sem antes me comunicar. Ao contrário da primeira, esta segunda gravidez transcorreu sem incidentes. Decidiu-se que o parto seria feito na casa dela, sob a supervisão de uma parteira. Pouco antes do dia previsto, e a pedido da parteira, fui chamado à casa da mulher, que morava numa outra cidade. A criança estava com o traseiro na direção da saída: que fazer? Quando cheguei, a criança estava de fato de costas; as dores ainda não haviam começado. A parturiente estava com muito medo e queria ser levada para o hospital. Sentei-me a seu lado e mexi um pouco em seus recalques — com os quais já estava razoavelmente

36 O LIVRO dISSO

familiarizado — e acabei pintando para ela, com cores vivas (acho que você sabe como sou bom nisso) os prazeres do parto. A senhora X tornou-se alegre de repente e uma estranha expressão de seus olhos revelava que uma centelha começava a brilhar nela. Depois, tentei saber a razão pela qual a criança estava outra vez virada, de traseiro. "O traseirinho é mole e abre caminho mais suavemente e mais comodamente do que a cabeça, tão dura e grossa." E então lhe contei a história do instrumento, grosso ou pequeno, duro ou mole, dentro da vagina, mais ou menos como a descrevi para você, outro dia. Isso produziu alguma impressão nela, mas subsistia ainda uma certa desconfiança. Ela acabou dizendo que gostaria de acreditar em mim, mas que as pessoas sempre lhe tinham contado tanta coisa de horrível sobre as dores do parto que ela preferia ser anestesiada. E se a criança não se virasse, ela seria posta para dormir, já sabia disso por experiência. Assim, ela preferia que a criança ficasse de costas. A isso respondi que se ela era tão boba a ponto de querer se privar do maior prazer de sua vida, que fizesse como quisesse. Por mim, nada havia de inconveniente no fato de ela ser anestesiada, se é que ela não podia suportar as dores. Mas para isso não era preciso que a criança saísse de costas. "Eu lhe darei uma autorização para ser anestesiada mesmo que a criança saia de cabeça. É você que decidirá se vai ou não ser anestesiada." Com isso, fui embora e no dia seguinte fiquei sabendo que, meia hora após minha partida, a criança se havia virado e ficado de cabeça. O parto se deu sem qualquer complicação. A parturiente me descreveu as diversas peripécias numa linda carta. "O senhor tinha razão, doutor. Foi de fato um prazer enorme. Como a garrafa de éter estava na mesinha de cabeceira, a meu lado, e como eu estava autorizada a adormecer se quisesse, não senti medo nenhum e pude acompanhar e apreciar tudo que estava acontecendo. Houve um momento em que a dor, até ali excitante e atraente, foi forte demais, e eu gritei: éter! — mas em seguida eu disse que não era preciso. A criança já estava chorando. A única coisa que lamento é que meu marido, que torturei durante anos por causa desse medo bobo, não pôde sentir esse prazer supremo."

Se você quiser ser cética, dirá que se tratou apenas de uma sugestão feliz, que não prova nada. Mas isso me é indiferente. Tenho certeza que, quando você tiver um filho outra vez, você também vai observar as coisas "sem inibição", se livrando assim de um preconceito; e aprenderá também a conhecer uma sensação contra a qual você havia sido indisposta por um amontoado de tolices que a assustaram.

A seguir você passou, minha amiga, não sem um certo embaraço, para o tema escabroso da auto-satisfação; me deu a entender o quanto você despreza esse vício secreto e manifesta seu descontentamento em relação a minhas horríveis teorias sobre o inocente onanismo das crianças sentadinhas em seus penicos, ou das pessoas constipadas, das mulheres grávidas; e, concluindo, você achou cínicas minhas opiniões sobre as condições fundamentais do amor materno. "Do modo como você diz, tudo pode ser auto-satisfação", você disse.

CARTA 5   37

De fato, e você não está errada quando diz que, da masturbação, eu derivo senão tudo pelo menos muita coisa. O modo pelo qual cheguei a esta convicção talvez seja mais interessante do que minha opinião a respeito, em si mesma, e por isso vou lhe contar como foi.

Tanto em minha profissão como fora dela, tive a ocasião de presenciar muitas vezes a *toilette* de crianças. Você pode confirmar, pelas suas próprias experiências, que essa é uma operação que não se faz sem berreiros e gritarias. Mas talvez você não saiba – ou talvez não atribua a essas coisas de criança uma importância muito grande – que esses gritos são provocados por certas fases da operação e inexistem em outras. A criança, que gritava enquanto lhe lavavam o rosto – se quer saber por que ela chora, faça com que alguém, mesmo muito querida, lhe lave o rosto com uma esponja (ou uma luva) tão grande que lhe cubra a boca, o nariz e os olhos – essa criança, eu dizia, se acalma de repente quando a esponja macia é passada entre suas perninhas. Seu rosto manifesta de repente um verdadeiro encantamento e ela pára de se mexer. E a mãe, que um pouco antes exortava ou consolava a criança para ajudá-la a suportar essa desagradável limpeza, assume de repente, em sua voz, tons ternos, afetuosos, quase ia dizendo "amorosos". Também ela, a mãe, passa por alguns momentos de encantamento; seus gestos tornam-se diferentes, mais suaves, mais ternos. Ela não sabe que está dando um prazer sexual à criança, que está ensinando a criança a se auto-satisfazer, mas o Isso pressente e sabe disso. A ação erótica comanda, na mãe e na criança, a expressão do gozo.

É desse jeito que as coisas acontecem. A própria mãe, em pessoa, dá a seu filho lições de onanismo; ela é obrigada a fazer isso, pois a natureza acumula sujeira, que tem de ser lavada, lá onde se encontram os órgãos da volúpia; a mãe é obrigada a fazer isso, não pode fazer de outro modo. E, pode acreditar, grande parte daquilo que recebe o rótulo de limpeza, a ânsia de servir-se do bidê, as lavagens após as evacuações, as irrigações, nada mais são que uma repetição das voluptuosas lições impostas pelo inconsciente.

Esta pequena observação, cuja exatidão você pode comprovar a todo momento, derruba de um só golpe todo o edifício aterrorizante que os imbecis levantaram ao redor da auto-satisfação. Como se pode chamar de vício um hábito instigado pela própria mãe? Uma coisa para cujo aprendizado a natureza se serve da mão materna? Como seria possível limpar uma criança sem excitar sua volúpia? Uma necessidade à qual todos se submetem desde seu primeiro suspiro pode ser uma coisa contra a própria natureza? Como justificar a expressão "vício oculto" por algo cujo modelo típico é inculcado na criança pela própria mãe várias vezes por dia, de um modo aberto e cândido? E como é possível pretender que o onanismo é nocivo quando na verdade ele faz parte do plano de vida do ser humano, como algo evidente e inevitável? Se for assim, pode-se dizer que também caminhar é um vício, ou que comer é contra a natureza, ou ainda pretender que o homem que se assoa está destinado de modo infalível à degra-

38 O LIVRO dISSO

dação. A necessidade inelutável pela qual a vida comanda a auto-satisfação ao situar a sujeira e o fedor das fezes e da urina no mesmo lugar do prazer sexual demonstra que os deuses dotaram o ser humano com esse ato reprovado, com esse assim chamado vício, por alguma razão, e demonstra que esse ato faz parte do destino do homem. E se você quiser, posso eventualmente enumerar algumas dessas razões, posso demonstrar que, em todo caso, nosso mundo humano, nossa cultura são em grande parte edificados sobre a auto-satisfação.

Você perguntará então: nesse caso, como é que essa função necessária passou a ser considerada um vício vergonhoso, tão perigoso para a saúde física quanto para as forças espirituais, como o quer a opinião geral? Para ter uma resposta a isso, seria melhor você dirigir-se aos eruditos no assunto, mas posso pô-la a par de algumas observações minhas. Primeiro, não é verdade que as pessoas estão, de modo geral, convencidas da nocividade da masturbação. Não tenho nenhuma experiência pessoal de costumes exóticos, mas li muito a respeito, o que produziu em mim uma outra convicção. Além disso, observei, durante viagens minhas pelo interior, que de vez em quando um jovem lavrador, em pé atrás de seu arado, satisfazia suas vontades, sozinho e de um modo muito honesto. A mesma coisa se pode ver entre as camponesas jovens, quando não se perdeu o hábito de ver as coisas em virtude das proibições da infância; proibições como essa atuam, segundo as circunstâncias, durante longo anos, às vezes durante a vida toda, e de vez em quando é divertido observar tudo aquilo que as pessoas não vêem porque Mamãe proibiu que se visse. Mas para isso você não precisa ir até o mundo dos camponeses. Suas próprias recordações serão suficientes. Ou será que o onanismo deixa de ser novivo quando é o amante, o marido, que mexe nos lugares sensíveis aos quais o onanismo está tão intimamente ligado? Nem é preciso pensar nas mil possibilidades do onanismo secreto, inocente, na equitação, na gangorra, na dança, na constipação; fora daí há muitas outras carícias cujo sentido mais profundo é a auto-satisfação.

Isso não é onanismo, você vai dizer. Talvez não, talvez sim, depende do modo de ver as coisas. A meu ver, não há muita diferença entre a carícia ser feita por uma mão estranha ou pela própria mão. Afinal, não é nem mesmo necessário que haja uma mão, basta o pensamento e, sobretudo, o sonho. E veja como ele reaparece, esse desagradável intérprete dos mistérios ocultos. Não, minha cara amiga, se você conhecesse tudo aquilo que chamamos de onanismo – aparentemente com boas razões, pelo menos – você não falaria mais da nocividade dele.

Você já viu alguém a quem o onanismo tenha prejudicado? Eu falo do onanismo em si mesmo, e não do temor das seqüelas, pois isto sim é grave. E é justamente pelo fato de isso ser grave que algumas pessoas, pelo menos, deveriam libertar-se desse receio. Repito, você já viu alguém a quem o onanismo tenha feito mal? E como é que você imagina a coisa? Será que é nociva a perda desse pouquinho de sêmen do homem, ou dessa humidade na mulher? Sem dúvida você não acredita nisso, pelo menos não mais depois de ter aberto um

CARTA 5 39

desses manuais de fisiologia comuns nas universidades e de ter ali se informado. A Natureza providenciou amplas reservas disso e, além do mais, o próprio abuso é o primeiro a pôr um limite para si mesmo: no menino ou no homem, consegue-se o alívio através da interrupção da ereção e da ejaculação; também na mulher sobrevém uma saciedade, que dura alguns dias ou algumas horas. Acontece com a sexualidade aquilo que acontece com a fome. Assim como ninguém arrebenta a própria barriga com um excesso de comida, ninguém esgota suas forças sexuais através da masturbação. Vamos entender bem uma coisa: através da masturbação; não estou falando do medo da masturbação. Isso é outra coisa, isso sim mina a saúde e é por isso que faço tanta questão de demonstrar quão criminosos podem ser aqueles que vituperam contra o vício oculto, assustando as pessoas. Como todos os seres humanos praticam consciente ou inconscientemente o onanismo e experimentam uma satisfação também inconsciente, espalhar esse medo é um crime contra toda a humanidade, um crime terrível. E uma besteira, tão ridícula quanto a idéia de que o fato de andar em pé era responsável por condições nocivas à saúde humana.

Não, você vai dizer, não se trata da perda de uma substância qualquer. Muito bem, mas um grande número de pessoas acredita nisso, ainda pensam que o líquido seminal provém da espinha dorsal e que a medula espinhal torna-se seca com os abusos, e acreditam mesmo que o próprio cérebro se resseca e encolhe, fazendo as pessoas tornarem-se idiotas.

O próprio termo "onanismo" indica que é a idéia da perda do sêmen que assusta as pessoas. Você conhece a história de Onã? Na verdade, ela nada tem a ver com a auto-satisfação. Havia entre os judeus uma lei que obrigava o cunhado, no caso de o irmão morrer sem filhos, a compartilhar da cama da viúva; a criança assim concebida seria considerada descendente do morto. Lei não de todo boba que, pelo menos, assegurava a manutenção das tradições, a continuação da tribo, por mais que o método nos pareça estranho, a nós modernos. Também nossos antepassados tiveram o mesmo tipo de idéia; pouco antes da Reforma, havia em Verden uma norma semelhante. Muito bem, Onã viu-se nessa situação com a morte do irmão; mas como não gostava da cunhada, deixava o sêmen cair ao chão ao invés de fazê-lo correr para o ventre da mulher. A fim de puni-lo pela violação da lei, Jeová fez com que morresse. O inconsciente da massa conservou dessa história apenas a imagem do líquido seminal caindo no chão, e estigmatizou com o nome de onanismo todo gesto semelhante, o que sem dúvida provocou o aparecimento da idéia da morte em virtude da auto-satisfação.

É bom que você não acredite nisso. O que é sério, no entanto, é a fantasmagoria das visões voluptuosas. Ah, minha amiga, será que durante o ato você não tem nenhuma visão voluptuosa? Antes dele, também não? Talvez você afugente essas visões, recalque-as, para usar o termo técnico; voltarei a falar, quando for o momento, da concepção do recalque. Mas vamos falar das visões: elas aparecem

40   O LIVRO dISSO

e têm de aparecer porque você é um ser humano e simplesmente não pode eliminá-las de seu corpo. Essas pessoas que acreditam nunca terem pensamentos de volúpia sempre me fazem pensar nesse tipo de pessoas que levam a tal ponto o ideal de limpeza que não apenas se lavam como irrigam cotidianamente os intestinos. Pobres ingênuos, não? Não imaginam que, mais além dessa pequena extremidade do intestino que limpam com tanta água, ainda há um bom pedaço, igualmente sujo. E vamos falar a verdade logo de uma vez: eles ministram em si mesmos esses clísteres porque se trata de atos de cópula simbólica; a mania da limpeza é apenas um subterfúgio através do qual o inconsciente engana o consciente, é a mentira que permite observar, ao pé da letra, as proibições maternas. O mesmo acontece com os fantasmas eróticos. Cavando mais fundo no ser humano, vê-se o erotismo aparecer em todas suas formas.

Você já viu uma jovem delicada, etérea, inocente, atacada por uma forma de alienação mental? Não? É uma pena, você se curaria para sempre da crença naquilo que a humanidade chama de pureza e passaria a decorar essa candura, essa inocência, com o honesto nome de hipocrisia. Não estou fazendo aqui uma censura. Também o Isso se serve da hipocrisia para alcançar seus objetivos, exatamente no que diz respeito a esse hábito condenado, no entanto tão praticado, cujo objetivo não está assim tão oculto.

Talvez consigamos equacionar de um modo melhor o problema colocado pelo medo que o onanismo provoca nos pais, nos educadores e, de um modo geral, nas pessoas às quais a posição que ocupam lhes confere uma certa autoridade, examinando a história desse terror. Não sou muito erudito, mas me parece que foi no fim do século XVIII que se espalhou esse medo do onanismo. Na correspondência entre Lavater e Goethe, ambos falam no onanismo espiritual com tanta naturalidade como se estivessem falando das peripécias de um passeio pelo campo. No entanto, essa foi a época em que a sociedade começou a se preocupar com os doentes mentais, e os alienados — sobretudo os idiotas — são ardorosos adeptos da auto-satisfação. Assim, é admissível que tenham confundido causa e efeito, é possível que tenham pensado que era pelo fato de se masturbar que o idiota se tornava um idiota.

Mas não é aí que devemos procurar a causa da curiosa repulsa do ser humano por aquilo que lhe foi ensinado pela própria mãe desde os primeiros dias de sua existência. Posso deixar essa resposta para mais tarde? Tenho tantas coisas a dizer antes! Mesmo porque esta carta já está muito comprida. Gostaria, da maneira mais breve possível, chamar sua atenção para uma curiosa alteração dos fatos que pode ser constatada mesmo entre pessoas sob outros aspectos ditas superiores. Diz-se que a auto-satisfação é um sucedâneo do ato sexual "normal". Ah, quanta coisa não seria possível dizer a respeito dessa expressão, ato sexual "normal"! Mas trata-se, aqui, de seu sucedâneo. Como é que as pessoas podem chegar a dizer uma besteira desse tamanho? A auto-satisfação, sob uma forma ou outra, acompanha o homem ao longo de toda sua vida; a atividade sexual dita normal só se coloca

CARTA 5

a partir de uma certa idade e de modo geral desaparece numa época em que o onanismo reaparece outra vez sob a forma infantil do jogo consciente com as partes sexuais. Como se pode considerar um fenômeno como sucedâneo de outro que só aparecerá quinze anos, vinte anos depois? Seria bem melhor estabelecer de uma vez por todas que o ato sexual normal é muitas vezes uma simples auto-satisfação consciente no decorrer da qual vagina e membro são apenas instrumentos de esfregação, como o são a mão e o dedo. Cheguei assim a conclusões surpreendentes e não duvido que o mesmo acontecerá com você se aprofundar o exame dessas questões.

E o amor materno? O que tem a ver com tudo isso? Sem dúvida bem pouco. Já observei que a mãe muda estranhamente quando faz a limpeza das partes sexuais de seu bebê. Ela não tem consciência disso, mas é exatamente o prazer inconsciente sentido em comum que mais a une à criança, e dar prazer a uma criança, seja sob que forma for, desperta no adulto o amor. Mais ainda do que entre pessoas que se amam, nas relações entre mãe e filho dar, às vezes, faz a pessoa se sentir mais feliz do que receber.

Resta acrescentar, quanto à influência da auto-satisfação, um aspecto cuja menção fará com que você levante o sobrolho. Mas não posso poupar-lhe isso; é importante, e oferece uma nova possibilidade para vasculhar nas trevas do inconsciente. O Isso, o inconsciente, pensa através de símbolos e, dentre estes, há um cujo uso serve para designar tanto *partes sexuais* quanto *criança*. As partes sexuais femininas são, para ele, a coisinha, a menininha, a garotinha, a irmãzinha, a amiguinha; as masculinas são o garotinho, o guri, o irmãozinho. Pode parecer estranho, mas é assim. O que quero agora é que você se dê conta, sem nenhum prurido bobo, de como o ser humano ama suas partes sexuais, deve amá-las porque, de modo absoluto, é delas que ele recebe todo prazer, toda vida. Esse amor nunca poderá ser grande demais e é esse grande amor que o Isso transfere — a transferência é igualmente uma de suas particularidades — para a criança. Ele confunde, por assim dizer, partes sexuais e criança. Boa parte do amor materno provém do amor que a mãe tem por suas partes sexuais e de suas recordações do onanismo.

Tudo isso é muito penoso? Tenho ainda mais uma coisa para dizer, hoje, que talvez explique parcialmente por que a mulher, em geral, gosta mais das crianças do que o homem. Você se lembra do que lhe contei sobre a manipulação das partes sexuais das crianças durante o banho e como, através do uso da simbolização inconsciente, estabeleci um relacionamento entre o prazer daí resultante e o amor pela criança? Você acha que essa manipulação produz o mesmo prazer para o garotinho e a menininha? Eu não acho.

Seu, com dedicação

Patrik Troll

Carta 6

Você acha, meu querido e austero Juiz, que minhas cartas demonstram demais o prazer com que conto minhas historietas eróticas. É uma observação adequada. Mas não posso fazer nada: sinto prazer com isso, um prazer que não posso ocultar, sob pena de ele explodir à luz do dia.

Quando você fica fechado durante muito tempo num quarto estreito, mal iluminado, sufocante, apenas por medo de ver as pessoas lá fora criticarem você, fazê-lo cair no ridículo, e quando, depois disso, você consegue sair para o ar livre e perceber que ninguém se preocupa com você, ou perceber que, no máximo, alguém olha de relance para você e continua tranqüilamente seu caminho, você fica quase louco de felicidade.

Você sabe que eu era o caçula da família, mas não pode saber a que ponto minha família era implicante e inclinada a fazer gozações. Bastava dizer uma besteira para que todo dia eles a repetissem, colocando-a na mesa junto com o pão e a manteiga; e o fato de, num enxame de irmãos e irmãs, aquele que mais diz besteiras ser sempre o caçula parece uma coisa natural. E foi assim que desde cedo perdi o hábito de manifestar minhas opiniões; recalquei todas elas.

Peço que entenda isto ao pé da letra: o que é recalcado não desaparece, apenas não fica no lugar em que devia ficar, só isso. É empurrado para um canto, onde ninguém lhe faz a devida justiça, um canto onde esse algo se sente apertado e em desvantagem. E então, essa coisa fica o tempo todo se levantando na ponta dos pés, esforça-se de vez em quando, com todas suas forças, para reconquistar o lugar em que deveria estar e quando consegue distinguir uma brecha na barreira, tenta esgueirar-se por ela de todo modo. Às vezes consegue

44 O LIVRO dISSO

atravessar, mas quando chega ao primeiro plano já esgotou todas suas forças e o menor choque com qualquer poder autoritário a faz voltar para trás. É uma situação bem desagradável e você bem pode imaginar os pulos que dá um ser recalcado, esmagado, anulado, quando se vê livre. Tenha um pouco de paciência. Mais umas poucas cartas meio doidas e este ser embriagado de liberdade se comportará com tanta ponderação e seriedade quanto o texto maduramente meditado de um psicólogo profissional qualquer. Claro que as roupas, no recalque, foram poluídas, rasgadas, viraram trapos e deixam ver a pele nua sob elas, por toda parte, uma pele nem sempre limpa e que deixa perceber, em si, estranhos mofos de massa humana. Mas, em compensação, todo esse conjunto ganhou em experiência e tem coisas a contar.

Mas antes de eu passar a palavra a esse todo, gostaria de explicar-lhe rapidamente o sentido de algumas expressões que usarei. Não precisa ter medo, não darei definições; não seria capaz de fazer isso por causa da incoerência de minha mente. Assim como fiz ainda há pouco em relação à palavra "recalcar", vou tentar fazer com que você apreenda a significação das palavras "símbolo" e "associação".

Eu lhe disse uma vez que era difícil falar do Isso. Quando se trata dele, todas as palavras e todas as noções tornam-se flutuantes, indecisas, porque é próprio de sua natureza introduzir em cada denominação, em cada ato, uma série de símbolos, e é próprio dele também atribuir, associar a essa série idéias de outro tipo, de modo que aquilo que parece bem simples para a razão é, para o Isso, muito complicado. Para o Isso, não há noção que seja, em si, delimitada; ele trabalha com ordens de noções, com complexos produzidos através da obsessão com a simbolização e a associação.

Para que você não se assuste, vou lhe mostrar com um exemplo aquilo que entendo por obsessão de simbolização e de associação. O anel costuma ser considerado como símbolo do casamento; mas são muito poucos os que têm uma idéia da razão pela qual esse círculo expressa a noção da união conjugal. Os apótemas segundo os quais o anel é um elo, uma ligação, ou representa o amor eterno, sem começo nem fim, permitem tirar conclusões sobre o estado de espírito e a experiência daquele que usa esses florilégios do discurso, mas nada nos dizem sobre o fenômeno, produzido por forças desconhecidas, que levou a escolher o anel como representação do estado matrimonial. No entanto, se partirmos do princípio segundo o qual o hímen é a fidelidade sexual, a interpretação se torna fácil. O anel representa o órgão sexual feminino, sendo o dedo o órgão do homem. O anel não deve ser enfiado em nenhum outro dedo que não o do marido, e isso significa o voto de nunca acolher, no anel da mulher, um outro órgão sexual que não seja o do marido.

Esta assimilação entre o anel e o órgão feminino, entre o dedo e o membro masculino, não foi imaginada voluntariamente, mas sim sugerida pelo Isso do ser humano e cada um de nós pode ter cotidianamente a prova disso observando o modo pelo qual homens e mulheres mexem em seus respectivos anéis. Sob a influência de certas emo-

CARTA 6

ções fáceis de adivinhar, e que em geral não chegam inteiramente ao nível do consciente, inicia-se essa espécie de jogo, esse movimento de vaivém do anel, essa rotação, essa torsão. Em certos momentos da conversa, quando se ouvem ou se pronunciam certas palavras, quando se vêem certas imagens, ou pessoas, ou objetos, enfim diante de qualquer tipo de percepção dos sentidos realizam-se gestos que nos revelam, naquele mesmo momento, certos processos secretos da alma e que provam generosamente que o ser humano não sabe o que faz, que um inconsciente obriga-o a desvendar-se simbolicamente, que essa simbolização não brota do pensamento intencional, mas de processos desconhecidos do Isso. Que ser humano executaria voluntariamente sob os olhos de um outro certos movimentos que traem sua excitação sexual, que expõem aos olhos de todos o ato secreto, constantemente ocultado, da auto-satisfação? No entanto, mesmo os que sabem interpretar esse símbolo continuam a brincar com seus anéis; são obrigados a brincar. Os símbolos não são invenções; eles existem, fazem parte dos bens inalienáveis do homem; pode-se mesmo dizer que todo pensamento e toda ação consciente são conseqüência inevitável da simbolização inconsciente, que o ser humano é vivido e pelo símbolo.

Do mesmo modo, a obsessão com a associação é tão humanamente inelutável quanto o destino do símbolo; tanto mais quanto ela é, no fundo, a mesma coisa, pois associar equivale a alinhar símbolos. Daquela brincadeira com os anéis que mencionei resulta que a simbolização inconsciente da mulher e do homem em relação ao anel e ao dedo é uma representação visual do ato sexual. Se percorrermos, em casos individuais, os caminhos tenebrosos que levam da percepção semiconsciente de uma impressão ao movimento de vaivém do anel, descobriremos que certas idéias, rápidas como o relâmpago, atravessam o pensamento e se repetem em outros indivíduos, em outros casos. Associações automáticas são assim estabelecidas. O uso simbólico do anel como signo do hímen também provém de associações inconscientes automáticas.

Dessas observações resultam relações profundas entre a brincadeira do anel e antigas concepções e costumes religiosos, bem como importantes complexos da vida pessoal. Isso nos leva, com a condição de renunciarmos à ilusão de um plano voluntária e preliminarmente determinado, a seguir as pistas do caminho misterioso e tortuoso da associação. E então logo reconhecemos que a concepção do anel nupcial sob a forma de um elo ou círculo sem começo nem fim pode ser explicada por um mau humor ou por sentimentos românticos que vão procurar — e têm de procurar — sua forma de expressão no tesouro comum dos símbolos e das associações.

Encontramos essa obsessão com a associação a todo instante. Basta abrir os olhos e os ouvidos. Alguns volteios de certas frases, certas rimas, certas oposições revelam essa obsessão. Remexa um pouco na linguagem: você tem amor e dor, coração e maldição, berço e túmulo, vida e morte, vaivém, de alto a baixo, riso e lágrimas, angústia e medo, sol e lua, céu e inferno. As idéias, as aproximações

46 O LIVRO dISSO

se apresentam diante de seu espírito e quando você pensa nisso fica com a impressão que de repente se ergue, à sua frente, o edifício da linguagem, como se colunas, fachadas, tetos, torres, portas, janelas e paredes nascessem do âmago de um nevoeiro e se formassem à sua frente. Você se emociona até o mais profundo de seu ser, o inconcebível se aproxima de você e quase a sufoca.

Pronto, minha amiga, vamos passar adiante. Recolha apenas algumas noções: por exemplo, como a obsessão com a associação utiliza as rimas, as aliterações ou o encadeamento dos sentimentos. (Todas as línguas do mundo iniciam a denominação do procriador com o fonema desdenhoso P, e a da parturiente com o som aprovador M.) Ou observe como essa obsessão trabalha, por antítese, por oposição, o que é muito importante uma vez que todo objeto traz em si seu próprio contrário, e disso ninguém deveria se esquecer. Caso contrário, a gente seria levado a acreditar que existe de fato um amor eterno, uma fidelidade a toda prova, uma profunda estima que nada pode abalar. As associações também mentem às vezes, até elas. Mas a vida não seria compreensível sem o conhecimento da limitação de toda manifestação através de seu contrário.

Não é fácil encontrar associações válidas em todas as circunstâncias e em toda parte, pois a vida é muito variada e o indivíduo, bem como sua situação momentânea, participam da escolha da associação. Mas é possível admitir que a sensação da corrente de ar, quando se torna desagradável, provoca a idéia de fechar a janela, ou que a atmosfera sufocante de um quarto provoque em alguém o desejo de abrir a janela, ou que a visão do pão e da manteiga lado a lado suscite a expressão pão-com-manteiga. E ver alguém beber faz com que alguém, por um instante, pense também: e será que eu não faria bem em beber, eu também? A linguagem popular, conduzida pela lógica a extrair conclusões oriundas de inúmeras observações semicompreendidas, resume o profundo mistério da associação através deste ditado, no qual as pessoas acreditam muito: quando um cavalo mija, o outro também. E agora pare um pouquinho e tente fazer uma idéia do imenso acúmulo de vida, de civilização e de desenvolvimento humano contidos no fato de que das pontes da associação foram despejadas, por não se sabe bem quais razões, milhares e milhares de micções no mar até o momento em que, enfim, a navegação passou a existir, até que o mastro, símbolo da potência viril, fosse plantado na embarcação e que os remos começassem a se mexer na cadência amorosa. Ou tente seguir o caminho que leva da palavra pássaro ao ato amoroso*, esse caminho que, da ereção, esta ação de levantar um peso, conduz à sensação de planar que se sente no auge do gozo. Ou caminho que, do jato de urina e do líquido seminal que jorra ao ar livre, conduz a Eros alado, o deus da morte**, à crença no anjo e à invenção do avião. O Isso do ser humano é desconcertante.

---

* Em alemão, *Vogel* é pássaro e a expressão "fazer amor" é, em linguagem comum, *vogeln*. (N. do T.)

** Sic.

CARTA 6

O que há de mais desconcertante são os caminhos do pensamento científico. Há muito tempo que, em medicina, falamos de ações, movimentos de associação e que a psicologia esforça-se por ensinar isto ou aquilo relativo à associação. Mas quando Freud e os que o cercam — e cercavam — dedicaram-se seriamente à observação das associações, fizeram com que derivasse do psiquismo instintivo e demonstraram que impulsos e associações eram fenômenos originais, pedras de toque de todo saber e de todo pensamento, de toda a ciência, ouviram-se por toda parte gritos de raiva e as pessoas passaram a comportar-se como se alguém estivesse querendo destruir o edifício da ciência ao descobrir as bases sobre as quais ele se assentava. Almas temerosas! Os fundamentos da ciência são mais duráveis que o granito; suas paredes, salas e escadas reconstroem-se a si mesmos quando, aqui e ali, alguns pedaços de alvenaria, infantilmente construídos, desabam.

Vamos fazer umas associações, você e eu? Hoje vi um garotinha com um gorro vermelho. Ela me olhou surpresa; não com hostilidade, mas com espanto: é que, por causa do frio, eu estava com um capuz de pele preto profundamente enterrado nas orelhas. Alguma coisa deve ter me tocado quando vi a menininha; me vi mesmo, de repente, com a idade de seis ou sete anos usando um gorro vermelho. Nisso, Chapeuzinho Vermelho me veio à mente e de repente me lembrei dos versos de uma cantiga infantil: Havia um homem no bosque sozinho, em pé numa perna etc.; daí passei para o anão e seu capuz, depois ao capuchinho e, para terminar, me dei conta que há algum tempo eu já estava andando pela Rua dos Capuchinhos. Assim, as associações estavam dando voltas sobre si mesmas, como um anel. Mas por que isso, e por que foram essas coisas que se apresentaram nessa sucessão? Eu tinha de passar pela Rua dos Capuchinhos, claro. Encontrei a menina por acaso; mas como explicar que eu tenha prestado atenção nela e que o fato de vê-la tenha provocado em mim esse encadeamento de idéias? Quando eu estava para sair de casa, duas mãos femininas enfiaram meu gorro de pele profundamente sobre minhas orelhas e uma boca de mulher me disse: "Bom, Pat, assim você não vai sentir frio!" Era com essas mesmas palavras que minha mãe amarrava o capuz na minha cabeça, antigamente. Também foi minha mãe que me contou a história de Chapeuzinho Vermelho, e eu a via à minha frente, em carne e osso. Todo mundo conhece Chapeuzinho Vermelho. A cabecinha vermelha sai, curiosa, da capa do prepúcio toda vez que se vai urinar e quando chega o momento do amor, a mesma cabeça vermelha se estica na direção das flores do campo, se mantém ereta sobre uma perna como o cogumelo, como aquele anãozinho no bosque com seu capuz vermelho, e o lobo no qual ele penetra para sair de seu ventre aberto após nove luas é um símbolo das teorias infantis da concepção e do nascimento. Você se lembra que também você acreditou nessa história de abrir a barriga? Mas sem dúvida não se lembra mais que você também estava convicta que todos os seres humanos, incluindo as mulheres, eram dotados de uma coisa como aquela, com um capuz vermelho, mas que isso lhes tinha sido retirado

48 O LIVRO dISSO

e que de algum modo era preciso que você comesse, engolisse aquela coisa, para daí produzir crianças. Entre nós, pessoas de associações, essa teoria é classificada sob o nome de complexo de castração, você vai ouvir falar muito disso. Do chapéu e do cogumelo de Humperdinck* é fácil passar para o anão e seu capuz e daí não é muito difícil chegar ao padre e ao capuchinho. Há, nas duas idéias, uma ressonância do complexo de castração: o velho anão e sua longa barba representa a velhice impotente e o padre ilustra simbolicamente a renúncia voluntária involuntária. Até aqui, tudo bem; mas como me ocorreram estas idéias sobre a castração? O ponto de partida disso tudo, você se lembra, era uma cena que me lembrava minha mãe e o elo final era a Rua dos Capuchinhos. Foi nessa rua que fui tratado, há vários anos, de uma doença nos rins; eu estava à beira da morte e, quando vasculho no fundo de meu inconsciente, começo a pensar que essa infecção urinária foi provocada pelo fantasma da angústia do onanismo que, de modo definitivo, se liga a não sei que impulso relacionado com minha mãe quando ela cuidadosamente tirava o anãozinho de sua toca para que ele pudesse jorrar urina. Suponho que tenha sido isso, não tenho certeza. Mas o cogumelo com seu capuz vermelho, a falsa maçã venenosa lembra o onanismo, e o fez vermelho, o desejo do incesto.

Você não se admira diante dos caminhos tortuosos em que me joga minha mania de interpretar as associações? No entanto, isso é só o começo; hoje já me atrevo a afirmar que os contos de fadas nasceram, tinham de nascer da obsessão com a associação e com a simbolização, porque o enigma do ato amoroso, da concepção, do nascimento e da virgindade atormentou a alma humana até que tudo isso assumiu uma forma poética, inimaginável. Atrevo-me a pretender que as cantigas infantis e populares que têm por tema o "menino perdido no bosque" foram extraídas, com todos seus detalhes, do fenômeno das pilosidades púbicas e da ereção, através de associações inconscientes; afirmo também que a crença nos anões deve provir da associação floresta — pêlos do púbis, flacidez — anão enrugado, que a vida monacal e o hábito são conseqüência inconsciente do recuo diante do incesto com a mãe. Minha crença nas associações e no símbolo chega até esse ponto e vai mesmo além.

Posso dar um outro exemplo da obsessão com a associação? É importante, porque nos introduz um pouco na linguagem do inconsciente, no sonho, um dos domínios da existência do Isso que nos coloca, a nós médicos, o maior número de problemas. Trata-se de um sonho curto, sonho com uma única palavra, a palavra "casa". A senhora que o sonhou passou da palavra "casa" para a palavra "sala de jantar" e daí para "talheres" e depois para "instrumentos de cirur-

---

* Humperdinck: compositor alemão do final do século XIX, discípulo e colaborador de Wagner, que escreveu para seus filhos *Hänsel e Gretel*, uma partitura sobre um conto de fadas que continha todo tipo de cantigas infantis populares da Alemanha.

gia". Seu marido estava para sofrer uma grave operação do fígado, intervenção chamada de Talma. Do nome Talma ela passou para Talmi (uma espécie de douração) que ela associou com seus talheres, que não eram de prata, mas de Christoffle. Talmi – falso – era também seu casamento, pois aquele marido que ia ser operado, operação de Talma, há muito tempo. estava impotente. Também ela era Talmi – falsa – em relação a mim, que cuidava dela. É que ela me havia mentido, é que também ela era um talher de Talmi, falso.

Mas não há nada de mais nisso tudo: no máximo deve ser observado o desejo de se ver livre de seu marido-Talmi e conseguir um outro de prata verdadeira. Mas o conjunto dessa narrativa e o rápido encadeamento das associações tiveram um resultado curioso. Há dois dias que aquela mulher se sentia atormentada por uma grande angústia, seu coração estava acelerado e seu ventre cheio de ar. Ela precisou de vinte minutos para "associar" a partir de "casa". Quando ela acabou de contar tudo, seu coração havia voltado para seu ritmo normal e a angústia havia desaparecido.

Que devo pensar de tudo isso? Essa angústia, essa neurose aguda do coração, esse inchaço dos intestinos, de sua "sala de jantar", se deviam aos receios que ela sentia pelo marido doente, a remorsos em virtude do desejo de vê-lo morrer. Era por isso que ela estava recalcando tudo aquilo, não permitindo que aquilo chegasse ao seu consciente, ou será que contraiu aqueles sofrimentos porque seu Isso queria obrigá-la a "associar", porque ele procurava fazer com que subisse à superfície um segredo profundamente guardado desde a infância? Pode ter sido tudo isso ao mesmo tempo; mas para meu tratamento, para a grave afecção que havia feito dela uma infeliz doente, com seus membros atacados por gota, o que me pareceu mais importante foi a última relação, a tentativa do Isso de exprimir um segredo da infância através das associações. É que, um ano depois, ela voltou ao assunto desse sonho, e me disse então que a palavra Talmi de fato tinha uma relação com a impotência, não a de seu marido, mas sua própria impotência, que ela sentia de modo bem profundo, e que o temor pela operação não dizia respeito a seu marido, mas a seu próprio complexo diante do onanismo, que lhe parecia estar na origem de sua esterilidade, que lhe parecia a fonte de sua doença. Depois dessa explicação, sua cura se processou sem maiores problemas. Tanto quanto se possa falar de saúde, essa mulher é hoje uma pessoa sadia.

Isso é o que eu queria dizer sobre as associações.

Se, depois de tudo que acabo de expor, eu ainda venho lembrar-lhe, minha cara amiga, que reivindico pessoalmente o direito que tem todo homem de expressar-se numa linguagem obscura, espero que você, depois disso tudo, tenha tomado consciência dos obstáculos a superar quando se fala do Isso.

Uma vez que estou definindo as coisas, vou tentar explicar-lhe a palavra "transferência", que já apareceu algumas vezes em minhas demonstrações.

Você se lembra do que contei a respeito da influência de meu pai sobre mim, de como eu o imitava consciente e inconscientemente.

50 O LIVRO dISSO

A imitação pressupõe um interesse pelo que é imitado, por aquele que é imitado. De fato eu sentia um enorme interesse por meu pai — e ainda hoje tenho admiração por ele, em razão de seu lado apaixonado. Meu pai morreu quando eu tinha dezoito anos. Minha inclinação para essa admiração apaixonada permaneceu e como, por mil e uma razões, de que falaremos um dia, minha aptidão para o culto dos mortos é pequena, desviei o ímpeto de minha admiração, momentaneamente sem objeto, para o então chefe da família, meu irmão mais velho. Transferi minha admiração para ele. É isso que recebe o nome de transferência. No entanto, parece que sua personalidade não bastava para as exigências de minha jovem alma: alguns anos depois, e sem que minha inclinação por meu irmão se visse diminuída, senti uma admiração igualmente intensa por meu professor de medicina, Schweninger. Uma parte da afeição antes reservada a meu pai estava descompromissada nessa época, eu podia dispor dela e a transferi para Schweninger. O fato de essa afeição ter ficado à minha disposição resulta de que, durante o período entre a morte de meu pai e meu encontro com Schweninger, me aproximei de um grande número de pessoas com esses mesmos sentimentos de admiração, mas a coisa durava bem pouco e, nos intervalos, esse tipo de afeição se via desocupada ou se voltava para personagens históricas, livros, obras de arte, em suma, para todo tipo de objeto.

Não sei se consegui fazer você apreender o imenso alcance que, a meu ver, tem a noção de transferência. Vou me permitir, assim, expor-lhe novamente o assunto sob um outro ângulo. Mas não se esqueça de que estou falando do Isso e que, por conseguinte, as coisas não são tão exatamente delimitadas quanto as palavras poderiam dar a entender, não se esqueça que se trata de objetos que se confundem e que só de modo artificial são separados. Pense nas coisas que digo sobre o Isso como se estivessem divididas em graus, mais ou menos como o globo terrestre. Pense em linhas horizontais e verticais e separe a superfície terrestre em longitudes e latitudes. Mas a superfície, em si, não presta atenção a nada disso; quando existe água a leste do 60° de longitude, existe também a oeste. Tudo isso não passa de instrumentos de orientação. E no que diz respeito ao interior da terra, essas linhas são bem pouco utilizadas, mesmo quando se trata de localizar as coisas.

Feita essa ressalva, diria agora que o ser humano possui em si mesmo um certo *quantum* de aptidão para a afeição — aptidão para a atração ou a repulsa, pouco importa. Também não sei se esse *quantum* permanece sempre o mesmo, na mesma ordem de grandeza; ninguém sabe se é assim, e é porvável que nunca ninguém saberá. Mas em virtude de minha autoridade de autor desta carta, proponho que o volume de sentimentos colocado à disposição do homem permanece sempre igual a si mesmo. Que faz o homem com esse volume?

Existe pelo menos um ponto sobre o qual não pode haver hesitação alguma; ele utiliza para si mesmo a maior parte dessa massa de sentimentos, quase toda ela, por assim dizer; uma outra parte, bem menor em comparação, mas bastante considerávl para a vida, pode

CARTA 6 51

ser projetada para fora. Esse "fora" é muito variado: compõe-se de pessoas, objetos, lugares, datas, hábitos, fantasias, atividades de todo tipo; em suma, tudo aquilo que faz parte da vida pode ser utilizado pelo ser humano como ponto de amarração de suas simpatias ou antipatias. O que importa é que ele não pode mudar o objeto de seus sentimentos; para falar a verdade, não é ele mas seu Isso que obriga a fazer essa mudança. Mas fica-se com a impressão de que é ele, seu eu, que age. Veja um bebê: em princípio, gosta de leite. Ao final de alguns anos, o leite torna-se algo indiferente para ele, ou mesmo desagradável; passa a preferir a sopinha, café, arroz-doce ou sei lá o quê. Mas esses períodos não precisam chegar assim tão longe; num momento, ele só pensa em beber, dois minutos depois está cansado e quer dormir, a menos que prefira chorar ou brincar. Retira seus favores de um desses objetos, o leite, e os joga em outro, o sono. Nessa criança está se renovando constantemente toda uma série de afetos, e é exatamente por esses afetos que ela se sente atraída; ela procura sem parar o meio de conseguir novamente esta ou aquela sensação; algumas de suas tendências são, para ela, necessidades vitais; estas a acompanham até a morte. Destas fazem parte o gosto pela cama, pela luz, etc. Entre os seres vivos que a cercam há um, pelo menos, que exerce no mais alto grau uma atração sobre o universo dos sentimentos da criança: a mãe. Pode-se dizer mesmo que essa atração pela mãe — que pressupõe sempre seu contrário, a repulsa — é quase tão imóvel quanto a que ela sente por si mesma. De todo modo, essa é certamente a primeira atração, que se forma já no seio da mãe. Ou será que você é uma dessas pessoas que pensam que as crianças que ainda não nasceram não têm atividade sentimental? Espero que não.

Assim, a criança acumula durante um certo tempo sobre esse ser, a mãe, uma quantidade tão grande de seus sentimentos que ninguém mais é levado em consideração. Mas esta atração é, tanto quanto todas as outras — e mesmo mais — pródiga em desilusões. Você sabe que o mundo dos sentimentos vê as pessoas e as coisas de um modo diverso do que elas são; esse mundo constrói uma imagem do objeto de sua atração e é da imagem que ele gosta, não do objeto. É uma imagem desse tipo — *imago*, como a chamam as pessoas que ultimamente vêm estudando com cuidado essas questões — que a criança constrói a respeito de sua mãe num dado momento. Talvez construa outras imagens do mesmo tipo, é provável. Mas para simplificar, vamos ficar com uma só imagem e, se é este o costume atual, vamos chamá-la de ·*imago* da mãe. É portanto na direção dessa *imago* da mãe que tende a vida sentimental do ser humano ao longo de toda sua vida. E essa tendência é tão forte que, por exemplo, o desejo de dormir, o desejo de morte, de repouso, de proteção, podem perfeitamente ser encarados como desejo da mãe, o que deixarei claro em minhas cartas. Toda *imago* da mãe tem, como qualquer outra, traços em comum, de modo particular os que acabo de enumerar. Mas paralelamente há outras propriedades inteiramente pessoais e individuais que pertencem a uma única *imago*, a que é experienciada por uma certa criança. Desse modo, uma certa *imago* pode eventualmente ter cabelos loiros,

52   O LIVRO dISSO

ter o nome de Ana, apresentar um nariz ligeiramente vermelho ou uma mancha no braço esquerdo, pode ter o peito grande e um cheiro determinado, caminhar inclinada ou ter o hábito de espirrar ruidosamente etc. Em relação a este ser imaginário, pertencente ao domínio da fantasia, o Isso alimenta certos valores de sentimento, conservando-os de certo modo em estoque. Imaginemos que um certo homem — ou uma certa mulher, não importa — encontre um dia uma mulher que se chama Ana, é loira e cheia de corpo, e espirra ruidosamente: esse homem não teria aí a possibilidade de ver despertar a atração adormecida pela *imago* da mãe? E se as circunstâncias ·forem favoráveis — me explicarei mais tarde a respeito disto — este homem reunirá todos os sentimentos que tem pela *imago* da mãe e os transferirá para essa Ana. Seu Isso obriga-o a tanto, ele se vê obrigado a operar a transferência.

Compreende agora o que entendo por transferência? Se não, não hesite em me fazer perguntas a respeito. É que, se eu não tiver conseguido me explicar claramente, tudo o que eu vier a falar será inútil. É preciso que você se deixe penetrar pela significação da transferência, sem o que é impossível continuar falando no Isso.

Tenha a bondade de responder a esta pergunta de seu fiel e dedicado

Patrik Troll

Carta 7

Querida amiga, você achou minha última carta seca demais. Eu também. Mas pare de me criticar. Não vai conseguir que eu diga aquilo que você quer ouvir. Resigne-se de uma vez por todas a não procurar em minhas cartas as brincadeiras e os prazeres de seu eu; leia estas cartas como se lê um relato de viagens ou um romance policial. A vida já é bastante séria, não é preciso que a gente ainda por cima se esforce por levar a sério as leituras, os estudos, o trabalho ou seja lá o que for.

Você me chama a atenção por minha falta de clareza. Nem a transferência nem o recalque lhe deram a impressão de ter aquela sensação de vida que você e eu gostaríamos que tivessem. Para você, uma e outra coisa ainda não passam de palavras sem sentido.

Mas nesse ponto não concordo com você. Posso lhe recordar uma passagem de sua última carta que prova o contrário? Você estava me contando sua visita aos Gessner, prazer que aliás invejo, e você me dizia de uma jovem estudante que atraiu sobre si as iras do velho Gessner, pai dela, e dos outros parentes, porque havia contrariado o poderoso professor do colégio, chegando, em seu excesso de zelo, ao ponto de atrever-se a duvidar da utilidade do curso de grego. "Tenho de admitir que ela — dizia você — se comportou muito mal com o velho Gessner; mas, não sei explicar a razão, tudo nela me agradava. Talvez porque ela me lembrava minha irmã que morreu. Você sabe que Suse morreu quando ia se formar. Também ela conseguia ser assim, cáustica, quase contundente e, quando estava embalada, mordaz. E para o cúmulo, aquela jovem na casa dos Gessner tinha uma cicatriz acima do olho, exatamente como minha irmã Suse." Pelo fato de alguém ter uma certa semelhança com sua irmã você já a considera

54 O LIVRO dISSO

simpática, embora você mesma perceba que não há muitos motivos para pensar assim. E o que há de mais interessante em toda essa história é que, em sua carta e sem saber, você mesma fornecia o material indicador de como se processa a transferência. Será que me engano ou o anel de topázio, de cuja perda e recuperação você falava algumas linhas antes (contra todos seus hábitos epistolares), não era de sua irmã? Antes mesmo de ver aquela moça, você já estava pensando em Suse: a transferência já estava preparada.

E agora, o recalque: após ter declarado por escrito que sua jovem e impertinente amiga tinha uma cicatriz acima do olho esquerdo "exatamente como minha irmã Suse", você acrescentava: "Para falar a verdade, não sei se Suse tinha essa cicatriz no lado direito ou esquerdo". Muito bem, como é que você não sabe disso, quando se tratava de alguém tão próxima de você, alguém que você viu todos os dias durante vinte anos e que devia essa cicatriz a você mesma? Não foi aquela cicatriz que você, ainda criança, produziu nela "por acaso" ao brincar com uma tesoura? No meu modo de entender, a coisa não foi unicamente por "acaso". Você deve se lembrar que já conversamos a respeito e que você confessou que tinha uma certa intenção ao fazer aquilo; uma tia havia elogiado os lindos olhos de Suse e, brincalhona, havia comparado seus olhos aos do gato que havia em sua casa. O fato de você ignorar se a cicatriz está no lado direito ou esquerdo é fruto do recalque. Esse atentado contra os lindos olhos de sua irmã foi muito desagradável para você, quando não por outra razão pelo menos por medo de seus pais e da censura que certamente lhe fariam. Você tentou apagar o fato através do esquecimento, você o recalcou mas só o conseguiu parcialmente: conseguiu escorraçar de seu consciente apenas a lembrança do lugar exato da cicatriz. Mas posso lhe dizer que a cicatriz era realmente do lado esquerdo. Como sei disso? Porque você me contou que desde a morte de sua irmã, e assim como ela, você sente dores de cabeça do lado esquerdo a partir do olho, e que, de vez em quando, seu olho esquerdo — e isso fica bem em você, e é verdade, você sabe — se afasta um pouco da linha reta e, como se estivesse procurando ajuda, se mostra um pouco vesgo para o lado de fora. Houve época em que você — através da invenção da palavra "acaso" — tentou fazer a balança pender para seu lado ao deslocar imaginariamente a ferida do mau, do malvado lado esquerdo, para o gentil, para o bondoso lado direito. Mas o Isso não cai nessas: para mostrar a você mesma que você tinha agido mal, ele enfraqueceu um dos nervos dos músculos do olho, advertindo-a com isso de que você não mais deveria afastar-se da linha reta, do bom caminho. E quando sua irmã morreu, você recebeu como herança essas terríveis dores de cabeça que sempre lhe foram muito penosas. Quando, há muito tempo, ocorreu aquele incidente, você não foi punida, provavelmente porque, com medo da vara de marmelo, você tremia tanto que sua mãe ficou com dó. Mas o Isso quer ser punido e quando ele se vê frustrado na felicidade que poderia sentir através do sofrimento, acaba se vingando, um dia; mais cedo ou mais tarde, ele acaba se vingando e certas doenças misteriosas revelam seus segre-

CARTA 7

dos quando se interroga o Isso da infância a respeito de palmadas que não foram dadas.

Posso lhe dar um outro exemplo de recalque tirado de sua própria carta? É um exemplo um pouco ousado e, se preferir, um pouco forçado, mas acho que é um bom exemplo. Em minha última carta, eu lhe falei de três coisas: a transferência, o recalque e o símbolo. Em sua resposta, você cita a transferência e o recalque, mas não diz nada sobre o símbolo. E esse símbolo era um anel. Não é significativo que ao invés de mencionar o símbolo na carta você o perca sob a forma de um anel de topázio? Não é divertido? Segundo meus cálculos — e sua resposta parece confirmá-los — você deve ter recebido minha carta a respeito daquela brincadeira com o anel no mesmo dia em que você perdeu o anel de sua irmã. Pelo menos uma vez na vida seja boazinha e sincera. Suse — se não estou indo longe demais, tinha quase a mesma idade sua e estou quase certo que vocês duas tiveram ao mesmo tempo a revelação sexual, de cujos inícios não se sabe muita coisa ou não se quer saber — Suse, continuando, não estava de algum modo relacionada com a brincadeira do anel da mulher, com o aprendizado da auto-satisfação? Tive essa idéia por causa da severidade e da brevidade com que você respondeu a minhas colocações sobre o onanismo. Creio que você é injusta com esse prazer inofensivo dos seres humanos porque você tem consciência de ser culpada. Mas pense um pouco: a natureza dá à criança irmãos, irmãs e coleguinhas para que ela exatamente aprenda a sexualidade em contato com eles.

Posso voltar um pouco atrás, para o ponto em que me interrompi outro dia, quando falava dessa curiosa experiência humana, o parto? Fiquei surpreso pelo fato de você ter aceitado sem contestar minha afirmação sobre o aumento da volúpia com a dor. Eu me lembro de uma discussão acesa que tive com você a respeito do prazer que os seres humanos tiram do ato de sofrer ou de fazer sofrer. Foi na Rua Leipziger, em Berlim; o cavalo de um fiacre havia caído e formou-se um ajuntamento: homens, mulheres, crianças, pessoas bem vestidas, outras com roupa de trabalho; todos acompanhavam com uma complacência mais ou menos ruidosa os inúteis esforços que o cavalo fazia para se levantar. Naquele momento, você me acusou de falta de sensibilidade quando eu disse que aquele tipo de acidente era desejável e quando achei que era explicável e natural o interesse das senhoras pelos julgamentos criminais, pelas catástrofes nas minas, pelo naufrágio do Titanic e de outros navios.

Se quiser, podemos reabrir as hostilidades; talvez agora cheguemos a algum resultado.

Os dois acontecimentos importantes da vida feminina e, de modo mais geral, da vida de todo ser humano, uma vez que nem esses acontecimentos ninguém existiria, estão ligados aos sofrimentos: o primeiro ato sexual e o parto. A concordância a respeito disto é tão evidente que não posso deixar de acreditar que existe uma razão para isso. No que diz respeito à volúpia das dores do parto há algo de discutível, por causa dos gritos, mas quanto ao gozo da noite nupcial não há divergência quanto às opiniões. É com isso que sonham, de olhos abertos ou fechados, todas as moças; é isso que o adolescente e o homem imaginam através de mil imagens diferentes. Há moças que dizem ter medo dessa dor; procure bem e você acabará encontrando outros motivos para esse medo, motivos devidos a problemas de consciência, compostos de complexos de masturbação recalcados, de fantasmas infantis a respeito da luta entre os pais, dos atos de brutalidade do pai, da ferida sangrante da mãe. Há mulheres que só conseguem imaginar como horrível a primeira· noite que passarão com seus maridos. Questione-as e você encontrará a decepção oriunda do fato de que tudo ficou aquém das esperanças antes alimentadas e, no fundo, mergulhados nas trevas, você encontrará a proibição materna do gozo sexual e o terror de ser ferida pelo homem. Houve épocas — e épocas de alta civilização — em que o homem evitava pudicamente a defloração da esposa, entregando essa tarefa a escravos; mas tudo isso deixa intacto o desejo — profundamente excitante para o ser humano — do primeiro ato amoroso. Forneça à moça apavorada um amante maneiroso, que saiba fazer com que ela esqueça seu sentimento de culpa e que a mergulhe no delírio do êxtase, e ela gozará com aquela dor e tudo dando gritos de alegria; dê à mulher desapontada um companheiro que, apesar do hímen já dilacerado, desperte sua imaginação ao ponto em que ela acredite estar revivendo o primeiro ato, e ela suportará com arrebatamentos de felicidade a dor com a qual se frustrou; ela chegará mesmo a provocar uma hemorragia a fim de se iludir. O amor é uma arte misteriosa que só pode ser aprendida parcialmente; e se é governada por alguma coisa, essa coisa é o Isso. Dê uma olhada nos episódios secretos de uma união conjugal e se surpreenderá ao constatar com que freqüência mesmo aqueles casados há muito tempo experimentam .novamente as sensações que governaram a primeira noite que tiveram, e não apenas em termos espirituais, mas com tudo que isso pode comportar de alegria e temor. E o homem, que só consegue pensar com medo na dor que irá inflingir à bem-amada, fará isso com alegria se tiver encontrado a companheira, a mulher que saiba incitá-lo a tanto.

Em outras palavras, o sofrimento faz parte desse instante supremo de prazer. E tudo, tudo sem exceção, que parece se opor a essa lei é motivado pelo temor, pela sensação de culpa experimentada pelo ser humano e que se oculta no fundo de sua alma; disfarçado em medo do sofrimento, e no momento de realização dos desejos, tudo isso surgirá de um modc tanto mais violento quanto a coisa tiver sido mais forte. Na verdade, trata-se do temor de uma punição merecida há muito tempo.

Portanto, não é verdade que o sofrimento seja um obstáculo ao prazer; mas, em compensação, é verdade que o sofrimento é uma das condições para o prazer. Assim, não é verdade que o desejo de fazer sofrer seja contra a natureza, seja uma perversão. O que você leu sobre o sadismo e o masoquismo também é falso. Chamar de perversões essas duas tendências indispensáveis, que existem em toda a raça humana sem exceção e que fazem parte da condição humana

CARTA 7 57

tanto quanto os cabelos ou a pele, foi resultado da colossal estupidez de um erudito. É compreensível que isso tenha subsistido e passado de boca em boca. Durante milênios o homem foi educado na hipocrisia, e esta se tornou uma sua segunda natureza. Somos todos sádicos. Somos todos masoquistas; não há ninguém que, por natureza, não deseje sofrer e fazer sofrer: Eros nós obriga a isso.

Falemos agora do segundo fato: não é verdade que um dos seres queira fazer sofrer e que o outro aceita o sofrimento, que um seja sádico e o outro masoquista. Todo ser humano é ao mesmo tempo sádico e masoquista. Quer uma prova?

É demasiado fácil fazer comentários sobre a brutalidade do homem e a delicadeza da mulher. Os preconceituosos e os tartufos dos dois sexos, totalmente apoiados por seus simpatizantes — em cujo número, em virtude de mil momentos de hipocrisia, temos de incluir a nós mesmos — não se privam desses comentários. Mas, deixe uma mulher em estado de frenesi dionisíaco — não, nem isso é preciso; além do mais, diante de você, uma mulher, isso não seria conveniente... Pelo menos, é o que se diz! Não, lhe dê apenas a liberdade, a coragem de entregar-se de fato ao amor, sinceramente, a coragem de desvendar sua alma: ela irá morder, vai arranhar como se fosse um animal; vai provocar dor e sentirá, nisso, uma estranha volúpia.

Você ainda se lembra do aspecto que tinha seu filho quando nasceu? Inchado, arroxeado, mais parecia um vermezinho que tinha levado uma surra. Será que você nunca disse para si mesma: fui eu que fiz isso? Não, não, todas as mães e as que querem se tornar mães contentam-se com ostentar seus sofrimentos; mas o fato de que, durante horas, obrigam um pobre e pequenino ser frágil e indefeso a passar, a cabeça na frente, por um pequeno corredor, espremendo-o aí dentro, esmagando-o como se ele não tivesse sensibilidade nenhuma, essa é uma idéia que não lhes passa pela cabeça. Chegam mesmo a pretender que a criança não sente dor alguma. Mas assim que o pai ou qualquer outra pessoa pensa em tocar no recém-nascido, elas gritam depressa: "Você vai lhe fazer mal!" ou "Que desajeitado!" E no momento em que o pobrezinho vem ao mundo sem respirar, a parteira lhe dá uns bons tapas até que ele grite, demonstrando assim sua capacidade de sofrer. Não é verdade que a mulher tenha uma sensibilidade aguda, que ela despreza e odeia a rudeza. Ela só detesta tudo isso nos outros. Ela ornamenta sua própria rudeza com o lindo nome de amor materno. Ou você acha que um Calígula ou um outro sádico qualquer teria ousado inventar, assim sem mais, este apurado suplício: fazer alguém passar, a cabeça na frente, por uma canal estreito? Um dia vi uma criança que tinha enfiado a cabeça entre umas barras de metal e que não podia nem ir para a frente, nem para trás. Não vou esquecer seus gritos tão cedo.

A crueldade, o sadismo, se preferir este nome, não é absolutamente algo estranho à mulher; não é preciso ser uma madrasta para torturar crianças. Não faz muito tempo que você me contou sobre o prazer que sentia uma de suas amigas diante da cara que fazia o nenê dela quando ela de repente tirava dele a ponta do seio no qual

58 O LIVRO dISSO

ele mamava. Uma simples brincadeira, está certo, compreensível e praticada por todos nós, deste ou daquele modo, uma simples brincadeira, uma traquinagem. Mas é uma brincadeira baseada em atormentar o outro... Antes de continuar, é preciso que eu lhe diga o que isso representa, embora você devesse ser capaz de descobrir tudo sozinha, por mais que os símbolos não estejam presentes em sua memória. Durante a mamada, a mulher é o homem que dá; e a criança, a mulher que recebe. Ou, colocando as coisas mais claramente, a boca que suga é a parte sexual feminina que recebe em si a teta à guisa de membro masculino. Existe uma relação simbólica, um parentesco muito próximo entre o ato de mamar e o ato carnal, um simbolismo que vem fortalecer a ligação entre a mãe e a criança. A brincadeira de sua amiga – acredito que ela não tenha consciência disso – tem um toque de erotismo.

Se a mulher – cujo destino é, como se diz, sofrer – nem por isso deixa de mostrar-se pródiga em sofrimentos voluptuosos, o homem, mais rude, os procura sob outras formas. Ele acha prazer no trabalho que se dá para fazer as coisas, no tormento da tarefa a cumprir, na atração exercida pelo perigo, na luta e, se preferir, na guerra. A guerra no sentido de Heráclito, com as pessoas, as coisas, as idéias e, enfim, com seu adversário mais encarniçado, o dever, diante do qual ele quase sucumbe; é disso que ele gosta. Mais do que de tudo isso, porém, ele gosta da Mulher, que o fere de mil maneiras. Não se surpreenda ao ver um homem correr atrás de uma boneca sem coração; reserve sua estupefação para aquele que não faz isso. E quando encontrar um homem profundamente enamorado, pode concluir sem hesitar que sua amante tem um coração cruel, que ela é cruel até o âmago, dessa espécie de crueldade que assume a máscara da bondade e que mata como se estivesse brincando.

Tudo isso, você vai me dizer, são apenas paradoxos, uma dessas brincadeiras típicas de Troll. Mas enquanto você procurava refutar estas colocações,você mesma já pensou em uns dez fatos que confirmam o que eu disse. O homem é concebido na dor – pois a verdadeira concepção remonta à primeira noite – e nasce na dor. Tem mais: é concebido e vem ao mundo em meio ao sangue. Será que isso não tem nenhum sentido?

Pense um pouco, você é uma mulher inteligente. Antes de mais nada, acostume-se com a idéia de que o homem recém-nascido experimenta sensações, até mesmo com mais intensidade que o adulto. Quando tiver assimilado bem esta noção, lembre-se outra vez do que acontece no momento do nascimento. A criança vê a luz do dia, e o ser humano adora essa luz, procura-a e é ela que ele tenta dar a si mesmo nas trevas da noite. Ele sai de uma prisão estreita para chegar à liberdade, e essa liberdade é mais importante para o ser humano do que todo o resto. É a primeira vez que ele respira, que sente o prazer de aspirar o ar da vida; ao longo de toda sua vida, respirar livremente será para ele aquilo que pode haver de mais bonito. O medo e a angústia de sufocar o fazem sofrer durante o nascimento e essa angústia será, durante toda sua vida, a companheira de suas

CARTA 7

maiores alegrias, das alegrias que fazem seu coração bater. Ele sofre em sua caminhada em direção à liberdade; provoca sofrimentos em sua mãe com sua cabeça grande e procurará repetir essas duas sensações para o resto de sua vida. E a primeira impressão experimentada por seus sentidos é o cheiro de sangue misturado aos eflúvios excitantes da carne da mulher. Você é uma pessoa culta e sabe que existe no nariz um ponto intimamente relacionado com as zonas sexuais. Tanto quanto o adulto, também o recém-nascido tem esse ponto, e você não pode imaginar o quanto a natureza explora a capacidade olfativa da criança. Mas esse sangue, que o homem esquece a partir do nascimento, cuja essência ele aspira com sua primeira inspiração a ponto de tornar-se inesquecível para ele, é o sangue da mãe. Como deixar de amar essa mãe? Como não ser um aliado dela, um aliado de sangue, pelo sangue, mas num sentido diferente daquele que geralmente se dá a essa expressão? E profundamente enterrado atrás de tudo isso, aparece alguma coisa que liga essa criança a sua mãe com laços de uma força divina, a falta e a morte. Pois sangue chama sangue!

Infelizmente, minha amiga, a linguagem humana e o pensamento humano são instrumentos bem fracos quando se pretende falar sobre o inconsciente. Mas a gente fica pensativa quando pensa nas palavras mãe e filho. A mãe é o berço e o túmulo, ela dá vida para que a gente morra.

E se eu não me interromper abruptamente, nunca vou terminar esta carta.

Patrik Troll

Carta 8

Minha querida amiga, não duvidei nem por um momento de que você acabaria por me dar razão em vários pontos. Até me atrevo a imaginar que, com o tempo, você concordará comigo quanto ao principal, senão em todos os detalhes. Por ora, você ainda protesta um pouco, pretende que três quartas partes de minhas afirmações se devem a meu espírito de contradição e que o resto, pelo menos uma boa metade, repousa sobre cálculos que faço para salvar minha alma de sádico. "Para dar algum crédito ao que você diz", você me escreve, "seria preciso renunciar à idéia de que existam vícios contra a natureza e que aquilo que nos acostumamos a chamar de auto-satisfação, homossexualidade ou seja qual fôr o nome que se dê a essas coisas, são tendências humanas perfeitamente naturais que fazem parte normal de nosso ser".

Já falamos a respeito da expressão "contra a natureza". Para mim, essa é uma das expressões da megalomania do homem, que pretende ser senhor e mestre da natureza. O mundo é dividido em duas partes: aquilo que convém momentaneamente ao ser humano é natural; aquilo que o desagrada, ele considera antinatural. Você já viu alguma coisa que seja "contra" a natureza? "Eu e a natureza!", é nisso que pensa o homem, e essa identidade com Deus não lhe dá nem mesmo medo. Não, minha cara zombeteira, aquilo que existe é natural, ainda que lhe pareça que a coisa vai contra todas as regras e ofenda as leis da natureza. Essas "leis da natureza" são invenções dos homens, nunca devemos nos esquecer disso, e se algo entra em desacordo com elas, isso é sinal de que as leis da natureza são falsas. Elimine a expressão "contra a natureza" de seu vocabulário habitual; com isso, estará dizendo uma besteira a menos.

62   O LIVRO dISSO

Agora, as perversões. Um cientista pelo qual tenho a mais profunda admiração demonstrou que a criança já traz em si as tendências para todas as perversões imagináveis; ele entende que a criança é um ser multiperverso. Dê um passo adiante e diga que todos os seres humanos são multiperversos; todo homem traz em si tendências para a perversidade, é assim que vejo as coisas. Mas nesse caso, é inútil e pouco prático continuar a usar a expressão "perverso", porque com isso se fica com a impressão de que as tendências pessoais, inexprimíveis e eternas, desse ou daquele ser, são alguma coisa de excepcional, de singular, de chocante. Se você insiste em demonstrar seu desprezo, use então a palavra vício ou imundície, ou qualquer outra de que você disponha. Evidentemente, seria melhor que você se esforçasse no sentido de pôr em prática a proposição: "nada do que é humano nos é estranho", ideal que sem dúvida nunca alcançaremos mas que nem por isso deixa de ter um fundamento justo e com o qual nós, médicos, nos sentimos inteiramente obrigados. Voltaremos a falar dessas tendências, que você chama de perversas e que eu suponho presentes em todos os homens; e falaremos também dos motivos pelos quais, a respeito desse assunto, o ser humano mente tanto para si mesmo.

Você consente em me reconhecer um triunfo, do qual me orgulho. Outro dia você disse que eu tinha uma língua viperina porque falei do ódio da mãe pelo filho; e hoje você me fala – e não é possível deixar de observar a satisfação com que o faz – da jovem Sra. Dahlmann, que verte lágrimas amargas sobre a ausência de suas regras já logo após sua viagem de núpcias. Com que mão alerta você me descreve isso! Eu conseguia ver a raiva contida com a qual essa jovem senhora vestia seu *corset* e o amarrava ao redor do corpo com toda sua força a fim de sufocar aquela vida nova. É triste, sem dúvida, quando durante os esponsais se destacava o júbilo pelo momento em que se daria sua entrada no salão de baile na qualidade de esposa do presidente, pelo braço desse rei por um dia, com a perspectiva de ser descrita no dia seguinte, da cabeça aos pés, como a encantadora Sra. Dahlmann – é triste que uma gota de sêmen venha destruir tudo isso e transformar esse corpo numa massa informe.

Você acha grave que a vaidade humana e o gosto pelo mundano sejam tão grandes assim? Que se faça uma pequena tentativa de assassinato pelo prazer de ir dançar? Imagine que essas duas poderosas alavancas da civilização desaparecessem, o que aconteceria com você? Em pouco tempo você seria um lixo, coberta de piolhos, logo estaria cortando carne com as próp.ias mãos e dentes e comeria cruas as cenouras arrancadas diretamen e da terra; você não se lavaria mais e usaria os dedos ou a língua como lenço. Pode acreditar em mim, a opinião difundida segundo a qual o mundo repousa sobre a tendência para a auto-satisfação – pois o sentido da beleza e da limpeza estão a seu serviço – não é tão tola quanto você pensa.

Para mim, a aversão da mãe pela criança é muito compreensível. O fato de que em nossa época não é agradável para uma mulher estar esperando um filho me foi demonstrado ainda outro dia. Estava

CARTA 8

na cidade e uns vinte passos à minha frente caminhava uma mulher da classe média em estado de gravidez adiantada; duas estudantes (deviam ter uns doze ou treze anos) passaram por ela, examinaram-na com atenção e mal a deixaram para trás uma dessas meninas de alta linhagem disse para a outra, nesse cacarejar típico da adolescência: "Você viu? Aquela barrigona? Está esperando um filho!" e a outra respondeu: "Bá, não fale nessas sujeiras, não gosto que me falem disso!" A mulher deve ter ouvido, pois se virou como se fosse responder, mas continuou seu caminho em silêncio. Alguns minutos depois – a rua estava quase vazia – passou uma carroça. O cocheiro sorriu para a jovem senhora e gritou: "Se você está desfilando desse jeito é porque quer mostrar para todos que seu marido ainda dorme com você..." Não se facilita muito o trabalho das mulheres por aqui, isso é certo. A aprovação e o respeito envolvendo uma grande fecundidade, que antes ajudavam as mulheres soterradas por um bando de crianças a suportar seu destino, não existem mais. Pelo contrário, a mocinha é educada para ter medo dos filhos. Observando as coisas de mais perto, a educação que damos para nossas filhas consiste sobretudo em encontrar o meio de preservá-las de duas coisas: as doenças venéreas e o filho ilegítimo. Para conseguir nossos objetivos, não encontramos nada melhor do que representar o amor físico como um pecado em si e o parto como um processo perigoso. Há pessoas que não hesitam mesmo em estabelecer uma comparação entre as probabilidades de morte no parto e as probabilidades de sobrevivência dos homens durante as batalhas da Guerra Mundial. Essa é mais uma das manifestações de loucura de nossa época, e que pesa enormemente sobre nossa consciência, já carregada de remorsos e cada vez mais inextricavelmente mergulhada na hipocrisia no que diz respeito à produção da vida – e que, por isso, caminha cada vez mais depressa para sua destruição.

O desejo que a jovem sente de ter um filho aparece com uma intensidade de que poucas pessoas se dão conta, e isso numa época em que ela ainda não distingue a legitimidade da ilegitimidade. E as alusões de duplo sentido feitas pelos adultos, dirigidas contra o filho ilegítimo, são por elas atribuídas aos filhos em geral; isto ela faz não conscientemente talvez, com sua razão, mas seguramente por algo que se situa abaixo da razão. Mas tudo isso são coisas às quais se poderia obviar e para as quais, de fato, este ou aquele povo, neste ou naquele momento, procurou encontrar solução. Contudo, na natureza da mulher, do ser humano, subsistem motivos sólidos para odiar os filhos. Para começo de conversa, a criança frustra a mãe de uma parte de sua beleza, e não apenas durante a gravidez; mesmo depois subsiste um número não pequeno de danos irreparáveis. Uma cicatriz no rosto pode até pôr em evidência a beleza dos traços de uma pessoa, e acho que sua irmã teve todo tipo de razão profunda para ser agradecida a você por aquele interessante ferimento próximo do olho. Mas seios caídos e uma barriga flácida são coisas consideradas feias, e é preciso que uma certa civilização esteja orientada na direção da abundância dos filhos para apreciar fenômenos como esses.

Um filho pressupõe trabalho, preocupações, cansaço e, sobretudo, obriga à renúncia a mil coisas que dão valor à vida. Sei que as alegrias da maternidade podem compensar muito bem tudo isso; mesmo assim, existe um contrapeso, e quando se quer representar esse estado de coisas é melhor não pensar na balança, um de cujos pratos, bem pesado, está lá embaixo enquanto o outro se eleva, imóvel lá em cima. Trata-se de uma balança eterna, na qual a mão que pesa, representada pela vida çotidiana, joga na balança, com um gesto pesado e brutal, um convite para um baile, uma viagem a Roma, um amigo interessante, de modo que pode acontecer de o outro prato descer um pouco, por momentos. É uma oscilação constante, uma renúncia sempre renovada, que traz consigo suas feridas e sofrimentos.

No entanto, é possível preparar-se para essa renúncia, para essas preocupações e problemas, é possível armar-se contra eles. Mesmo assim, continua a haver uma série de emoções que as mães mal conhecem, mal chegam a conhecer; que elas ressentem, mas não permitem que se desenvolvam; elas aceitam que essas lanças venenosas mergulhem cada vez mais profundamente em suas almas a fim de não perderem nada da nobreza da maternidade.

Eu a levei uma vez para ver um parto. Ainda se lembra disso? Fazer partos não é minha atividade, mas havia uma razão especial pela qual aquela mulher queria que eu a assistisse no parto. Não lhe falei disso naquele momento, mas vou dizer agora. Aquela paciente tinha sido tratada por mim durante toda a gravidez; no início, ela tivera vômitos incontroláveis, depois vertigens, hemorragias, dores, um edema nas pernas e Deus sabe mais quantas surpresas essa condição reserva. O que me interessa, por enquanto, é o terrível medo que ela tinha de dar à luz uma criança com uma deformidade no pé e de vir a morrer, ela própria. Você viu que a criança nasceu em perfeita saúde, e que a mulher ainda vive; mas durante muito tempo, ela alimentou a convicção de que a criança sofreria um acidente nas pernas. A respeito disso ela alegava, aparentemente não sem razão, que o mais velho de seus filhos, algumas semanas após o nascimento, havia contraído de um modo misterioso uma infecção no joelho esquerdo que evoluiu de modo desagradável, tendo a criança de passar por uma operação que deixou uma profunda cicatriz responsável por um problema na articulação do joelho. Deixo que você decida se essa infecção já se ligava com o que vou lhe contar agora; de minha parte, acho que sim, embora me seja impossível indicar como a mãe — inconscientemente, é claro — pôde provocar essa afecção. A mulher de que estou falando era a mais velha de cinco irmãos. Ela tinha boas relações com os dois outros mais velhos; quanto ao quarto, de cuja guarda havia de se encarregar freqüentemente dadas as difíceis condições de vida dos pais, desde que nasceu ela lhe dedicou uma carga x de sentimentos hostis, que nunca se modificaram e que ainda existem. Quando o quinto irmão estava a caminho, o caráter da menininha se modificou; aproximou-se do pai, mostrava-se furtiva para com a mãe, atormentava a irmã mais nova, enfim, tornou-se um verdadeiro demônio. Um dia em que a mandaram tomar conta da menorzinha, ela tevê

CARTA 8

um acesso de raiva, chorou, jogou-se no chão e quando punida pela mãe e obrigada a obedecer, sentou-se ao lado do berço e balançou-o com tanta violência que a criança começou a chorar, enquanto a garotinha praguejava: "Maldita seja essa velha feiticeira! Maldita seja essa velha feiticeira!" Uma hora depois, a mãe teve de recolher-se à cama e mandou a criança para a casa da parteira. Mas a garotinha teve tempo de ver que a mãe estava sangrando abundantemente. O bebê nasceu naquela mesma noite, mas a mãe passou vários meses de cama e nunca se recuperou completamente. A menina acabou ·ficando com a idéia — que permaneceu bem viva nela — de que havia provocado a doença da mãe com sua maldição, que ela era a responsável pelo que tinha acontecido. Na verdade, trata-se aí de um acontecimento, como muitos outros, que tem uma certa importância na formação de um juízo sobre o destino, na formação do caráter, na disposição para a doença e nas angústias de morte de quem se torna sua vítima; mas em si mesmo, não basta para explicar esse temor por uma enfermidade na perna da criança por nascer. O fato de se ter mal comportado, a maldade com que empurrou o berço, na intenção semiconsciente de derrubar a criança do berço, implica, sem dúvida, num certo tipo de relacionamento; mas em si mesmos, isoladamente, não são suficientemente expressivos. O sentimento de culpa foi reforçado de um outro lado. Na pequena cidade em que vivia essa mulher, em cujo parto colaborei, vivia um idiota, doente das duas pernas; assim que o sol nascia, colocavam-no sentado numa cadeira diante da casinha de seus pais e, embora tivesse dezoito anos, ficava brincando com pedrinhas e cubinhos, como se fosse uma criança de três. A seu lado colocavam suas muletas, que ele não podia usar sem ajuda, sem dúvida para permitir-lhe — o que ele não deixava de fazer — ameaçar os moleques que zombavam dele constantemente, coisa que fazia proferindo ainda sons incompreensíveis e furiosos. A pequena Frieda — esse é o nome da mulher cujo parto você assistiu — que havia sido, aliás, um modelo de criança bem comportada, tomou parte algumas vezes, em seus maus momentos, de algumas dessas gozações que faziam com o idiota, até o dia em que sua mãe ficou sabendo, passou-lhe um sabão e dísse: "Deus tudo vê e vai te punir. Você também vai acabar tendo um filho doente!" Alguns dias depois aconteceram aqueles fatos de que lhe falei acima.

Agora, a relação aparece claramente. Àquela raiva inicial, determinada pela gravidez da mãe, vêm se somar dois incidentes desagradáveis: a ameaça de uma punição divina por ter maltratado um infeliz e a doença da mãe, considerada como conseqüência da maldição: maldita velha feiticeira. Ambas essas coisas são, para os fiéis — e Frieda foi educada num catolicismo severo —, graves pecados. Foram recalcados para a parte mais funda de sua alma e reapareceram sob a forma de angústia no momento em que sua própria gravidez lhes deu a possibilidade de uma relação aparente com esses acontecimentos ocorridos em sua infância. Essas duas desventuras têm em comum o fato de os pés representarem, em ambas, um papel importante, e é desse detalhe que se apodera, como freqüentemente acontece, o sentimento de culpa a fim de jogá-lo para o primeiro plano, disfarçado em medo de ver nascer um monstro, enquanto que o medo simultâneo da morte permaneceu mais profundamente recalcado e pareceu desaparecer mais depressa. "Pareceu" apenas pois, alguns anos depois, reapareceu sob a forma curiosamente interessante de um medo de câncer. Mas isso não tem nada a ver com o que estamos dizendo. A fim de explicar-lhe por que estou contando esta história neste momento, quando o que está em questão é a raiva da mãe pelo filho, tenho de chamar sua atenção para um fato que' mencionei mas que sem dúvida deve ter-lhe escapado. Durante a gravidez de sua mãe, Frieda não apenas se afastou dela como também se apegou ao pai de um modo tão surpreendente que ela mesma chama a atenção para o fato durante anos e anos depois. É o complexo de Édipo, de que você já deve ter ouvido falar. Para maior segurança, é melhor descrevê-lo em duas palavras. Por essa expressão se entende a paixão da criança pelo progenitor do sexo oposto, do filho pela mãe, da filha pelo pai — junto com o desejo de ver morrer o pai do mesmo sexo — o pai, para o filho e a mãe, para a filha. Vamos voltar a falar desse complexo de Édipo, que faz parte das particularidades inevitáveis da vida humana. No caso, ele deriva do fato de que mães e filhas são sempre, e sem exceção, rivais e, por conseguinte, sentem uma pela outra o ódio mútuo que sentem as rivais. A exclamação "Maldita seja a velha feiticeira" foi provocada por um motivo infinitamente mais grave que o aumento da família. A feiticeira enfeitiça o bem-amado, é assim que acontece nos contos de fadas e também no inconsciente da menininha. A noção de feiticeira deriva do complexo de Édipo; a feiticeira é a mãe que, através da mágica, apodera-se do pai, mesmo pertencendo este à menina. Em outras palavras: mãe e feiticeira são para o Isso da alma humana, geradora de contos, uma única e mesma coisa.

Você vê como aparece aqui uma parte bastante surpreendente da raiva da criança pela mãe e que só encontra uma contrapartida, numa certa medida, na crença na existência de jovens e belas feiticeiras, esses seres sem fé nem lei, de cabelos ruivos, que nascem do ódio das mães velhas por essas moças ardorosas, apaixonadas, que há pouco tiveram suas regras, isto é, essas moças de cabelos vermelhos. É preciso que esse ódio seja verdadeiramente forte para produzir esse tipo de resultado. Na maldição de Frieda se manifestou a tortura de um antigo ciúme; ela dá a medida de um dos aspectos de seus sentimentos em relação à mãe, esse sentimento que a gravidez exasperou até o ponto do ódio. É que, para estar grávida, a mãe deve ter recebido manifestações de ternura por parte do pai, manifestações de ternura que a menina reivindica para si mesma. A mãe foi arranjar aquele filho através de mágica, e com isso frustrou a filha da mesma coisa.

Entende agora por que lhe contei a história de Frieda? Ela é típica. Durante a gravidez da mãe, não há filha que não queime de inveja; esse sentimento nem sempre se manifesta, mas está presente. E quer se exprima ou permaneça profundamente mergulhado no inconsciente, não pára de ser esmagado, recalcado pelo poderio do mandamento moral: "Amarás pai e mãe, sob pena de morte". Às vezes mais, às vezes menos, mas sempre com o mesmo resultado: a gênese de um sentimento de culpa.

E o que acontece com esse sentimento de culpa? Antes de mais nada, ele exige uma punição e, na verdade, uma punição do mesmo tipo que a falta cometida. Frieda zombou de um inválido, portanto porá no mundo um inválido. Amaldiçoou e ultrajou sua mãe: a criança que carrega na barriga fará a mesma coisa com ela. Quis roubar da mãe o amor do pai: a criança que está por vir lhe reserva o mesmo destino. Olho por olho, dente por dente.

Você não acha admissível que Frieda, que vê sua vida e sua felicidade ameaçadas por essa criança, não possa amá-la e que quando os venenos amontoados desde sua infância na parte mais profunda de si mesma, agitados por esses acontecimentos, reaparecem à tona, ela chegue ao ponto de experimentar uma espécie de ódio por essa criança, que por sua vez será a jovem feiticeira, mais bela, mais sedutora, senhora do futuro?

O sentimento de culpa que toda filha alimenta em relação à mãe a obriga automaticamente a ser capaz de odiar a própria filha. As coisas são assim!

Sem dúvida você vai dizer que estou exagerando, que de um caso isolado tiro todo tipo de conclusão, que é assim que faço sempre. Mas não, minha cara amiga, desta vez não estou exagerando. Ainda não mencionei a causa mais profunda do sentimento de culpa que deve infalivelmente acionar o mecanismo de angústia e aversão, mas já falei dela outro dia. Esse sentimento repousa sobre o fato de que a criança, no nascimento e pelo fato de nascer, faz correr sangue materno. A mulher que tem "esperanças" só pode mesmo temer a criança, pois ela é a vingadora. E ninguém nunca é suficientemente bom para estar sempre amando um vingador.

Escrevi esta longa carta porque queria lhe dar uma idéia da complicação envolvendo as relações entre mãe e filho. Espero que você não tenha compreendido muita coisa; caso contrário, receio não lhe ter assinalado os recantos mais tenebrosos do assunto. Aos poucos conseguiremos nos entender, quer você rejeite tudo: e neste caso pelo menos nos teremos correspondido durante algum tempo; quer você, como eu mesmo, se tenha tornado prudente, paciente em relação ao relacionamento humano e se deixado penetrar pela convicção de que toda moeda tem um outro lado.

Posso acrescentar ainda duas palavras às aventuras de Frieda? Eu lhe contei que, como todas as menininhas, ela reivindicava para si o filho que a mãe tivera; e não apenas daquela vez. Conceber o filho do próprio pai é um desejo que acompanha de modo misterioso e inconsciente toda a vida da mulher. E a esse desejo de incesto vem colar-se a palavra *idiota*. Você não encontrará nunca uma mulher a quem nunca tenha ocorrido a idéia de que seu filho será idiota, deficiente. É que a crença de que das relações com o pai só pode resultar uma criança malformada está profundamente ancorada no

68 O LIVRO dISSO

cérebro do homem moderno. O fato de que a pessoa de que falamos fosse igualmente um idiota fez com que os sentimentos recalcados daquela época tivessem sido também envenenados pelo desejo e pela angústia, sentidos de modo abafado, do incesto.

Ainda falta alguma coisa para que se tenha uma visão de conjunto da imagem. Já lhe falei antes do simbolismo das partes sexuais. Muito bem, o símbolo mais claro do órgão feminino, que já se revela na palavra "matriz", é a mãe. Para o Isso simbolizante — já lhe disse que o Isso nada pode fazer além de simbolizar — as partes sexuais femininas são a mãe. Quando Frieda amaldiçoou a mãe, amaldiçoou ao mesmo tempo o símbolo, o órgão sexual, sua própria natureza de reprodutora, o fato de ser mulher e mãe.

Não estava eu com a razão quando dizia que, quando se trata do Isso, a única coisa que podemos fazer é balbuciar a respeito? Eu precisava dizer isso, preciso repeti-lo, senão você acabaria me tomando por um louco. Mas você vai ver que, de algum modo, existe algum método nessa loucura.

Sinceramente seu,

Patrik Troll

Carta 9

Você não está sendo justa, minha amiga. Não posso fazer nada, se a vida é tão complicada. Se você pretende mesmo compreender tudo de uma vez, aconselho que se dirija aos manuais usados nas escolas. Neles você encontrará as coisas adequadamente classificadas e claramente explicadas. Neles não há nem trevas, nem obscuridade ou, quando isso acontece, o manual segue seu caminho observando apenas: este assunto tem aspectos obscuros.

A ciência escolar é como uma loja de armarinho que vende coisas para bordados. Ali você encontra os novelos uns ao lado dos outros, linha, seda, lã, algodão, em todas as cores, e cada novelo se apresenta cuidadosamente enrolado; quando você pega a ponta da meada, pode desenrolar tudo bem depressa e sem problema. Mas fiquei com a imagem infantil, com a recordação dos dramas que se armavam quando mexíamos na cesta de bordar de minha mãe e embaralhávamos os fios dos novelos. Quanto trabalho para desembaraçar os fios emaranhados uns nos outros! Às vezes, só havia uma saída, a tesoura, que desfazia facilmente os nós. Pense agora que o mundo está como que perdido numa salada de fios. Nesse caso, você se verá — com a condição de que tenha bastante imaginação para ter uma idéia da coisa e para não falar de imediato, esmagada: não, não quero nem mesmo pensar nisso — nesse caso, você se verá, como dizia, diante desse vasto domínio, em que opera o pesquisador. Esse terreno está atrás da loja, a gente não consegue vê-lo da calçada. Ninguém — a menos que seja por obrigação — entra nesse aposento, onde todos têm um pedaço de fio nos dedos e trabalham diligentemente. Acontecem brigas, ciúmes, ajuda mútua, desespero, e nunca uma dessas pessoas — nem mesmo uma única — encontra o fim da meada. De vez em quando, um senhor idoso, encurvadinho, vem da loja e pede um certa quantidade de seda vermelha ou de lã preta porque uma senhora — talvez você — está querendo justamente tricotar alguma coisinha bonita. E então, um homem cansado, que mal deixou cair os braços, cansado com o pouco sucesso que teve com seu trabalho, se lembra de alguns metros de fio que ele conseguiu, no decorrer de vários decênios e com mil dificuldades, extrair daquele amontoado incrível; o empregado da loja vai buscar a tesoura, corta a quantidade pedida e a enrola, enquanto volta para a loja, num lindo novelo. Você o compra e acha que ficou conhecendo um pedaço da humanidade — fique pensando!

O atelier, em cuja loja trabalho como vendedor — pois não sou desse tipo de pessoa paciente que passa toda a vida desmanchando emaranhados, simplesmente vendo novelos prontos — continuando, esse atelier é mal iluminado, o fio não está bem fiado ou está mastigado e quase arrebentando em vários lugares. A única coisa que me dão sempre é pequenos pedaços que sou obrigado a enrolar juntos, eu mesmo tenho de usar a tesoura de vez em quando e quando finalmente é vendido, o fio está cortado em alguns lugares ou então o vermelho e o preto foram misturados, e misturados também o algodão e a seda — em suma, a mercadoria é invendável. Não posso fazer nada a respeito. Engraçado é que ainda há pessoas que compram esse tipo de coisa; aparentemente, personalidades infantis, que encontram um certo prazer na confusão e na irregularidade. Mais curioso do que isso é que você faça parte desse tipo de gente.

Bem, pelo que vamos começar hoje? Pelo bebê, pela criança bem pequena que ainda dorme no ventre da mãe. Não se esqueça que é lã de fantasia que estou lhe oferecendo. Há um fato da existência da criança ainda por nascer que sempre se mostrou para mim de um modo particularmente notável: é o fato de ela estar completamente isolada, o fato de ela não apenas ter um mundo só para si como também o fato de ela ser um mundo em si. Se ela tem algum interesse, e não temos razão nenhuma para supor que não tenha, ou que não seja inteligente, pelo contrário, seu estado anatômico e fisiológico poderia permitir supor que a criança pensa, mesmo não tendo nascido, e as mães confirmam esta hipótese através de observações feitas sobre a criança no ventre — se, retomando, ela tem algum interesse, essa criança que ainda não nasceu, só pode ser fundamentalmente um interesse por si mesma. Ela só pensa em si, todos seus sentimentos são dirigidos sobre seu próprio microcosmo. A partir daí, será que de fato devemos nos surpreender que esse hábito, exercido desde o começo, esse hábito inelutável, seja mantido pelo ser humano ao longo de toda sua vida? Aqueles de nós que são honestos sabem muito bem que nossa medida para tudo é nós mesmos. É um erro mais ou menos sincero acreditar que vivemos para os outros ou para alguma outra coisa. Isso é algo que não fazemos nunca, nem por um momento, nunca. E aquele para o qual apelam esses promotores do sentimento de sacrifício da renúncia, do amor pelo próximo — coisas tão nobres quanto imaginárias — Cristo, sabia muito bem disso. Não foi ele quem pronunciou esse mandamento considerado por ele, sem

CARTA 9

dúvida, como o ideal supremo, quase impossível de alcançar: "Ama teu próximo como a ti mesmo!"? Veja bem, ele não disse "mais que a ti mesmo" mas "como a ti mesmo", "como te amas a ti mesmo". Esse mandamento vem logo seguido por outro: "Amarás a Deus com toda tua alma, com todo teu coração, com todo teu ser". Podemos nos perguntar se esse mandamento não é, sob uma outra forma, semelhante ao que o segue e até mesmo, numa certa medida, idêntico. Mas poderemos discutir o assunto mais tarde. Seja como for, Cristo estava convencido que o ser humano, antes de mais nada, ama a si mesmo; é por isso que ele taxava as lindas declarações virtuosas das "pessoas de bem" de farisaicas ou hipócritas, o que elas de fato são. Atualmente, a psicologia dá o nome de "narcisismo" a essa atração do ser humano por si mesmo, a essa pulsão que se origina na solidão da criança durante sua estada no ventre materno. Você sabe que Narciso estava apaixonado por sua imagem e que se afogou no riacho onde contemplava seu reflexo: surpreendente poetização do impulso de auto-satisfação.

Você se recorda de minha afirmação: o objeto que ocupa a capacidade de amor do ser humano é, antes de mais nada e de modo quase exclusivo, sua própria pessoa. Os nove meses de comércio consigo mesmo aos quais a natureza obriga o ser humano durante o período pré-natal são excelente meio de alcançar esse objetivo.

Você já tentou se colocar no estado de alma da criança que vai nascer? Faça isso. Volte a ser bem pequena, minúscula e vá se esgueirar outra vez para dentro do ventre de onde saiu; este não é um convite tão absurdo quanto você possa acreditar, e o sorriso com que você descarta esta proposta é puerilmente amável, prova de que esta idéia lhe é familiar. De fato, toda nossa vida é dirigida, contra nossa vontade, por esse desejo de voltar novamente para nossa mãe. Eu gostaria de me esgueirar pra dentro de você, quantas vezes a gente não ouve essas palavras? Admitamos que você consiga voltar para o ventre de sua mãe. Imagino que se deva ter a impressão de entrar na própria cama, após um dia cheio de preocupações, de aflições, de trabalho e prazeres, a impressão de entregar-se aos poucos ao sono e de adormecer com a sensação de estar em segurança, com a certeza de não ser perturbado. Só que essa sensação deve ser mil vezes mais bela, mais profunda, mais tranqüila; comparável, talvez, àquilo que uma criatura humana descreve quando conta um desmaio ou à frase que tanto gostamos de dizer a respeito de amigos que mergulharam suavemente na morte: parecem estar dormindo.

Será que devo insistir no fato de ser a cama um símbolo do ventre materno, da própria mãe? Vou mesmo mais longe em minhas afirmativas. Você ainda se lembra do que lhe escrevi sobre o pensamento e a atuação simbólica do ser humano? Eu lhe dizia então que ele está submetido à vontade do símbolo e obedece docilmente àquilo que essa força do destino exige dele, que ele descobre aquilo que a simbolização lhe ordena descobrir. A fim de conservar a aparência de nossa semelhança com Deus, nós nos vangloriamos de nossas descobertas como se fossem obras provenientes de nosso pensamento consciente, de nossa genialidade e nos esquecemos completamente de que a aranha tem em sua teia um instrumento em nada menos genial que a rede com que apanhamos nossos peixes, e nos esquecemos de que os pássaros constroem ninhos que suportam comparação com nossas casas. É um erro elogiar a inteligência humana, erro compreensível por repousar sobre os sentimentos de onipotência do ser humano. Na verdade, somos os instrumentos do Isso, que faz de nós o que quer e só pelo fato de, às vezes, toparmos com a pista da ação do Isso vale a pena nos determos um pouco sobre o assunto, Resumindo: creio que o ser humano não pôde deixar de descobrir a cama porque não consegue se livrar de sua nostalgia do ventre materno. Não acredito que tenha inventado a cama para poder deitar de maneira mais confortável, assim como não creio que o tenha feito para dar livre curso a sua preguiça, mas sim porque ama sua mãe. Parece provável até que a preguiça humana, o prazer que sentimos em ficar na cama até tarde, seja a prova do grande amor que o ser humano sente pela mãe, parece até que os preguiçosos que gostam de dormir são as melhores crianças. E se você se der conta de que quanto mais uma criança gosta da mãe, mais ela tem de lutar para se separar dela, naturezas como a de Bismarck ou do Velho Fritz — cujo ardente zelo pelo trabalho forma um curioso contraste com sua grande preguiça — se tornarão compreensíveis para você. O labor incessante que evidenciam é uma rebelião contra os elos do amor infantil que sentiam e que arrastam atrás de si.

Esta rebelião é explicável. Quanto mais a criança se sentir à vontade no ventre materno, mais profundo será seu terror diante do nascimento; quanto mais terno for seu amor pelo ventre onde repousa, mais forte será seu horror diante desse paraíso da preguiça do qual poderá ser novamente banido.

Minha cara amiga, peço seriamente que reflita longamente antes de continuar esta correspondência comigo. Se me der ouvidos, eu a levarei tão longe de tudo o que pensam as pessoas "decentes" que lhe será, depois, difícil reencontrar intata sua razão. Um grande número de eruditos, de historiadores, viraram e reviraram em todos os sentidos a vida espiritual de Bismarck e chegaram à conclusão que ele não gostava muito da mãe. Mal a menciona e, quando o faz, suas palavras estão cheias de rancor. No entanto, eu agora venho afirmar que a mãe estava no centro da vida dele, foi o ser que ele mais amou. Como prova disso, cito apenas um fato: ele detestava o trabalho e não parava de trabalhar, sonhava com o descanso e no entanto fugia da inação, pensava sempre em dormir e seu sono era agitado. Não é fácil esperar que creiam nisso. Mas antes de pronunciar a palavra "bobo", vejamos dois ou três outros exemplos extraídos da natureza de Bismarck. Para começar, há esse curioso fenômeno que os observadores conscienciosos não deixam de lembrar; ele falava — coisa insólita num homem daquela compleição forte — com uma voz aguda. Para nós, isso é sinal de que algo, naquele homem, havia permanecido pueril, e se erguia contra a vida assim como a criança se ergue contra a mãe, hipótese confirmada por certos traços do caráter do

CARTA 9

Chanceler de Ferro, que na verdade tinha nervos de adolescente. No entanto, não é nem mesmo necessário conhecer as diversas propriedades individuais de sua personalidade para dizer o seguinte de um homem com voz aguda: é uma personalidade infantil e um "filhinho de mamãe".

Você se lembra — faz tempo — do dia em que fomos juntos ao Deutscher Theater para ver Joseph Kains no papel de Romeu? Você se lembra de como nos pareceu estranho que, nas cenas de amor, a diapasão de sua voz se tornasse mais claro e com que ressonância estranhamente adolescente ele pronunciava a palavra amor? Pensei nisso muitas vezes depois, porque são legião aqueles que — por mais machos que sejam — pronunciam a palavra "amor" com uma voz clara, mais aguda. Por quê? Porque, ao pronunciarem essa palavra, desperta-se repentinamente neles aquele primeiro amor, profundo, imperecível, que sentiram na infância pela mãe; porque assim, pretendem dizer, são obrigados a dizer mesmo sem querer: "Te amo como amei minha mãe e seja qual for o amor que eu demonstre, não passará de um reflexo de meu amor por ela". Ninguém consegue eliminar essa entidade que é a mãe; até o túmulo ela nos embala em seus braços.

Há ainda em Bismarck um outro traço através do qual surge o "filhinho de mamãe": ele fumava muito. Por que você acha engraçado que eu considere a mania de fumar como prova de infantilismo e apego à mãe? Nunca lhe ocorreu o quanto a ação de fumar se assemelha à ação de chupar o seio da mãe? Você tem olhos mas não enxerga. Pois então preste atenção a esse tipo de pequenos fatos do cotidiano, e muitos segredos lhe serão revelados além deste: o fumante é um "filhinho de mamãe".

Para mim, não há dúvida — e poderia falar muito tempo a respeito: aquele homem forte estava profundamente dominado pela *imago* da mãe. Você conhece seus pensamentos e suas recordações. Você não se surpreendeu com o fato de esse realista ter achado necessário contar um sonho? O sonho onde ele fazia desaparecer, com o simples golpe de uma varinha, uma barreira que lhe impedia o caminho? Não é o sonho que surpreende; para os que se ocupam com os sonhos, está muito claro que o desejo do incesto, o complexo de Édipo, está por trás dele. Curioso é o fato de Bismarck o ter narrado. Já bem próximo do túmulo, ele ainda estava tão submetido ao poder da mãe que se sentia coagido a introduzir esse segredo de sua vida no meio do relato de seus grandes feitos.

Como vê, minha cara amiga, basta um pouco de boa vontade para reconhecer na existência de cada ser humano a ação da *imago* da mãe. E eu tenho essa boa vontade. Resta saber se o que penso a respeito é adequado; cabe a você decidir. Mas não dou muita importância ao fato de ter razão. Prefiro é gravar uma regrazinha em sua memória, porque a considero útil em suas relações consigo mesma e com os outros: amaldiçoamos aquilo de que gostamos.

Preste atenção e verifique contra o que se erguem as pessoas, aquilo que elas desprezam, o que as desgosta. Por trás dos xingamentos, do desprezo, do desgosto se oculta sempre e sem exceção

74   O LIVRO dISSO

um grave conflito ainda não resolvido. Você nunca se enganará ao supor que uma certa pessoa amou muito e ainda ama aquilo que diz detestar, que admirou muito e ainda admira o que despreza, que desejou com sofreguidão e ainda deseja o que a desgosta. Abominar a mentira é mentir a si próprio. Se a sujeira inspira horror, é porque representa uma perigosa tentação; desprezar alguém significa que esse alguém é admirado e invejado. E o fato de que as mulheres — mas também os homens — têm medo de cobras possui uma significação profunda, pois é uma cobra que reina sobre o mundo e sobre a mulher. Em outras palavras, as profundezas da alma, nas quais repousam os complexos recalcados, deixam-se trair pelas resistências. Para os que se ocupam com o Isso, há duas coisas que se *deve* levar em conta: a transferência e as resistências. E para quem trata dos doentes, quer seja cirurgião, parteiro ou médico geral, esse tem de saber que não poderá ajudar seu paciente a menos que consiga utilizar as transferências do doente e reduzir as resistências.

Não farei objeção a que você julgue e condene segundo esta regra seu sempre fiel

Patrik Troll

Carta 10

Obrigado pela advertência, querida amiga. Vou tentar pôr os pés outra vez em terra firme. Mas não hoje, ainda.

Preciso lhe contar uma coisa. Às vezes, em meio a agradáveis momentos de solidão, me vejo presa de curiosa visão. Imagino que, perseguido por inimigos, me precipito na direção de um abismo cuja beira rochosa, como um teto que se projeta sobre o vazio, domina a encosta abrupta. Um nó frouxo prende a um tronco de árvore uma corda que oscila sobre o vazio. Eu escorrego ao longo da corda e fico balançando para lá e para cá, na direção da encosta rochosa ou afastando-me dela, em oscilações cada vez mais amplas. Para a frente, para trás, para frente, para trás, fico planando acima do abismo esticando cuidadosamente as pernas para frente, adiante do corpo, a fim de não me esmagar contra a encosta. Nesse balanço há uma espécie de encanto pleno de sedução e minha imaginação o faz durar. No fim, no entanto, alcanço meu objetivo. Uma gruta, cavada pela natureza, está à minha frente. Ela se oculta aos olhos de todos, sou o único que a conhece e, num *élan* amplo e suave, vôo para o interior dela e me vejo a salvo. O inimigo contempla do alto da encosta o abismo vertiginoso e dá meia volta, convencido que estou lá no fundo, todo quebrado.

Muitas vezes pensei o quanto você me invejaria se soubesse como são gostosas as delícias deste sonho. Posso interpretá-lo? Esta gruta, cuja entrada sou o único a conhecer, é o ventre materno. O inimigo que me persegue, satisfazendo seu ódio, ao acreditar que morri no fundo da ravina, é o pai, o marido da mãe, que se vangloria de ser seu senhor e que no entanto desconhece o império, nunca penetrado, impenetrável, desse ventre. Em termos definitivos, esse sonho não significa nada além daquilo que eu tinha o costume de responder,

76 O LIVRO dISSO

na infância, quando me perguntavam: "Com quem você quer se casar?" Não me ocorria que eu pudesse me casar com outra mulher que não fosse minha mãe. Se essa aspiração profunda de meu ser foi reduzida a um sonho simbólico, cheio de significação, é sem dúvida à solidão desolada de meus anos passados na escola que eu devo. Nada como a incomunicável sensação das delícias do balanço para revelar ainda o ardor daquele afeto. E o fato de eu não ter conservado, por assim dizer, nenhuma lembrança do período situado entre meus doze e dezessete anos é prova dos combates que devem ter sido travados dentro de mim. Essas separações em relação à mãe são· uma coisa muito curiosa, e posso dizer que o destino me tratou com muita indulgência.

Isso me veio à mente outra vez hoje. Venci um duro combate com um jovem que insiste em se deixar tratar por mim mas que treme de medo diante da idéia, e se mostra incapaz de pronunciar uma única palavra desde o momento em que se vê diante de mim. Ele me identificou com o próprio pai e, e seja o que for que eu faça, continua convencido — ou talvez seu Isso continue convencido — que tenho um facão escondido em algum lugar e que com ele vou tirar-lhe as marcas de sua virilidade. E tudo isso porque amou apaixonadamente a mãe, morta há algum tempo. Nessa pessoa deve ter existido — durante anos ou por alguns momentos apenas — e continua a existir eventualmente, ainda, um furioso desejo de fazer da mãe uma amante, um desejo de possuir seu corpo. Desse desejo, dessa vontade do incesto surgiu o medo da vingança do pai, que cortará com um golpe de facão destruidor o membro lúbrico.

O fato de um doente ver a figura do pai em seu médico pode ser explicado. A transferência para o médico dos sentimentos em relação ao pai ou à mãe ocorre durante todos os tratamentos; isso é determinante mesmo para o sucesso do tratamento; e conforme o paciente, em sua vida sentimental, tiver sido mais apegado ao pai ou à mãe, preferirá um médico enérgico ou um médico bonachão. É melhor, para nós médicos, termos consciência desse fato, pois três quartas partes de nosso sucesso, senão mais, dependem do encadeamento de circunstâncias que nos atribui alguma semelhança de caráter com os pais do paciente. E a maioria de nossos fracassos igualmente podem ser atribuídos a esse tipo de transferência — coisa que, em certa medida, pode consolar nosso orgulho pelo despeito que sentimos ao reconhecer a transferência como o verdadeiro médico. "Sem mérito, nem dignidade": estas palavras de Lutero devem estar presentes na mente dos que pretendem viver em paz consigo mesmos.

Assim, não há nada de notável no fato de meu paciente procurar em mim seu pai; mas é notável que ele tenha escolhido um médico-pai, ele que é tão apegado à *imago* da mãe, e disso é possível concluir que ele é apegado igualmente ao pai e à mãe, sem se dar conta do fato. Isso daria boas perspectivas de sucesso. A menos que seu Isso o tenha empurrado para mim porque quer, através de um tratamento fracassado um certo número de vezes com um certo número de professores e de médicos, provar a si mesmo que seu pai é um infeliz ser inferior. Nesse caso, não há dúvida que não poderei ajudá-lo. O melhor que eu poderia fazer seria explicar-lhe essas coisas e mandá-lo para um médico de tipo maternal. Mas sou um otimista impenitente e parto sempre do princípio de que, apesar de seu medo, no fundo de si mesmo ele acredita em minha superioridade e gosta de mim, embora se compraza em introduzir um pouco de maldade no tratamento. Esses doentes que ficam pregando peças na gente não são raros. Seja como for, a situação é duvidosa e só o resultado do tratamento me dirá o que levou o doente a me procurar.

Conheço um modo de fazer surgir os sentimentos·ocultos de um ser humano em relação a mim, de que maneira ele os está sentindo no exato momento em que os tem; e como você é uma garotinha gentil e bem-comportada, e como sei, além disso, que tem suficiente senso de humor e que o usa sem se deixar por ele ofuscar, vou lhe contar meu segredo. Peça àquele – ou àquela – cujo coração você deseja conhecer que profira um epíteto injurioso. Se, como é possível prever, ele disser "Papagaio!", você pode concluir, sem hesitar, que você fala demais. Mas não se esqueça que certos tipos de papagaios, e mesmo o tipo comum, são muito bonitos, e que, por conseguinte, isso pode muito bem ser interpretado como cumprimento ou como injúria.

Muito bem, no momento propício pedi a meu paciente que dissesse alguma coisa de injurioso e ele respondeu de imediato, tal como eu esperava, com a palavra "Boi!" Isso parece resolver o problema: meu jovem amigo me acha um estúpido; estúpido e cornudo. Mas essa pode ter sido a impressão de um momento, que vai passar – pelo menos é o que espero. O que me chama a atenção nessa palavra é outra coisa. Como um relâmpago no meio das trevas, ela ilumina por um instante os pontos obscuros da doença. O boi é castrado. Se, como convém a um médico bem educado, eu fizer de conta que não me dou por achado com essa amarga observação que me relega ao plano dos eunucos, posso encontrar na palavra "boi" uma nova explicação para a angústia de meu paciente; e isso me aproxima mesmo da solução geralmente aplicável a um problema de extrema importância, que em nosso jargão médico chamamos de "complexo de castração". Quando eu tiver conhecido esse complexo de castração em todos os seus detalhes e em seu conjunto, me considerarei como um médico universal, e dos inúmeros milhões que não poderão deixar de afluir para minha caixa registradora, separarei um para você, generosamente. De fato, a palavra "boi" me diz que meu paciente, num dado momento, sentiu o desejo e a intenção de castrar o pai, a fim de fazer do touro um boi; e que em razão desse desejo ímpio e em virtude da lei "olho por olho, dente por dente, membro por membro..." ele receia pelo próprio sexo. O que pôde provocar nele esse desejo?

Você está preparada para dar a resposta, minha cara amiga, e invejo sua rapidez e sua segurança. "Sim, você dirá, esse homem está dominado pelo desejo de ter a própria mãe por amante, ele não consegue suportar que um outro – seu pai – a possua; terá de matar o pai, como Édipo matou Laios, ou então terá de castrá-lo para transformá-lo em inofensivo escravo de harém." Infelizmente, na vida as coisas não são tão simples assim e será necessário você armar-se de paciência para prestar atenção à longa exposição que vem a seguir.

Meu paciente faz parte dessas pessoas cuja atitude sexual está marcada pelo dualismo, daquelas que dirigem seus sentimentos tanto para o sexo masculino quanto para o feminino; servindo-me ainda de meu estimado jargão médico, ele é ao mesmo tempo um homos-. sexual e um heterossexual. Você sabe que, nas. crianças, essa dupla sexualidade é comum. Segundo minhas observações, acrescento que essa dualidade de atitude indica no adulto uma persistência do Isso infantil que merece nossa atenção. No meu paciente, a situação ainda se complica pelo fato de que, diante dos dois sexos, ele pode se sentir tanto homem quanto mulher; por conseguinte, dispõe de possibilidades de paixão as mais variadas. Assim, pode ser que ele queira castrar o pai apenas com o objetivo de torná-lo sua amante e, por outro lado, o medo que sente de ver o pai lhe cortar as partes sexuais pode representar um desejo recalcado de ser a mulher do pai.

Mas estou esquecendo que você não pode compreender o que quero dizer quando digo que um ser humano quer suprimir os órgãos genitais masculinos para fazer do homem uma mulher. Posso convidá-la para me seguir ao quarto das crianças? Esta é Grete, sentada diante da penteadeira, na nudez de seus três anos; está esperando que a babá volte com a água quente das abluções noturnas. Este diante dela é o pequenino Hans, que olha com os olhos cheios de curiosidade para o meio das perninhas entreabertas; está mostrando com o dedo a fenda vermelha e entreaberta da irmã e pergunta: "Cortou?" — "Não, foi sempre assim!"

Se não me fosse tão desagradável citar — em minha família esse era o costume, e minha mãe e meus irmãos me torturaram mil e uma vezes, a mim e meu orgulho, afirmando que citavam bem melhor do que eu, pobre Benjamin que eu era; e já perdi a conta das vergonhas que passei por citar errado — se tudo isso não me parecesse meio bobo, eu falaria do sentido profundo das brincadeiras infantis. No lugar disso, vou lhe contar apenas o que significa essa história de mutilação. Numa época qualquer — é curioso que ninguém, ou quase, se lembre do momento exato em que isso acontece — e é ainda mais curioso que eu pense e escreva minhas frases com tanta descontinuidade. Isso lhe permite perceber a que ponto me é difícil entrar em assuntos como esse, e deixo que tire suas conclusões quanto a meu próprio complexo de castração.

Assim, num dado momento, o garotinho percebe a diferença entre os dois sexos. Em si mesmo, no irmão, no pai, ele vê um apêndice, divertido de observar e que se presta a brincadeiras. Na mãe e na irmã ele vê, em compensação, um buraco, onde a carne surge nua, como se fosse uma ferida. Deduz disso tudo, de modo vago e incerto, como convém a seu jovem cérebro, que uma parte do ser humano, aquele rabinho, com o qual todos vêm ao mundo, é retirado, arrancado, invaginado, esmagado ou roído para que possa haver as meni-

CARTA 10

nas e as mulheres. É que o bom Deus precisa delas para fazer as crianças. E outra vez num dado momento, na inquietude em que o jogam essas coisas inéditas, ele se convence que aquele rabinho foi de fato cortado, pois mamãe, em vez de um pipi amarelo, de vez em quando faz, no vaso, sangue vermelho. Isso quer dizer que de vez em quando lhe cortam o fazedor de pipi, aquela torneirinha da qual sai água; a coisa deve acontecer de noite e é papai que opera. A partir desse momento, o garotinho começa a sentir uma espécie de desprezo pelo sexo feminino, uma angústia por sua própria virilidade e uma vontade, cheia de piedade, de preencher o buraco da mãe e, além desse, o das outras meninas e mulheres, com sua torneirinha, uma vontade de dormir com elas.

Ah, minha amiga! Não pense que imagino que, com isso, encontrei a solução do eterno e misterioso apelo do amor. O véu, do qual um dos cantos tentei levantar, continua baixado; e aquilo que consigo distinguir por trás dele é algo obscuro. Mas, pelo menos é uma tentativa. E também não penso que o garoto possa entrever claramente essa teoria sexual infantil — não se assuste com meus termos eruditos. Mas é exatamente porque ele não as entrevê com clareza, pelo fato de não ousar fazer uma idéia clara do que sejam, pelo fato de construir a cada cinco minutos uma teoria diferente a respeito, para rejeitá-la logo a seguir, em suma, pelo fato de não recolher essas coisas em seu consciente, enfiando-as nas profundezas do inconsciente, é por tudo isso que essas coisas têm sobre ele uma influência tão grande. É que aquilo que molda nossa vida e nosso ser não é unicamente o conteúdo de nosso consciente mas sim, e numa proporção bem maior, nosso inconsciente. Entre os dois — as regiões do consciente e as do inconsciente — há um filtro e por cima dele, no consciente, ficam apenas as coisas maiores; a areia para a argamassa da vida mergulha nos abismos do Isso; na parte de cima se fixa apenas o joio, enquanto embaixo se acumula o trigo para o pão da vida, bem embaixo, no inconsciente.

Com sincera amizade,

Patrik Troll

Carta 11

Escrever-lhe, querida amiga, é um prazer. Quando conto a história da castração para outras pessoas, elas se zangam, me mandam passear e me tratam como se eu fosse o responsável pelo pecado e pela madição originais. Você, em compensação, faz logo um paralelo com a lenda da Criação e assim, para você, a costela de Adão, de onde saiu Eva, é a parte sexual do homem. Você tem razão e é fácil de ver como fico feliz com isso.

No entanto, posso lhe chamar a atenção para alguns detalhes menores? De início, de um lado, a costela é algo duro, rígido. Portanto, não é apenas do pênis que saiu a mulher, mas do falo, duro, teso, ossudo, o falo ereto do desejo. Para a alma humana, a volúpia é um pecado, um ato repreensível e punível. A punição por castração é decorrência da volúpia. A volúpia faz, do homem, uma mulher.

Faça uma pausa em sua leitura, cara aluna, e pense um pouco no que pode ter significado e ainda significa para o gênero humano, para seu desenvolvimento, sentir como se fosse um pecado seu mais forte impulso, um impulso impossível de dominar, que a vontade mal consegue recalcar, que nunca será destruído; pense no que pôde significar, e ainda significa, o fato de um fenômeno natural, inevitável, como a ereção, ser objeto de opróbio e vergonha. O mundo em que vivemos nasceu do recalque, da obrigação de recalcar isto e aquilo.

Posso ajudá-la um pouco? Aquilo que é recalcado é repelido do lugar por ele antes ocupado, comprimido e apresentado sob uma nova forma, e ressurge sob o aspecto de um símbolo: a prodigalidade torna-se diarréia, a avareza, constipação; o desejo de engendrar, cólica; o ato carnal torna-se uma dança, uma melodia, uma peça de teatro, edifica-se sob os olhos dos homens em uma igreja, com a ponta mas-

82   O LIVRO dISSO

culina de seu campanário, as misteriosas abóbodas do ventre materno;
a mesma coisa transforma-se no tênder da locomotiva, no martelar
ritmado do marceneiro ou ainda na cadência da machadinha nas mãos
do açougueiro. Preste atenção na ressonância das vozes, nas nuanças
do tom, na beleza dos vocábulos; se deixe ninar pelo bem-estar íntimo
que você sente com tudo isso, no bem-estar que tudo isso desperta
suavemente, insensivelmente, em toda sua pessoa; preste atenção a
tudo isso, até o fundo de sua alma e negue, se atreva a negar que tudo
o que há de bom é um símbolo do corpo humano palpitando no paraíso
do amor! E também tudo o que há de mal! Mas o que resulta do
recalque da ereção, essa aspiração ao auge ameaçada pela maldição da
castração? O ser humano estica os braços na direção do céu, ergue
a cabeça, levanta-se na ponta dos pés, deixa seus olhos curiosos vaga-
bundear pelo mundo, apreende com seu cérebro pensante tudo aquilo
que existe, cresce, torna-se maior e fica em pé! Preste atenção, minha
cara, é um ser humano, o recalque e o símbolo fizeram dele um
senhor. Não é lindo? E por que as palavras *schlecht* (mal, ruim) e
Geschlecht (sexo) têm a nossos ouvidos uma ressonância quase
semelhante?

No que diz respeito ao Isso, sua natureza e seus pensamentos
secretos, a gente pode temê-los, admirá-los com espanto ou sorrir
deles É da mistura desses três sentimentos que tudo depende. E a
gente gostará daquele que conseguir fazer com que ressoem harmo-
niosamente, pois esse será digno de ser amado.

Mas de onde vem o fato de o ser humano sentir a ereção como
pecado, o fato de ele dizer para si mesmo, vagamente: agora, você
vai ser transformado em mulher, vão abrir um buraco em sua barriga?
Sabemos muita coisa da alma humana, uma pequena parte das quais
apenas pode ser revelada, enquanto a maioria dessas coisas nunca
foram completamente elucidadas. Mas há dois pontos a respeito dos
quais quero lhe falar. Um diz respeito a um incidente de que fomos
ambos testemunhas e que, naquele exato momento, nos deu muito
prazer.

O dia fora muito bonito, o sol quente, a floresta verde; os
pássaros cantavam e nas tílias zumbiam abelhas. Satisfeitos com o
frescor das oferendas da natureza, chegamos até onde estavam seus
filhos a tempo de pôr o menor para dormir. Foi então que lhe perguntei: "Com quem você quer se casar quando crescer?" Ele passou
os braços ao redor de seu pescoço, a beijou e exclamou: "Com a
mamãe, claro, com quem mais?" Nunca antes e nunca depois disso
ouvi semelhante declaração de amor. E seus olhos, minha amiga, bri-
lharam de repente com esse brilho suave da felicidade da completa
entrega de si. A mesma coisa acontece com todos os meninos: gostam
de suas mães, não de um modo infantil, cândido, puro, mas com um
fervor e uma paixão permeados de sensualidade, com a força irresistível de um amor sexual; o que é a sensualidade do adulto comparada
com as sensações vivas e com o desejo imoderado de uma criança?
Esta chama ardente do amor, devida certamente a um ano de desfru-
tamento corporal comum à mãe e à criança, se apazigúa sob a influ-

CARTA 11

ência da lei e dos costumes, e também diante da nuvem com a qual a consciência surdamente culpada da mãe escurece seu próprio rosto, sua mentira, sua hipocrisia; e debaixo desse desejo, podemos adivinhar a faca reluzente que privará o garotinho de suas armas amorosas. Édipo.

Há povos que toleram as uniões entre irmãos e irmãs; há povos entre os quais o costume exige que a filha núbil passe pelos braços do pai antes que o marido tenha o direito de tocar nela. Mas nunca, nunca mesmo, desde que o mundo é mundo, nunca, enquanto houver mundo, será permitido ao filho compartilhar da cama da mãe: O incesto com a mãe é considerado o crime supremo, mais grave que o matricídio; é o pecado dos pecados, o pecado em si. Por que é assim? Minha amiga, me dê sua resposta. Talvez em assuntos como este a mulher saiba mais que o homem.

O primeiro ponto é o seguinte: pelo fato de cada ereção representar o desejo da mãe — insisto: segundo a lei da transferência, trata-se de toda ereção sem exceção — ela se faz acompanhar pela fobia da castração. A gente é punido ali por onde pecou, a mulher através do câncer do seio e do útero, porque pecou pelos seios e pelo abdômen; o homem, pelas feridas, pelo sangue e pela loucura, porque ele feriu, teve maus pensamentos; mas todos são perseguidos pelo fantasma da emasculação.

O outro ponto diz respeito ao plano da experiência: cada ereção é seguida por um relaxamento. Não é isso uma emasculação? Esta espécie de atonia é uma castração natural e uma das fontes simbólicas da fobia.

Não é curioso que as pessoas se obstinem na pretensão de que podemos nos destruir através da volúpia? No entanto, a natureza, através da advertência simbólica do relaxamento, estabeleceu limites insuperáveis para o desperdício, o excesso. Essas histórias são apenas o resultado do medo oriundo do complexo de Édipo, do espectro do onanismo, de alguma outra singularidade da alma humana — a menos que se trate talvez do ciúme? O ciúme do impotente, do frustrado, o ciúme que todo pai sente pelo filho, toda mãe pela filha, o mais velho pelo mais jovem?

Fiz um desvio acentuado e, no entanto, queria lhe falar da criação da mulher, tirada da costela de Adão. Peço que observe que, no início, Adão está sozinho. Se essa carne tenra, que ele tem a mais além daquela que mais tarde será dada à mulher, deverá tornar-se uma costela dura, o desejo determinante da ereção só pode brotar de seu amor por si mesmo, ele tem de ser narcisista. Adão sente prazer por seu próprio intermédio; propicia a si mesmo sua satisfação, a transformação da carne em costela. E a criação da mulher, a ablação da costela de modo que a ferida da mulher se origine disso, esta castração é, definitivamente, a punição pelo onanismo. E como o ser humano poderia — se ele viu nisso a origem da sanção merecida pelo onanismo — ter escolhido, para temê-la, uma outra punição que não a castração, quando todo ato de masturbação é seguido inelutavelmente pela castração simbólica que é o relaxamento?

84   O LIVRO dISSO

Até aqui, a coisa está relativamente clara. Mas resta saber por que o ser humano considera o onanismo como pecado. Seria fácil encontrar pelo menos uma meia resposta para essa pergunta. Pense num bebê, um garotinho. Primeiro ele tem de se conhecer, tem de tatear tudo aquilo que pode ser tateado, tem de brincar com tudo aquilo que faz parte dele, com suas orelhas, seu nariz, seus dedos, seus artelhos. Será que ele deveria, ao longo dessas explorações e desses jogos, deixar de lado, por uma nativa moralidade, esse apêndice pendurado em sua barriguinha? Claro que não. Mas o que acontece, quando ele brinca desse modo? Puxar ou esticar a orelha, o nariz, a boca, os dedos e os artelhos são atos suscitados, encorajados, até mesmo favorecidos de todos os modos possíveis pela mãe encantada. Mas quando o menininho começa a brincar com o pintinho, surge uma grande mão, mão metamorfoseada, pelo poderio criador de mitos daquele pequenino ser humano, em mão de Deus; mão que afasta a patinha infantil. Talvez, ou melhor certamente, o rosto dessa pessoa de enormes mãos, a mãe, assume por conseguinte uma expressão severa, angustiada, culpada. Pense na amplitude do medo da criança, da impressão enorme por ela sentida quando, a cada repetição desse ato, e apenas quando se trata desse ato, a mão de Deus intervém para impedi-lo. Tudo isso acontece numa época em que a criança ainda não fala; mais ainda, em que ela nem mesmo compreende as palavras ditas. Isso fica gravado na parte mais profunda de sua alma, de modo ainda mais profundo do que o ato de falar, caminhar, mastigar; mais profundo ainda que as imagens do sol e da lua, do que a noção do que é redondo, ou anguloso, do que as imagens do pai e da mãe. "É proibido brincar com o sexo!", e de imediato surge este pensamento: "Todo prazer é censurável". E talvez a experiência acrescente mais isto: "Se você brincar com suas partes sexuais, alguma coisa será tirada de você!", o que acarreta de modo inevitável a seguinte idéia: ". . . E não apenas sua mãozinha, mas também seu pintinho. . ." Não sabemos nada da criança; não sabemos até que ponto ela tem a sensação da personalidade, se nasce com a sensação de que suas mãos e pernas "são dela" ou se tem de adquirir essa noção. Será que desde o começo ela tem a impressão de ser um "Eu", de estar separada do universo que a cerca? Não sabemos. Sabemos uma única coisa: é que só bem tarde, por volta do terceiro ano, ela começa a usar esta palavrinha, "eu". Será demasiado audacioso imaginar que, no começo, ela pensa em si mesma como se fosse um estranho, como sendo "um outro"? É que o pequenino Hans não diz "Eu quero beber", mas sim "Hans quer beber. . ." Nós, humanos, somos uns bichos bem estranhos: não nos atrevemos nem mesmo a nos informar a respeito disso, pela simples razão de que nossos pais nos proibiram de fazer muitas perguntas.

Subsiste ainda, nessa lenda da criação, uma dificuldade que eu gostaria de destacar rapidamente. Interpretamos o nascimento da mulher a partir da costela como sendo uma metamorfose do homem em mulher através da castração. Neste caso, nosso pensamento racional exige dois Adãos, um que continua a ser Adão e outro que se

CARTA 11 85

torna Eva. Mas esta é uma objeção boba, que tende para a racionalização. Será que alguma vez a poesia parou para pensar por que faz de uma pessoa duas, ou de duas uma? A essência do drama repousa no fato de que o poeta se divide em dois, em vinte pessoas. O sonho se comporta do mesmo modo, todo mundo age assim. No mundo que nos cerca não percebemos apenas que somos nós mesmos, constantemente nos "projetamos" em cada objeto. Assim é a vida, é assim que deve ser, o Isso nos obriga a tanto.

Desculpe-me, você não gosta de filosofar. E. talvez tenha razão. Voltemos ao reino do que chamamos de fatos.

"Não é bom que o homem fique sozinho, vou dar-lhe uma auxiliar semelhante a ele mesmo", diz Deus Pai e faz uma criatura que, ali onde o homem tem uma excrescência, ela tem uma abertura; que, ali onde o homem é liso, ela vê crescer dois seios. Portanto, isso deve ser o essencial para seu papel de auxiliar. A criança pensa do mesmo modo: para nascer alguém, é preciso que Adão, através da retirada da costela, se torne Eva. Não é notável essa concordância entre a alma popular e a alma infantil? Se quiser, podemos nos aprofundar nos contos e mitos, nos estilos arquitetônicos e nas descobertas técnicas dos povos; não é impossível que encontremos em tudo isso vários traços de infantilismo. E isso seria importante, nos tornaria pacientes com as crianças, sobre as quais Cristo disse: "Delas é o reino dos céus...". Talvez conseguíssemos recuperar a capacidade de nos surpreendermos, perdida há muito tempo, nossa adoração pela criança — fato que, em nosso século de malthusianismo, já significaria alguma coisa.

Mas pense na palavra "auxiliar". Está fora de questão que o homem seja metamorfoseado em sua essência, em suas aspirações; apesar da castração, ele continua o mesmo, continua a ser o que era: um ser centrado sobre si mesmo, que gosta de si mesmo, que procura seu próprio prazer e o encontra. Simplesmente passa a existir alguém que "o ajudará"; alguém que lhe permitirá investir seu prazer fora de seu próprio corpo. A pulsão de suas relações consigo mesmo não desapareceu, o pênis não se esfumou, continua ali, Adão não mudou; como antes, está submetido à obrigação de fornecer prazer a si mesmo. Coisa estranha.

Como? Será possível que tudo o que dizem sábios e loucos, isto é, que a masturbação é um sucedâneo das relações sexuais, provém da ausência de um objeto, ocorre porque o homem não tem uma mulher à mão no momento em que o desejo o assalta e que, por conseguinte, ele se vira como pode? Tudo isso seria falso? Veja os fatos. O bebê, o recém-nascido, pratica a auto-satisfação; o adolescente recomeça e — fato curioso quando pensamos a respeito — o velho e a mulher idosa voltam a fazer a mesma coisa. Entre a infância e a velhice se coloca um período onde o onanismo desaparece na maior parte do tempo e onde surgem as relações com as outras pessoas. Seriam as relações sexuais, por acaso, um sucedâneo da masturbação? E seria verdade, como diz a Bíblia, que as relações sexuais nada mais são que um tipo de ajuda?

86 O LIVRO dISSO

De fato, querida amiga, assim é. É verdade que a auto-satisfação continua a existir sempre, apesar do amor do casamento, à margem do amor, à margem do casamento; nunca deixa de haver, está sempre presente, até a morte. Vasculhe suas memórias, terá a prova disso num grande número de dias e noites, nos jogos amorosos com o homem e em sua imaginação. Quando descobrir isso, seus olhos se abrirão para mil fenômenos que, de modo claro ou obscuro, se revelam ligados à auto-satisfação, ou dela dependentes. No futuro, você assim evitará considerar o onanismo como um vício e algo contra a natureza, ainda que não consiga encará-lo como fonte do bem. É que, para tanto, seria preciso que você triunfasse sobre a mão de Deus, a mão da Mãe, que um dia veio interromper sua brincadeira prazerosa. E isso, ninguém consegue.

Com afeto,

Patrik Troll

Carta 12

Não consigo me dar conta de que demônio você está possuída, minha cara amiga. Ainda outro dia você me escreveu, toda contente, para se dizer convencida de que as idéias de castração são, entre os seres humanos, cada vez mais evidentes e demonstráveis e no entanto hoje você levanta algumas objeções. Mas por que me espanto? Estas coisas estão, para todos, recalcadas, lá nas mais profundas trevas: por que não o estariam ainda mais em você, orgulhosa como você é e sempre foi? O fardo imposto pela noção de castração é em si mais pesado para a mulher do que para o homem. Neste, o fato de ser um homem, de ostentar no corpo o cetro da virilidade, de sua soberania, compensa em certa medida o peso da castração. Ele sente desejos e tem fobias, mas em todo caso consegue ver, com seus próprios olhos, que ainda tem o membro por cuja sorte receia. A menina, no entanto, diante daquilo que lhe falta diz: "Já estou castrada. Minha única esperança é que esta ferida se cicatrize e que um novo pedaço de carne de homem surja em seu lugar". Renunciar a esta esperança, resignar-se ao sentimento de sua própria inferioridade, e mais: transformar esse sentimento aceitando sinceramente a condição de mulher, com o orgulho e o amor próprios dessa condição, como você fez, exige duros combates antes de se chegar ao recalque final. É preciso sepultar tudo isso lá no fundo de si mesmo, e a mais leve agitação das massas assim enterradas causa perturbações que nós, homens, não conhecemos. Isso pode ser visto — e você mesma o experimentou — em todos os períodos; a hemorragia mensal, esta marca de Caim da mulher, desperta o complexo da castração: do lodaçal do inconsciente erguem-se os venenos recalcados que vêm perturbar, associados com muitas outras coisas, a clara ingenuidade do ser humano.

88   O LIVRO dISSO

Não é curioso que o europeu, à simples menção das palavras período, menstruação, regras, logo pense em hemorragia? E ainda: que de um modo geral esse interesse restrito ao sangue se vê ainda condensado numa noção rudimentar de sujeira, de mau cheiro, de vergonha oculta, de dor e parto? Um mundo de razões para viver está no entanto ligado a esse fenômeno de "embrazamento" rítmico.

Pois é isso que importa: "o embrazamento", o ardor lúbrico, o desejo sexual da mulher se vê acentuadamente aumentado nesses dias de sangria. E assim como acontece com os animais — que, claro, não são inferiores ao ser humano — durante esse período de algum modo ela atrai o homem. E esse enlace em período de hemorragia é o mais ardoroso, o mais gratificante que se pode imaginar — ou pelo menos seria se os costumes não baixassem seus interditos sobre ele. O fato de que realmente é assim vem demonstrado por uma coisa curiosa: mais de três quartas partes dos estupros ocorrem durante esse período. Em outras palavras: um "quê" misterioso da mulher que sangra põe o homem numa espécie de estado de loucura que pode chegar até o crime. Eva corrompe Adão; é assim, foi assim e será sempre assim. A mulher é obrigada a seduzir o homem porque está sangrando, porque está no cio, porque ela mesma o deseja. As mães contam às filhas que os períodos são necessários para gerar uma criança. Trata-se, aí, de um erro notável, de um engodo nefasto. Do mesmo modo como a atribuição das paixões, dos fenômenos de Eros, ao instinto de reprodução é uma das grandes besteiras de nosso século. Não há uma laranjeira cheia de frutos, uma flor, uma obra dos homens que não contrarie uma interpretação tão estreita dos objetivos de Deus e da natureza. Dos vinte mil germes fecundáveis com os quais a mulher vem ao mundo, quando ela chega à puberdade restam apenas algumas centenas e destes, na melhor das hipóteses, apenas uma dúzia serão fecundados; dos inúmeros milhões de espermatozóides do homem, perecem incontáveis legiões que nunca chegaram à matriz da mulher. As pessoas falam muita bobagem e eu mesmo me incluo entre elas.

Você percebe as fantásticas relações, o emaranhado de fios que vão de um complexo a outro? No centro da vida amorosa está o sangue, o desejo do sangue. Que devemos fazer quando penetramos na vida e no pensamento do ser humano? Devemos rir deles, desprezá-los, censurá-los? Talvez fosse melhor permanecer consciente da própria loucura. Orar: Deus, seja indulgente com o pecador que sou. Mesmo assim, gostaria de dizer: não é verdade que a crueldade seja perversa. Todo ano, a cristandade festeja a Sexta-feira Santa, dia da felicidade. A humanidade criou para si mesma um deus que sofreu, pois ela se deu conta de que o sofrimento é o caminho do céu, porque a dor, a tortura sangrenta são, para seu sentimento, divinas. Seus lábios nunca foram beijados até sangrarem? Sua pele nunca ostentou as manchas deixadas por uma boca ávida? Você nunca mordeu um braço que a apertava e não foi gostoso sentir-se esmagada? E depois disso tudo você vem me dizer essas bobagens sobre não se dever bater em crianças. Minha querida amiga, a criança quer apanhar, ela sonha

CARTA 12

com isso, ela morre de vontade de receber uma bofetada, como dizia meu pai. E através de uma artimanha que se manifesta de mil modos, ela trata de provocar essa punição. As mães acalmam seus bebês com tapinhas amistosos e a criança sorri. Ela acaba de limpar o filho, sobre a cômoda, e o beija nas maçãs rosadas que, um minuto antes, estavam sujas e, à guisa de suprema recompensa, administra no garotinho esperneante uma boa bofetada que ele recebe chiando de alegria.

Você nunca brigou com seu bem-amado? Lembre-se qual o motivo e como a coisa se deu. Uma cutucada aqui, uma palavra mordaz a seguir, a discussão se envenena, torna-se ferina, o sarcasmo sobrevém; em seguida, a irritação e, finalmente, a cólera. O que você pretendia conseguir, provocando assim, caprichosamente, seu amado? Era mesmo necessário, como ele acabou fazendo, enfiar o chapéu na cabeça, pegar a bengala e sair batendo a porta? Não, o que ele devia fazer era abrir uma porta que dá acesso a seu corpo de mulher, nele introduzir o homenzinho dele, cobri-lo com o chapéu do regaço materno, coroá-lo com as guirlandas de seu corpo feminino. A natureza dotou-o de um bastão, ele deveria servir-se disso contra você, deveria bater em você e amá-la cruelmente. Todos os idiomas designam o signo da virilidade pela palavra *pau*. A crueldade está inelutavelmente ligada ao amor e o sangue vermelho é o charme mais poderoso do amor vermelho.

Sem os períodos, para a mulher o amor não existiria, pelo menos não aquele que deu toda sua significação à palavra que fez da Mulher a companheira do Homem. E o essencial está nisso. É que, para sua grande surpresa e não menor indignação, você descobre que grande parte da vida humana, senão toda ela, decorre do amor, e o fato de Eva ter sido dada a Adão não para ter filhos mas como companheira me convém porque me permite opor pelo menos uma Palavra Divina aos gritos dessa multidão mal-informada de textos bíblicos.

Para mim, as coisas acontecem assim: parto do princípio de que os períodos da mulher, particularmente a hemorragia, são uma isca para o homem. E pequenas observações que fiz aqui e ali confirmam isso. Um grande número de mulheres, há muito separadas de seus maridos, vêem-se indispostas no dia do reencontro. Pensam que a separação longa demais provocou uma espécie de alienação nas relações entre eles e, para superar a situação, o Isso lhes prepara o sortilégio do filtro do amor que atrairá o homem para seus braços.

Você sabe que gosto de pôr as coisas de pernas para o ar, e espero que tenha conseguido fazê-lo, novamente. Mas para ser justo, quero revelar-lhe, a respeito dessa curiosa providência, duas outras intenções do Isso, às quais você não se oporá tanto. Quando a mulher tem suas regras, ela não pode engravidar. Através da hemorragia, o Isso ostenta aos olhos do marido um testemunho ao mesmo tempo eloqüente e gritante da fidelidade da esposa. "Veja bem", diz o Isso, "se nascer uma criança você será o pai, pois eu estava sangrando quando você chegou..." Se eu fosse maldoso e quisesse provocar os homens — mas estas cartas destinam-se apenas a você, portanto posso contar-lhe minha maldade sem com isso abalar a confiança dos maridos. A insistência na inocência é sempre suspeita; por trás dela vem uma confissão de culpa. Na verdade, quando me acontecia de examinar casos assim com um pouco mais de cuidado, eu sempre acabava descobrindo a traição que deveria ser dissimulada pelo sangue vermelho. Naturalmente, não se tratava de um caso físico real com um outro homem, não me lembro de alguma vez ter percebido isso; mas se tratava da traição em pensamento, o pecado semi-recalcado, que atua tanto mais profundamente quanto estiver mergulhado na lama da alma. Você não pode imaginar, querida amiga, como a gente se diverte secretamente com essas observações. A vida oferece contrastes de um tipo bem especial. Ela dá um jeito para usar a mesma palavra a fim de afirmar uma inocência e confessar um erro.

A segunda intenção do Isso — da qual eu falava — também é um jogo de sentido duplo. "Seduza o homem...", é o que diz o Isso à mulher. "Seduza-o com o sangue de seu amor." A mulher ouve essa voz mas, hesitante, pergunta: "E se eu não conseguir?" "Ora, diz o Isso com um risinho, nesse caso você teria a melhor resposta para seu orgulho, pois como é que um homem pode se resolver a tocar numa mulher impura?" De fato, como poderia fazê-lo se isso lhe é proibido há milhares de anos? Por conseguinte, quando o enlace acontece, fogoso, é perfeito; tanto mais perfeito pelo fato de ter acontecido, apesar dos costumes que o desaprovam; e se não acontecer, é porque os costumes o rejeitam.

O Isso utiliza muito, e com alegria, esse tipo de tranqüilização. Por exemplo, ele produz o aparecimento, na boca amorosa e que deseja um beijo, de um eczema desfigurador; se me beijarem apesar disso, minha alegria será grande; se não me beijarem, não será por falta de amor, mas por desgosto diante do eczema. Essa é uma das razões pelas quais o adolescente, em fase de desenvolvimento, ostenta no rosto pequenas pústulas; é por isso que a mocinha, em seu primeiro baile, fica com uma maldita espinha no ombro nu ou na base do pescoço, para onde ela sabe que se voltarão os olhares; essa é também a razão pela qual a mão fica fria e úmida quando se estende na direção do bem-amado; é por isso que a boca, desejosa de um beijo, exala um mau hálito, por isso há escorrimentos nas partes sexuais, por isso as mulheres de repente se tornam feias e caprichosas e os homens desajeitados e infantilmente perturbados.

E isto me leva ao grande mistério: por que nossos costumes humanos, sendo os períodos uma provocação ao prazer, proíbem — no mundo todo e em todas as épocas, tanto quanto sei — as relações sexuais durante a hemorragia?

Já é a terceira vez que falo de proibições em minhas cartas: a primeira foi a respeito do interdito que pesa sobre o onanismo, depois foi sobre o que atinge o incesto com a mãe e enfim as relações sexuais durante o período. Se esses impulsos poderosos que são o amor por si mesmo, o amor entre criador e criatura e, agora, as próprias relações sexuais, deparam-se com oposições tão fortes assim, devemos estar preparados para as reações. E com efeito, dessas três proibições surgiram conseqüências cuja extensão é quase impossível medir. Se me permite, vou brincar um pouco com essas noções.

CARTA 12

Primeiro, a mais antiga, a que entra em ação mais cedo, o onanismo. O prazer experimentado uma primeira vez exige outras vezes e como o caminho para o auto-erotismo está barrado, o impulso se joga com todas suas forças sobre sensações prazerosas análogas, proporcionadas livremente, sob o manto da necessidade e do sacrossanto amor materno, por uma mão estranha, a mão da mãe. Por causa da proibição que atinge o onanismo, as ligações eróticas com a mãe se tornam mais estreitas, aumenta a paixão pela mãe. Quanto maior for a força desta paixão, mais ampla se torna a resistência contra esse amor puramente sexual até que essa paixão atinge seu ponto culminante na proibição formal visando o incesto com a mãe. Nesse instante, procura-se uma nova saída que, através da equação simbólica mãe = matriz, conduz à aspiração de união com a mulher, seja qual for. O momento adequado para esta união é o do cio da matriz, o período. Mas é exatamente nesse momento que intervém entre esse desejo e sua realização um "não" que, em muitas civilizações, especialmente a hebraica, tem força de lei. Aparentemente, o deus-natureza necessita de interditos desta ordem que podem, conforme as exigências, assumir aspectos diversos. Nossa época, por exemplo, ao invés de proibir as relações durante as regras, escolheu como forma de excluir completamente toda atividade sexual através do código penal, com exceção do onanismo, e isto durante os anos em que essa paixão é mais acentuada, os anos da puberdade. Talvez você se interesse por meditar sobre as conseqüências dessas proibições.

Uma coisa é clara: a proibição pode sem dúvida recalcar o desejo, fazer com que se desvie de sua destinação inicial, mas não o destrói. O que faz é apenas obrigá-lo a procurar uma outra maneira de se realizar. E encontra milhares delas, em todas as atividades da vida que você puder imaginar: na descoberta das chaminés ou dos navios a vapor; no manejo do arado ou enxada; escrevendo versos ou meditando; no amor a Deus ou à natureza; no crime e nos atos de autoridade; nas boas e nas más ações; na religião ou na blasfêmia; sujando a toalha ou quebrando os copos; nos batimentos do coração e na transpiração; na fome e na sede; no cansaço e no vigor; na morfina e na frebre; no adultério e no voto de castidade; no andar, no ficar em pé; no estar deitado; na dor e na alegria; na felicidade e no descontentamento. E para justificar, enfim, o fato de eu ser médico, o desejo recalcado se manifesta na doença; a doença em todas suas formas, quer sejam funcionais ou orgânicas, quer seu nome seja broncopneumonia ou melancolia. Este seria um capítulo bem extenso, longo demais para ser tratado aqui.

Mas vou atirar-lhe mais uma isca, pequena, que, espero, você morderá.

O que acontece com o desejo do homem de unir-sc à mulher durante seu período? O que o excita é o sangue. O impulso de crueldade, presente desde o início, irá inflamar-se. Ele inventa armas, pensa em operações militares, faz a guerra, constrói matadouros para neles promover verdadeiras hecatombes com animais, escala montanhas, navega através dos mares, explora o Pólo Norte ou o Tibet, caça, pesca, bate nos filhos e grita com a mulher. E o que acontece com o desejo da mulher? Ela coloca uma bandagem entre as coxas, pratica inconscientemente o onanismo sob o pretexto, admitido por toda parte, da higiene. E quando ela é realmente cuidadosa, por precaução já começa a usar o *modess* um dia antes e vai até um dia depois, sempre por precaução. E quando isso não a satisfaz, faz com que o sangramento dure mais tempo ou reapareça com mais freqüência. A pulsão do amor por si mesmo encontra aqui caminho livre pela frente e inventa, por causa do desejo da mulher, o fundamento de nossa civilização: a higiene e, com isso, os canos de água, os banhos, as canalizações, a limpeza, o sabonete e, além disso, a paixão pela pureza da alma, pela nobreza de espírito, enquanto o homem, em sua capacidade de adorador de sangue, penetra nas misteriosas entranhas do mundo e trabalha sem parar sobre o mecanismo da vida.

E nesta vida existe curiosas correntes, que às vezes assemelham-se a movimentos de circulação. Definitivamente, para nós mortais há apenas uma atitude: a surpresa.

Afetuosamente seu,

Patrik Troll

Carta 13

Eu lhe agradeço, minha amiga, por concordar em renunciar aos termos técnicos e às definições. Daremos um jeito sem eles e pelo menos não correrei o risco de invocar a desgraça sobre minha cabeça. Vou lhe contar um segredo: freqüentemente não consigo entender as definições, quer venham de outros ou de mim mesmo.

No lugar das definições, atendendo a seu desejo, vou falar mais um pouco sobre os efeitos da proibição de manter relações durante o período. E como quis o destino que eu fosse médico, assumirei um tom de médico. Há quase um século, desde que os símbolos bem masculinos do anjo foram metamorfoseados em símbolos femininos, está na moda imaginar, entre as mulheres, uma nobreza de alma que se manifesta pelo horror diante do erotismo, qualificado de sórdido, e que diz respeito especialmente "ao período impuro" da mulher — isto é, a seus períodos — entendido como um segredo vergonhoso. E este absurdo — que outro nome dar a esse modo de pensar que nega a sensualidade à mulher? Como se a natureza fosse tão idiota a ponto de atribuir à parcela da humanidade encarregada do fardo da gravidez a possibilidade de sentir menos desejos que a outra! e este absurdo vai tão longe que os livros eruditos, que você tanto respeita, atestam do modo mais sério a existência de mulheres frígidas, publicam a respeito estatísticas baseadas na hipocrisia das mulheres (hipocrisia devida aos costumes atuais) e mergulham a mulher, cientificamente mal-informada, cada vez mais fundo na mentira e no engano. Por que, pensa esse pobre ser amedrontado que chamamos de mocinha, "por que, se minha mãe o exige com insistência, se meu pai considera isso como natural e se meu bem-amado demonstra venerar minha pureza, por que não agir mesmo como se eu não tivesse nada entre a cabeça e os pés?". Ela representa o papel que lhe impuseram; ocorre, porém, que o frenesi da quarta semana está além de suas forças. Ela precisa de uma ajuda, de uma espécie de fita para manter a máscara no lugar e encontra essa ajuda na doença, inicialmente nas dores lombares. O movimento para a frente e para trás representa a atividade da mulher no coito; as dores lombares impedem esse movimento, reforçam a proibição lançada sobre o cio.

Em especial não pense, cara amiga, que pretendo resolver seja lá que problema for através de observações isoladas deste tipo. Procuro apenas tornar-lhe acessível aquilo que freqüentemente lhe pareceu incompreensível: a razão pela qual nunca deixo de investigar, junto a meus doentes, a finalidade de suas doenças. Não sei se a doença tem uma finalidade, isso me é indiferente. Mas, na prática, essa minha atitude tem valido a pena. De um modo ou de outro, consigo assim pôr o Isso do paciente em movimento e não é raro que ele acabe contribuindo para o desaparecimento do sintoma. O procedimento é um pouco brutal, até mesmo empírico, se quiser, e sei muito bem que não poucos desses eruditos, com seus óculos de lentes grossas, fingirão ignorar essa prática. Mas você me fez uma pergunta e a estou respondendo.

Durante meus tratamentos, a uma certa altura estou habituado a ressaltar para meus doentes que o sêmen humano e o óvulo humano provocam o nascimento de um ser humano e não de um cão ou um gato, e observo que existe nesses germes uma força capaz de formar um nariz, um dedo, um cérebro. Esta força, capaz de façanhas tão incríveis assim, pode muito bem provocar dores de cabeça, diarréia ou inflamação na garganta. Mais: não acho bobagem pensar que ela pode muito bem provocar uma pleurisia, um ataque de gota ou um câncer. Vou mesmo mais longe, afirmo ao doente que essa força faz de fato tudo isso, que torna as pessoas doentes a seu bel-prazer por determinadas razões, escolhendo à vontade, e por determinados motivos, o lugar, o tempo e o tipo de doença. Ao dizer isso, não me preocupo em absoluto com saber se, pessoalmente, acredito no que estou dizendo; me limito a afirmá-lo. Em seguida, pergunto ao paciente: "Por que você tem um nariz?". "Para cheirar", responde. "Portanto, eu digo, seu Isso lhe deu um resfriado para impedir que você cheire alguma coisa. O que você não deve cheirar?" De vez em quando o paciente descobre um odor que ele de fato queria evitar e — você não precisa acreditar nisso, mas eu acredito — quando ele encontra esse cheiro, seu resfriado desaparece.

As dores lombares no momento das regras facilitam a resistência da mulher contra seus desejos — pelo menos é o que digo. Mas com isso não quero dizer que esse tipo de dor atende apenas a essa finalidade. Veja que a região lombar é também chamada de região sacral, que esse *Os Sacrum*, esse osso sagrado, traz oculto dentro de si o problema da mãe. Mas não vou falar disso aqui, prefiro continuar um pouco mais. Às vezes, essas dores "sacrais" não bastam; surgem então no abdômen certas contrações e dores semelhantes às "dores" do parto. E se isso se revelar sem efeito, o Isso recorre às

CARTA 13 95

dores de cabeça a fim de obrigar o pensamento a repousar; recorre à enxaqueca, aos enjôos, aos vômitos. E aqui estamos em meio a símbolos bem significativos: os enjôos, os vômitos, a sensação de que a cabeça vai estourar são representações alegóricas do parto na forma de doença.

É impossível, você compreende, dar explicações claras quando as coisas são confusas. Mas posso dizer o seguinte: quanto mais profundo for o conflito íntimo do ser humano, mais graves serão as doenças, pois elas representam simbolicamente o conflito. E, inversamente, quanto mais graves as doenças, mais os desejos e a resistência a esses desejos serão violentos. Isso se aplica a todas as doenças, não apenas às que envolvem as regras. Se uma leve indisposição não consegue resolver o conflito ou recalcá-lo, o Isso utilizará os grandes recursos: a febre, que obriga a mulher a ficar de cama, uma pneumonia, ou uma fratura da perna, que a imobiliza, diminuindo assim a esfera das percepções que exasperam seus desejos; o desmaio, que elimina qualquer sensação; a doença crônica — a paralisia, a consunção, câncer — que mina lentamente as forças; e finalmente, a morte. Só morre aquele que quer morrer, aquele para quem a vida tornou-se insuportável.

Posso repetir o que acabo de dizer? A doença tem uma razão de ser: ela deve resolver o conflito, recalcá-lo e impedir o que foi recalcado de chegar ao consciente. Tem de punir a transgressão da proibição e isso vai tão longe que, segundo o tipo, o lugar e a época da doença, é possível deduzir o tipo, o lugar e a época do pecado que mereceu essa sanção. Quando quebramos o braço é porque pecamos ou queríamos pecar com o braço: assassinar, matar, masturbar-se. Quando alguém fica cego, é porque não queria mais ver, porque pecou com os olhos ou tinha a intenção de fazê-lo; quando alguém fica sem fala é porque tinha um segredo e não ousava contá-lo bem alto. Mas a doença também é um símbolo, uma representação de um processo interior, uma encenação do Isso através da qual ele anuncia o que não se atreve a dizer de viva voz. Em outras palavras, a doença, *toda* doença, nervosa ou orgânica, e a morte, estão tão carregadas de significação quanto a interpretação de uma peça musical, o ato de acender um fósforo ou de cruzar as pernas. Esses atos transmitem uma mensagem do Isso com mais clareza e insistência do que o poderia fazer a fala, a vida consciente. *Tat vam asi...*

E como o Isso sabe brincar! Ainda há pouco eu falava da consunção (*Schwindsucht*), o anelo da morte (*Sucht zum Schwindem*). O desejo deve ser consumido, o desejo do vaivém do erotismo, simbolizado pela respiração. E junto com esse desejo se consomem os pulmões, esses representantes dos símbolos da concepção e do parto, consuma-se o corpo, símbolo do Phallus: *tem* de se consumir, porque o desejo cresce no decorrer da doença; porque aumenta o pecado, em virtude do constante gasto de sêmen, simbolicamente representado pelas expectorações; porque em conseqüência do recalque desses símbolos que tentam atingir o consciente, a fúria de consumir-se ressurge novamente; porque o Isso, com a doença dos pulmões, faz brilharem olhos e dentes, destila venenos sufocantes. E o

96   O LIVRO dISSO

jogo cruel, mortal, do Isso torna-se ainda mais louco, porque se baseia num erro: é que a palavra *sucht* (doença, paixão) nada tem a ver com *sehnsucht* (anelar) mas deriva de *siech* (doente). Mas, o Isso se comporta como se não levasse em conta a etimologia; apega-se, como o grego inculto, aos sons da palavra e as utiliza para provocar a doença e alimentá-la.

Não seria tão ruim que os homens chamados a exercer a medicina fossem menos inteligentes, pensassem com menos sutilezas e deduzissem as coisas de modo mais infantil. Com isso se estaria fazendo melhor do que construindo sanatórios e hospitais.

Estarei enganado se pensar que você não se aborreceria por ouvir algumas palavras enfáticas a respeito do câncer? Com o tempo, e graças à aplicação com a qual entregamos à anatomia, à fisiologia, à bacteriologia e à estatística, o cuidado de nos ditar nossas opiniões, chegamos ao ponto em que ninguém mais sabe ao que atribuir o nome de câncer. Em conseqüência disso, a palavra "câncer", assim como a palavra "sífilis", é cotidianamente dita e impressa milhares de vezes; não há nada do que os homens mais gostem do que histórias de fantasmas. E uma vez que não podemos acreditar mais em fantasmas, essas duas doenças — apesar ou por causa dos nomes por assim dizer indefiníveis que lhes dá a ciência, nomes cujas "associações" são grotescas e horrorosas — fornecem um bom substituto. A vida do Isso contém um fenômeno: o medo, a angústia. Como ela emana de um tempo situado aquém da lembrança, ela se apodera dessas duas palavras para pregar uma peça à razão e para tornar explicável à sua própria ignorância o aparecimento do medo. Se acrescentar a isso a fobia do onanismo, obterá um magma de medos diversos e a metade da vida será pura angústia.

Mas eu gostaria de compartilhar com você o que sei sobre o câncer e percebo que minha raiva me afastou do assunto. Vá até a casa de sua amiga, dirija a conversa para o câncer — ela a seguirá nesse terreno pois, como todas as mulheres, teme essa doença — e pergunte-lhe depois o que lhe vem à mente quando ouve a palavra *Krebs* (câncer e caranguejo). Sua amiga logo dirá: "o caranguejo anda para trás!" E, depois de hesitar: "o caranguejo tem pinças cortantes". E se você tomar tanto quanto eu as mesmas liberdades com o véu que oculta os mistérios da ciência, você concluirá: na superfície, o complexo de que se alimenta à saciedade o medo do câncer liga-se em parte ao movimento de recuo; mais embaixo, descobre-se a idéia de cortar. A interpretação é bem fácil: o ser humano atacado de câncer experimenta um recuo de suas forças vivas e de sua coragem de viver; chamado a tempo, o médico "corta". Remexendo mais, você ficará sabendo que o movimento de recuo liga-se a uma obsessão de associação relacionada com observações feitas na infância e que, recalcadas imediatamente, continuaram a agir sobre o inconsciente. Este anjinho de menina não é tão inocente quanto a agente gosta de pensar, assim como não é tão pura quanto pensam os adultos, não se assemelha a essa pomba branca da qual fizemos um símbolo da pureza quando os gregos da Antigüidade a deram como companheira para

CARTA 13

a deusa do amor. Esse anjinho vê a curiosa atitude do cão e da cadela, do galo e da galinha, e como a criança é geralmente muito inteligente, a menininha conclui da atitude ridícula dos professores e mães que tudo isso tem uma relação misteriosa com o segredo do amor sexual, por ela combinado com o segredo, para ele infinitamente mais importante, do quarto de dormir de seus pais.

"Aquilo que os animais fazem, diz a menininha, papai e mamãe também fazem nesses momentos em que ouço esse estranho tremer da cama e quando ouço os dois brincando de puf-puf trenzinho." Em outras palavras, a criança fica com a idéia de que esse ato se realiza por trás e recalca essa noção nas profundezas de seu inconsciente até que ela retorna através da associação recuo-caranguejo-câncer sob a forma de fobia. As pinças cortantes — preciso destacar? — conduzem direta e indiretamente ao grande problema da fobia da castração, a metamorfose da mulher, de início prevista para ser um homem, cujo pênis foi cortado e cujo entre-pernas foi furado, abrindo-se um buraco que sangra em certos momentos. Esta idéia repousa também numa experiência dos primeiros minutos da vida: o seccionamento do cordão umbilical.

Com o tempo, fiquei apenas com uma das teorias formuladas a respeito do câncer: a de que, acompanhado por certas manifestações, ele leva à morte. Quando não acaba em morte, não é câncer. Essa é minha opinião. Desta declaração você poderá concluir que não tenho muitas ilusões sobre os novos meios de cura do câncer. Em relação aos inúmeros supostos casos de câncer, porém, seria muito interessante interrogar o Isso do paciente.

Sempre seu,

Patrik Troll

Carta 14

Minha cara, você entendeu certo: a vida do homem é governada pelo complexo de Édipo. Mas não sei como poderei atendê-la em seu desejo de querer ouvir mais a respeito disto. A lenda em si você já conhece: como Édipo, inocente e culpado, mata seu pai e gera infelizes filhos através de um inconsciente relacionamento incestuoso com a própria mãe. Isto você já conhece ou pode conhecer através de qualquer um desses livros sobre lendas. E eu já lhe disse que o conteúdo desse mito — o desejo apaixonado do filho pela mãe, e seu ódio assassino contra o pai — é típico e válido para todos os homens em todas as épocas. E já lhe disse também que com essa história fica semi-revelado um profundo segredo do ser humano. A aplicação disso à sua vida, à minha ou à de qualquer outro, é algo que você mesma deve fazer. No máximo poderei lhe contar algumas histórias, das quais você poderá extrair o que quiser. Mas não deve perder a paciência: a vida do inconsciente é difícil de decifrar e você sabe que alguns pequenos erros não me assustam.

Há mais de vinte anos — eu era então um jovem médico, cheio de uma confiança audaciosa e mesmo temerária em meus próprios poderes — me trouxeram um menino que sofria de uma estranha doença da pele chamada esclerodermia, ou dermatoesclerose. As autoridades médicas já haviam dado seu caso como perdido em virtude da grande área coberta pelo mal, espalhado pela maior parte de seu abdômen, peito, braços e pernas. Comecei o tratamento num excelente estado de espírito, a partir dos princípios que o Dr. Schweninger me havia ensinado. E como ao final de um ano o mal havia deixado de progredir, acreditei que podia me comparar a Deus e atribuí a meus laboriosos esforços — posso dizer assim — aquilo que eu cha-

100 O LIVRO dISSO

mava de cura; quando se trata de apreciar nossos sucessos, nós médicos somos muito generosos com nós próprios. Na realidade, a situação dele ainda deixava muito a desejar. Além de inúmeras cicatrizes, de cuja extensão você não faz idéia, restava ainda uma tal contração das articulações do cotovelo que o paciente era incapaz de esticar o braço; e uma das pernas estava, e continuou, fina como um bambu. A excitabilidade do coração, que se manifestava à menor ocasião através de uma louca aceleração de seus batimentos, acompanhada por um estado de angústia, dores de cabeça quase constantes e uma série de pequenas misérias de origem nervosa, foram impossíveis de melhorar. Mesmo assim, o menino completou seus estudos no colégio, foi oficial do exército durante vários anos e exerceu em seguida uma profissão acadêmica. Vinha regularmente passar algumas semanas comigo a fim de pôr-se em forma. Nesse intervalo, e em virtude de seus inúmeros incômodos, tratou-se com diversos médicos e acabou indo a um célebre berlinense, cujo nome nos inspira, a você e a mim, o maior respeito. Durante vários anos não soube mais nada dele; depois, veio a guerra. E alguns meses depois disso, ele apareceu em casa.

Desta vez, o quadro clínico apresentava-se de modo singular. Pouco depois da declaração de guerra, o Sr. D. — vamos chamá-lo assim — foi acometido por um acesso de calafrios e sua temperatura subiu a 40°. Passou algum tempo antes de ser possível descobrir o que isso poderia estar ocultando. Ao final, a situação deu mostras de tornar-se mais clara. A temperatura caía de manhã a 36° para subir, à tarde, até uns 39-40°. Foram feitas dezenas de exames de sangue, na esperança de descobrir vestígios de impaludismo; não se encontrou plasmódio algum; a quinina e o arsênico, que em vão lhe haviam sido administrados, não fizeram efeito algum. Pensou-se em tuberculose e exames foram feitos nessa linha, sem sucesso, e trouxe-se à tona um velho diagnóstico de sífilis, em conseqüência da qual havia sido tratado alguns anos antes de uma doença venérea. O famoso Wassermann — você sem dúvida sabe do que se trata — deu um resultado duvidoso e acabaram todos tão no escuro quanto antes. De repente, a febre desapareceu, o corpo prostrado reconquistou suas forças, seus uniformes foram-lhe devolvidos e tudo parecia em ordem. O Sr. D. recomeçou a sair de casa, redigiu uma solicitação a seu ministério, que o havia declarado "indispensável", no sentido de poder retomar o serviço ativo no exército, o que lhe foi concedido, e outra vez caiu enfermo: febre e dor da garganta. O médico chamado examinou a garganta, descobriu ulcerações nas amígdalas, na úvula e nas paredes da faringe. Como a febre havia cedido, mas com as ulcerações se ampliando, com o aparecimento suspeito de uma erupção e o como algumas glândulas começaram a inchar, foi diagnosticada uma recaída da antiga sífilis, diagnóstico pelo qual não posso censurar meus colegas. O teste de Wassermann foi naturalmente negativo e assim permaneceu, mas ele foi tratado com mercúrio e salvarsan. O resultado foi surpreendente. Ao invés de uma melhora, a misteriosa febre reapareceu seguida por períodos de desmaio; o doente

CARTA 14 101

definhava cada vez mais. Finalmente, reuniu o que lhe restava de forças para voltar para mim.

Nessa época, especialmente no que diz respeito à interdependência entre as doenças orgânicas e o Isso, eu estava menos seguro de meu caso do que agora. Também acreditava, confundido não sei por qual ardil de meu inconsciente, e uma vez que se tratava de um doente por mim cuidado de um certo modo durante quinze anos, que me seria difícil afastar-me dessa linha de conduta sem perder sua confiança. Em suma, tratei-o como ele estava acostumado, com banhos locais bem quentes, massagens, um regime cuidadosamente controlado etc. Isso tudo não excluía uma tentativa de influência no plano psíquico; mas também aí não me afastava de minha antiga linha de conduta, que consistia em ir ao socorro do doente através de sugestões autoritárias. De início, declarei com grande convicção e de modo suficientemente afirmativo para não permitir ser contrariado, que não podia se tratar de sífilis. A seguir, demonstrei ao paciente que seus males estavam relacionados com seu desejo de partir para o *front*. Ele começou pôr se defender, mas logo admitiu que bem poderia ser assim e me contou alguns incidentes ao longo daqueles últimos meses que me confirmaram em minha opinião.

A coisa parecia ir bem, suas forças voltavam, o Sr. D. começou a passear pelas redondezas e voltou a falar de engajar-se no exército. Estava muito decidido, nesse ponto; provinha de uma antiga família de oficiais e ele mesmo havia sido oficial, e com paixão. Um dia, a febre voltou, como antes: temperaturas baixas pela manhã e acentuado aumento à noite, ao mesmo tempo em que se manifestavam os misteriosos sintomas com acentuado caráter sifilítico. Formou-se um abcesso no cotovelo; depois, quando se curou desse, surgiu outro na parte inferior da coxa; depois, abcessos na garganta, novamente no cotovelo e na coxa, e finalmente no pênis. Nesse intervalo, surgiu uma erupção cutânea do tipo roséola; em suma, uma série de fenômenos que me levaram a admitir a existência eventual de um processo sifilítico. As análises de Wassermann, realizadas pela clínica da universidade, deram resultados contraditórios: ora totalmente negativas, ora permitiam dúvidas. Isso durou três meses. De repente, sem que eu pudesse saber por que, a doença desapareceu por completo. O Sr. D. começou a melhorar, readquiriu suas forças, seu peso e tudo ia bem. Vacinei-o, como era exigido, contra a varíola, o cólera e o tifo, pôs nas costas seu saco de viagem, despediu-se de mim e iniciou uma viagem a pé de três dias pela Floresta Negra que deveria levá-lo ao centro militar onde se encontrava seu regimento. No terceiro dia, a febre ressurgiu, ele voltou para mim e ficou em casa um curto período, indo depois para Berlim a fim de submeter-se a novos tratamentos.

Aproximadamente um ano e meio depois, durante o verão de 1916, ele voltou. Havia sido cuidadosamente medicado em Berlim, havia ido depois para Aix-la-Chapelle, por causa de suas águas; para Sylt, na montanha, também para Nenndorf e novamente adoecera em Berlim, onde ficou acamado por semanas e meses. Seu estado não havia variado: freqüentes e violentos acessos de febre, abcessos, des-

102 O LIVRO dISSO

maios, acidentes cardíacos etc. Observei que sua antiga doença, a esclerodermia, reaparecia na forma de placas e que os sintomas de neurose haviam aumentado.

Enquanto isso, eu mudara muito. Minhas atividades no hospital militar haviam-me permitido constatar várias vezes a ação da psicanálise na cura das feridas e doenças orgânicas. Conseguira, entre minha clientela privada, uma série de bons resultados; havia aperfeiçoado uma técnica da qual podia tirar partido e comecei o tratamento do Sr. D. com a firme intenção de não me deixar incomodar por diagnósticos, terapêuticas físicas ou medicamentosas mas, sim, de analisá-lo. Os resultados não demoraram a aparecer: os sintomas desapareciam uns após outros. Ao fim de seis meses, ele novamente partia como oficial de infantaria e morreu no campo de honra dois meses depois. Não me atrevo a dizer que sua cura teria sido duradoura, pois morreu muito depressa. No estádio atual de meus conhecimentos, creio que o tratamento foi curto demais e que se ele houvesse sobrevivido, certamente teria tido recaídas. Mas tenho certeza de que teria sido possível curá-lo. Enfim, esta questão não tem sentido. Não lhe conto isto em virtude do sucesso alcançado, mas para lhe dar uma idéia dos efeitos do complexo de Édipo.

Do tratamento, direi apenas que não foi simples. Resistências apareciam o tempo todo, resistências ora ligadas a meu nome, Patrik, que, dizia ele, também era o de um irlandês mentiroso, ou relacionadas com meus sapatos de borracha ou uma gravata de nó mal feito. Para ele, a gravata representava um escroto flácido e pendente, tal como uma vez vira em seu velho pai; os sapatos lhe recordavam velhas indignações infantis. Depois, ele se entrincheirou atrás de meu segundo nome, Georg, que lhe lembrava uma personagem de romance de *Roberto, o Marinheiro*, um sedutor, um ladrão. Aos poucos, trouxe à baila uma horda de Georgs, cada um pior que o outro, até que finalmente o verdadeiro malfeitor apareceu sob os traços de um homem de quem D. havia recebido uma bofetada no colégio sem ter exigido reparação. O que exigiu mais esforço, tanto da parte dele quanto da minha, foi uma expressão de que eu freqüentemente me servia naquela época; de vez em quando costumava dizer "Falando francamente..." ou "Devo confessar-lhe francamente..." Quando ouvia isso, D. concluía que eu estava mentindo, uma dedução não tão boba assim.

A resistência desenvolvida pelo doente em relação ao médico é objeto de qualquer tratamento analítico. O Isso não quer curar-se de imediato, por mais que a doença incomode o doente. Pelo contrário, a persistência dos sintomas prova, a despeito do que possa ser dito em contrário, das queixas e dos esforços do ser consciente, que esse ser quer continuar doente. Isso é importante, minha cara. Um doente quer ficar doente, e ele se debate contra a cura como uma menininha mimada que morre de vontade de ir a um baile e se proíbe isso através de mil obstáculos que ela mesma se coloca. É sempre útil examinar de perto os pretextos dessas resistências em relação ao médico; elas evidenciam todo tipo de particularidades próprias

CARTA 14   103

do doente. Foi o que aconteceu com D. A bolsa flácida e os sapatos de borracha do sibarita escandalizavam-no porque ele estava possuído em mais alto grau pelo sentimento de impotência. A mentira que ele percebia em "Patrik" e naquele "Falando francamente" era por ele odiada como fazem todas as pessoas decentes mas, como todas as pessoas decentes, ele incessamente mentira a si mesmo – portanto, mentia aos outros. Se dava tanta atenção aos prenomes, era porque detestava o seu, Heinrich; fazia com que os íntimos o chamassem de Hans porque um vago herói da família tivera· esse nome. Também nisso ele via uma mentira, pois um obscuro sentimento ˙de seu Isso lhe sussurrava que ele não se comportava como um herói, que sua doença era uma criação de seu inconsciente temeroso. Enfim, "Georg" lhe era insuportável porque uma vez – esta lembrança surgiu acompanhada por violentos sintomas mórbidos e uma forte febre – ele havia surrupiado duas medalhas de seu pai, como "Roberto, o marinheiro". "Medalha" levou-o à palavra "medalhão"; seu pai usava um medalhão com o retrato da mãe de D. e na verdade era aquele medalhão que ele cobiçava. Ele queria roubar a mãe do pai. Édipo.

Preciso mencionar ainda uma singularidade. D. Tinha uma série de complexos que se estendiam bem longe e que, afinal, estavam todos ligados ao complexo de Édipo e à idéia de impotência. Sempre que, durante a análise, tocávamos no complexo de Édipo em alguns de seus pontos sensíveis, a febre surgia; se a questão da impotência era abordada, surgiam os sintomas sifilíticos. A respeito, D. me deu a seguinte explicação:. "Com o tempo, minha mãe tornou-se indiferente para mim. Tive vergonha disso e toda vez que penso nela me esforço por pensar nela com ternura, tento atiçar o antigo fervor. E como não consigo isso no plano espiritual, o calor corporal se instala. É meu pai, já idoso quando me engendrou – em minha opinião, demasiado idoso – que acuso por minha impotência. E como não posso puni-lo em pessoa, porque morreu, o puno em seu símbolo de progenitor, aquele que engendra, minhas próprias partes sexuais. Isso tem a vantagem de também me punir por minhas mentiras, pois não é meu pai mas eu que sou culpado por minha impotência. Enfim, um sifilítico tem o direito de ser impotente: assim é melhor para ele e para as mulheres". Você percebe que D. não estava isento de um certo "Trollismo"; isso me agradava, nele.

Voltemos ao complexo de Édipo. Em primeiro plano se situa o amor pela mãe. Deixo de lado uma massa de detalhes; como prova, proponho o roubo das medalhas, que simbolicamente representa o rapto da mãe. Em vez de pequenas pistas, escolho ʻalguns signos que lhe demonstrarão a ação do Isso. De início, o constante estado doentio de D., às vezes degenerando em longas e graves afecções. O doente tem direito aos cuidados, o doente "extorque" os cuidados. Toda doença é uma renovação do estado de bebê e encontra suas origens na saudade da mãe; todo doente é uma criança; toda pessoa que se dedica ao cuidado de doentes torna-se uma mãe. A delicadeza da saúde, a freqüência e a duração das doenças são um indício da profundidade dos sentimentos que ligam o ser humano

104   O LIVRO dISSO

à *imago* da mãe. Você pode mesmo – e na maioria das vezes sem risco de se enganar – ir ainda mais longe em suas deduções e pensar que, quando alguém fica doente, é provável que numa época bem próxima do começo da doença um acontecimento lembrou ao doente, com uma particular agudez, a *imago* da mãe, a *imago* de suas próprias primeiras semanas como bebê. Não receio acrescentar, também aqui, a palavra "sempre". É sempre assim. E não há melhor prova de paixão pela mãe, de dependência do complexo de Édipo, do que um constante estado doentio.

Em D., essa paixão provocou o aparecimento de um traço, encontrável também em outras pessoas. O senhor, o possuidor da mãe, é o pai. O filho quer tornar-se senhor, possuidor, amante da mãe; para isso, tem de parecer-se com o pai. Foi o caso de D. No início – vi fotos dele enquanto criança – não se podia falar de semelhança entre ele e o pai; e segundo contou a mãe, seu caráter nada tinha em comum com o do pai. No decorrer das duas décadas em que freqüentei esse paciente, pude observar, de ano para ano, nas mudanças ocorridas em seu comportamento, em seu modo de ser, seus hábitos, seu rosto e seu corpo, como estava ocorrendo uma identificação com o pai. Não era o Isso que se metamorfoseava, mas o que havia por baixo dele, de modo que o núcleo de seu ser aparecia apenas aqui e ali, formando-se um novo Isso superficial (ou outro nome com que queira designar esse processo) e esse novo Isso – e é essa a prova mais cabal – desaparecia à medida que avançava a cura. O verdadeiro D. ressurgiu. O que ressaltava mais nesse processo de semelhança com o pai era o envelhecimento precoce de D. Com trinta anos, estava com os cabelos todos brancos. Verifiquei várias vezes o aparecimento e o desaparecimento de um embranquecimento semelhante, indício da máscara do pai. Não sei o que poderia ter acontecido com D.: morreu cedo demais.

Sua paixão pela *imago* da mãe era representada por um terceiro signo: sua impotência. Em casos de incapacidade sexual masculina, a primeira pergunta sempre deve ser: quais as relações deste homem com a mãe? D. tinha a forma característica da impotência, tal como descrita por Freud. Dividia as mulheres em duas categorias: as damas e as prostitutas. Com as damas – isto é, a mãe – era impotente; com a prostituta, atrevia-se a manter relações sexuais. Mas a imagem da mãe exercia sobre ele uma ação poderosa e por isso seu Isso – a fim de protegê-lo do perigo do incesto, mesmo o incesto perpetrado com a mulher das ruas – inventara essa contaminação sifilítica. Eu já havia visto homens que, sob a pressão do complexo de Édipo, haviam contraído sífilis. É mais raro, porém, que essa doença seja inteiramente inventada pelo Isso e que, durante anos, se represente toda uma comédia de sintomas sifilíticos e blenorrágicos. Só vi isso duas vezes: em D. e numa mulher.

Além disso, o começo da doença – os primeiros sintomas sempre merecem maior atenção, pois revelam grande parte das intenções do Isso – o começo da doença foi aquela esclerodermia na perna esquerda, que mais tarde espalhou-se pelo braço direito. A lingua-

CARTA 14

gem imaginária que compus para meu uso me diz o que acontece com a perna esquerda: este homem quer ir pelo mau caminho, mas seu Isso se opõe. Quando é o braço direito que é atingido de um modo ou de outro, isso significa que o braço direito quer fazer algo que fere o Isso; por isso, é paralisado em sua ação. Pouco antes de declarar-se a doença na perna, a mãe de D. engravidou. Nessa época, D. tinha quinze anos. Mas diz que não percebeu aquela gravidez: indício seguro que uma profunda perturbação em seu ser obrigava-o a recalcar aquela gravidez. Essa luta do recalque ocorre em pleno período de desenvolvimento sexual do rapaz e está ligada a um segundo conflito de recalque, desta vez de natureza sexual. Assim como ele afirmava ter-se surpreendido com o nascimento do irmão, afirmava não ter naquela ocasião nenhum conhecimento das relações sexuais. Ambas as coisas são impossíveis. Esta última afirmação é impossível porque na época D. criava coelhos e passava horas observando os embates eróticos desses animais. E a primeira também porque ele acabou confessando que tivera, durante a gravidez da mãe, idéias de assassinato, de que logo falarei. É esta idéia de livrar-se do irmão temporão que será em parte a causa da extensão da esclerodermia para o braço direito. A idéia de matar os que nos incomodam é algo que nos acompanha a vida toda; e em circunstâncias desfavoráveis, o desejo e o horror de matar tornam-se tão fortes que o Isso toma o partido de paralisar o instrumento de assassinato no homem, o braço direito. Acho que já lhe contei porque essas idéias de assassinato são tão difundidas; mas para seu governo, repito: a criança trava contato com a idéia da morte através das brincadeiras. Ela pula sobre o adulto, cutuca-o, atira nele e o adulto cai, faz-se de morto para ressuscitar em seguida. Não é extraordinário constatar como o Isso das almas infantis aplica-se na representação dos problemas mais complicados como se fossem ninharias, brincadeiras? E, de modo particular, como sabe fazer da morte uma brincadeira de criança? E será necessário considerar como milagre o fato de essa alegre impressão da morte, ligada às mais belas aventuras da infância, ficar gravada no espírito junto com a idéia de ressurreição, na forma de uma noção cômoda, boa para ser utilizada no futuro? Concluindo, a doença da perna e do braço apareceu em seguida a uma luta sexual relacionada com o domínio do erotismo = mãe = filho.

Chego agora à parte curiosa dessa estranha doença: o modo pelo qual a idéia da sífilis brotou no complexo em relação à mãe e como, exatamente por causa dessa origem, ela conseguiu tornar-se suficientemente poderosa a fim de produzir incessantemente novos sintomas de sífilis, a ponto de enganar todos os médicos que trataram dele, eu inclusive. Perguntei a D. se sabia quem o havia contaminado.

— Nem sei se fui contaminado, respondeu. Presumo que sim.

— E por que acha que foi?

— Porque um dia tive relações sexuais com uma moça que usava um véu. Vendo a surpresa em meu rosto, ele continuou:

— Todas as mulheres da rua que usam véu são sifilíticas. Eu não sabia disso.

106 O LIVRO·dISSO

No entanto, retirei dessa idéia aquilo que ela podia ter de verossímil e perguntei:
— Então foi ela que, segundo você, o contaminou?
— Foi. E acrescentou: Não sei; na verdade, nem sei se fui contaminado. Sem dúvida não foi depois disso, porque nunca mais tive contato çom uma mulher. No dia seguinte ao encontro com ela, fui ao médico fazer um exame. Ele mandou que eu voltasse alguns dias depois. Voltei e ele outra vez adiou a consulta, e isso continuou por algum tempo até que ele me explicou, entre amável e desagradável, que eu estava em perfeita saúde e que não podia estar contaminado. Depois disso, fui examinado inúmeras vezes por vários médicos. Nenhum encontrou coisa alguma.
— Mas, eu disse, você sofreu um tratamento antivenéreo antes que aparecesse sua doença na guerra...
— Sim, a meu pedido. Eu achava que minhas dores de cabeça, minha perna ruim, meus braços, achava que tudo isso só podia ser por causa da sífilis. Li tudo que foi escrito sobre a esclerodermia e alguns autores a relacionam com a sífilis.
— Mas você só tinha quinze anos quando apareceu sua doença!
— ...com a sífilis hereditária, me interrompeu ele. Eu nunca acreditei mesmo numa contaminação, mas achava que meu pai podia ter sido sifilítico. Calou-se por um momento e continuou: Se me lembro bem, a moça de que lhe falei não usava véu. Além disso, tenho certeza que ela não tinha a menor mancha no corpo. Eu a despi, deixei a luz acesa toda a noite, vi-a nua diante do espelho, examinei atentamente sua carteira de saúde. Em resumo, era impossível ela estar doente. O problema era que eu tinha um medo terrível da sífilis hereditária. Foi por isso que, quando fui ao médico, contei essa história do véu. Não queria lhe contar sobre minhas suspeitas em relação a meu pai. Depois disso, contei essa história tantas vezes que acabei acreditando nela. Mas agora, com todas essas análises, sei que nunca pensei que aquela moça estava com sífilis e sei que ela nunca usou véu.

Tudo isso me pareceu muito estranho, como a você. Eu queria — esperava — obter alguns esclarecimentos suplementares e perguntei a D. o que lhe lembrava a palavra "véu". Em vez de uma, deu-me duas respostas, de imediato:
— Os véus das viúvas e a Madona com véu, de Rafael.
Dessas duas inspirações resultou um jogo de associações que se prolongou por semanas. Vou-me limitar a lhe fazer um resumo dos resultados.
Os véus de viúva logo levaram à morte do pai e às roupas de luto da mãe. Vimos que D., no decorrer da luta travada para recalcar o desejo do incesto, identificara a prostituta com a mãe, que havia inventado um véu preto para a moça e a tinha imaginado sifilítica porque seu inconsciente acreditava que, desse modo, eliminaria mais depressa o desejo do incesto. Era preciso que a mãe fosse mantida longe de seu erotismo; não se deseja alguém com sífilis; portanto, a mãe devia estar sifilítica. Mas isso não estava entre as coisas possíveis — logo veremos porque — e portanto era preciso encontrar uma

CARTA 14   107

substituta, o que aconteceu, com a ajuda da associação-véu. Para reforçar ainda mais a defesa, formou-se a idéia de que o pai havia sido sifilítico. O fato de o paciente não mais ousar pensar na sífilis materna é evidente. Mas em D. surgiu uma outra idéia, que vem com a associação-madona com véu. Através dessa associação, D. faz da mãe um ser inacessível, imaculado, suprime o pai e tem ainda a vantagem de poder considerar-se a si mesmo como "concebido sem pecado". Em outras palavras, considerar-se de origem divina. O inconsciente usa meios inacreditáveis. Para recalcar o desejo do.incesto, e no mesmo momento, ele diviniza a mãe e a rebaixa ao nível de prostituta sifilítica.

Você tem aqui, se preferir, uma confirmação daquilo que eu tantas vezes tentei tornar verossímil a seus olhos, isto é, que todos nos consideramos de origem divina, que o pai para nós é mesmo Deus e a mãe, a mãe de Deus. As coisas são assim mesmo, o ser humano é tal que de vez em quando precisa acreditar nisso. Se tudo aquilo que constitui a igreja católica, incluindo a Virgem Maria e o menino Jesus, desaparecesse hoje sem deixar vestígios, amanhã haveria um novo Mito, com essa mesma união entre Deus e a mulher, e o mesmo nascimento do Filho de Deus. As religiões são criações do Isso e o Isso da criança não pode aceitar o pensamento de relações amorosas entre o pai e a mãe do mesmo modo como não se atreve a renunciar à arma que representa, em sua luta contra o desejo de incesto, a santificação da mãe; do mesmo modo, enfim, como ele, desde quando está no ventre da mãe — Ferenczi nos mostrou isso — sente-se um todo-poderoso; do mesmo modo como ele não pode aceitar a idéia de não ser igual a Deus.

As religiões são criações do Isso. Observe a cruz com os braços estendidos e concordará comigo. O Filho de Deus é colocado nela e ali morre. A cruz é a mãe, e todos morremos de nossas mães. Édipo, Édipo! Mas preste atenção: se a cruz é a mãe, os pregos que seguram o filho nela penetram também na carne dela, mãe, ela sente as mesmas dores, o mesmo sofrimento que seu filho e segura em seus robustos braços de mãe o martírio, a morte de seu filho, sofre tudo isso junto com ele. Mãe e filho: está aí, acumulada, toda a miséria do mundo, todas suas lágrimas, todo seu desespero. E como agradecimento, as únicas coisas que a mãe recebe são estas duras palavras: "Mulher, que tenho a ver contigo?" Assim o exige o destino humano e não há mãe que se aborreça quando o filho a ignora. Pois é assim que deve ser.

Descobre-se na história da doença de D. um outro conflito, mais profundo e humano, uma de cujas raízes vem alimentar-se do complexo de Édipo: o problema da homossexualidade. Quando estava bêbado, me contou ele, corria as ruas de Berlim à procura de um pederasta; fosse quem fosse, estivesse onde estivesse, batia nele como num cachorro e o deixava meio morto. Ele me confidenciou isso. *In vino veritas*. Isso só é compreensível se traçarmos um paralelo com uma segunda confidência que me fez algumas semanas depois. Um dia encontrei meu paciente com uma forte febre e ele me contou que na noite anterior havia atravessado a floresta e que de repente lhe ocorrera a idéia de que alguns marginais iriam atacá-lo, amarrá-lo, abusar dele por trás e em seguida amarrá-lo a uma árvore, com o traseiro nu e sujo. Esse, me disse, era um fantasma que o perseguia com freqüência, e sempre seguido por um acesso de febre. O ódio com que D., bêbado, perseguia os pederastas, é homossexualidade recalcada; aquele fantasma e a angústia decorrente também são homossexualidade recalcada e o aparecimento da febre dá a medida dos excessos de seu desejo. Voltarei depois à questão da homossexualidade. Hoje, fico por aqui: entre as diversas causas que levam à homossexualidade há uma que nunca devemos perder de vista: o recalque do incesto com a mãe. O homem trava um duro combate para subtrair-se aos sentimentos eróticos que o ligam à mãe. Como ficar surpreso se, nessa luta épica, todas suas inclinações conscientes pelo sexo feminino são carregadas pelo processo de recalque de modo que, em alguns, a mulher acaba ficando totalmente excluída da sexualidade? No caso de D., que tem medo de ser vítima de um estupro pederástico, percebe-se claramente uma segunda origem, por ele recalcada, nesse amor pelo mesmo sexo, na atração do pai. Essa angústia só pode ter-se originado no fato de que, numa época de sua vida, D. quis ardentemente ser mulher, a mulher do pai. Pense, minha cara amiga, nas causas iniciais dos vícios e perversões e será menos severa com eles.

Chego com isso ao outro lado do complexo de Édipo, nas relações entre D. e o pai. Devo aqui desde logo chamar sua atenção sobre um ponto bem característico. D. estava convencido de que para ele não havia nada nem ninguém que pudesse colocar acima do pai, que fosse mais digno de sua admiração, de seu respeito, alguém que ele pudesse amar mais ternamente que seu pai, enquanto censurava a mãe por mil coisas e nunca pudera passar mais de algumas horas em sua companhia. Sim, o pai morrera e a mãe ainda vivia; é fácil idealizar os mortos. Seja como for, D. acreditava amar o pai com todas as forças, sua vida havia recalcado o ódio pelo pai. É inegável que ele de fato dedicou uma ardorosa afeição ao pai; prova disso, farta prova, é seu complexo de homossexualidade e a semelhança que acabou tendo com o pai. Mas também o odiava com a mesma força e no início de sua doença, especialmente, havia nele um acentuado conflito entre a adoração e a aversão.

Dentre as lembranças dessa época que ressurgiram durante a análise, escapando ao recalque, retenho duas. A primeira: durante a gravidez da mãe, de que já falei, D. se habituara a espiar durante horas através de uma abertura no esgoto para atirar nos ratos que saíam dali e matá-los. Brincadeira de criança, você diria. Seja. Mas por que as crianças sentem tanto prazer nesses exercícios de tiro e por que D. atira em ratos que saem do esgoto? A ação de atirar, nem preciso dizer, representa a exuberância do impulso sexual, durante a puberdade, sendo liberada através desse ato simbólico. Mas o rato sobre o qual D. se debruça é uma imagem das partes sexuais do pai que ele pune com a morte no momento em que sai do esgoto, da

CARTA 14

vagina da mãe. Não, a interpretação não é minha: é de D. Limito-me a considerá-la adequada. E também concordo com a segunda explicação que fornece para isso. Aqui também o esgoto é a vagina; mas o rato é a criança que a mãe espera. Ao lado do desejo de castigar o pai — esse é o sentido da morte do rato — se insinua o desejo de matar a criança que virá. Sob a pressão dos poderes recalcantes, essas duas idéias assumem formas simbólicas. E o destino intervém nessas lutas subjacentes, sentidas de modo atenuado, e faz com que ao fim de algumas semanas o irmão morra. Nesse momento, o sentimento de culpa, essa morna companhia de toda vida humana, se vê justificado com um objeto real, o fratricídio. Você não pode imaginar, minha amiga, como é cômodo para o recalque dispor de um pecado capital. Embaixo disso, é possível esconder tudo e é de fato ali que tudo se esconde. D. utilizou ao máximo essa estúpida história do fratricídio em proveito das mentiras que contava a si mesmo. E por ser natural ao homem fazer outros pagarem por seus próprios erros, a partir do dia da morte de seu irmão D. nunca mais atirou em ratos, mas passou a atirar em gatos, emblemas da mãe. O Isso percorre estranhos caminhos.

D. não conseguiu encobrir totalmente o desejo de castração que alimentava contra o pai através da idéia do fratricídio, como demonstra uma segunda lembrança. Já lhe contei que no momento desses conflitos, ele criava coelhos. Entre estes havia um branco como a neve. Em relação a este coelho, D. assumiu um comportamento estranho. Permitia que todos os machos copulassem à vontade com as fêmeas e sentia um certo prazer em presenciar aqueles embates. O único não autorizado a aproximar-se das fêmeas era aquele coelho branco. Quando o coelho conseguia fazê-lo, D. o pegava pelas orelhas, amarrava-o, suspendia-o de uma viga e chicoteava-o até não conseguir nem mexer o próprio braço. Era o braço direito, o primeiro a ser atingido pela doença. E foi exatamente nesse período que isso aconteceu. Essa recordação só apareceu depois de uma obstinada resistência. O paciente não parava de se furtar à evidência e exibia uma coleção de sintomas orgânicos de grande gravidade. Um deles era particularmente significativo: as placas esclerodérmicas de seu cotovelo direito aumentaram. A partir do dia em que essa recordação brotou do inconsciente, as placas melhoraram e sumiram, tanto que o paciente pôde passar a dobrar e esticar lentamente o braço, coisa que lhe havia sido impossível durante duas décadas, apesar dos tratamentos. E fazia aquilo sem dor.

Quase me esquecia do mais importante. Esse coelho, esse macho branco ao qual proibia o prazer sexual e que chicoteava quando o animal não se continha, assumia o lugar do pai. Ou você já havia adivinhado isso?

Está cansada? Um pouco de paciência, mais algumas pinceladas e o desenho estará completo. Ao domínio do ódio pelo pai pertence um traço que você já conhece através de Freud — assim como, aliás, a história de D. tem alguma semelhança com a história do homem dos ratos de Freud. D. era um crente; seria até possível dizer que

110 O LIVRO dISSO

ele acreditava mais na letra do que no espírito da coisa. Mas se sentia mais atraído por Deus pai do que por Deus filho, e todos os dias rezava orações — compostas por ele — a essa deidade, por ele extraída da *imago* do pai. Mas no meio dessas orações de repente brotavam injúrias, blasfêmias, sacrilégios. O ódio pelo pai aparecia, então. Releia Freud a respeito disto, nada posso acrescentar ao quadro e, com minhas observações "inteligentes", só poderia estragar o que ele escreveu.

Tenho ainda mais uma coisa a dizer sobre a aventura do coelho branco. D. lhe dera o nome de Hans; como você sabe, era esse o nome que ele havia escolhido para si. Quando, através desse animal de pele branca como neve, ele batia no pai, estava ao mesmo tempo punindo a si mesmo ou, melhor, seu genital, seu Hans, que pendia de seu ventre. Ou será que você não sabe que o nome Hans agrada tanto aos jovens quanto aos velhos porque rima com "Schwanz"?* E por que freqüentemente se confunde Hans com São João Batista*, que, através do batismo e de seu suplício, é designado como membro masculino? Não sei se é verdade, mas um inglês me contou que em seu país o membro sexual masculino é chamado de São João*; parece que na França também haveria relações análogas. Mas isso não tem nada a ver com o nosso caso. D. certamente estava pensando em seu próprio membro quando batizou o coelho de Hans, e quando o chicoteava era para punir-se por atos de masturbação. Sim, senhora, masturbação. Coisa estranha.

Terminei. Quero dizer que não tenho nada mais de essencial a lhe comunicar. Se, como você percebeu, deixei de lado o mais importante, isto é, as recordações da primeira infância, é porque só fiquei conhecendo bem pouco a respeito. Foi essa ignorância que motivou a observação acima: que D., se tivesse vivido, provavelmente teria tido uma recaída. Faltava muito para a análise poder dizer-se completa.

Para encerrar, vou lhe dar pelo menos uma das razões pelas quais D. temia a guerra, ao mesmo tempo em que a desejava. Imaginava que seria morto com uma bala entre os olhos. Isso prova — foi de contatos com outros soldados que fiquei sabendo disso — que vira a mãe nua numa época em que tinha consciência do pecado que isso representava. O povo diz que quem vê a mãe nua fica cego. Édipo se cegou.

Saudações, minha cara, de seu sempre fiel

Patrik Troll

---

* Schwanz = cauda, pau, rabo; Hans = João; John = João.

Carta 15

Sem dúvida, cara amiga, eu poderia lhe contar uma série de histórias sobre o complexo de Édipo, histórias semelhantes às do Sr. D. Também é verdade que prometi fazer isso. Mas de que serviria? Se o que acabo de lhe contar não a convenceu, outros relatos do gênero também não o farão. Além do mais, histórias como essas você pode encontrar, tantas quantas quiser, na literatura da psicanálise. Prefiro tentar defender-me contra suas objeções, sem o que você logo se entregará a preconceitos de toda espécie e nossa correspondência não teria mais razão de ser.

Você não consegue admitir, é o que me diz, que em decorrência de incidentes do tipo dos que lhe contei possam produzir-se no ser humano mudanças corporais tais que podem provocar doenças orgânicas. E, menos ainda, não consegue admitir que à revelação dessas relações o paciente se cure. Eu também não admito essas coisas, querida amiga, mas eu as constato, eu as *vivo*. Claro, construo todo tipo de idéia a respeito, mas idéias difíceis de expressar. No entanto, eu lhe agradeceria se, em nosso diálogo, você renunciasse a distinguir entre "psiquismo" e "organismo". São apenas denominações cômodas para melhor entender certas singularidades da vida; no fundo, ambas são uma mesma coisa. É indubitável que um copo de vinho não é um copo de água, ou um copo de leite; mas nas três coisas há vidro e esses objetos de vidro são fabricados pelo homem. Uma casa de madeira é diferente de outra de pedra. Mas nem mesmo você pode duvidar que se trata apenas de uma questão de oportunidade e não de capacidade o fato de o arquiteto construir uma casa de madeira e não uma de pedra. O mesmo acontece com as doenças orgânicas, funcionais ou psíquicas. O Isso escolhe, de modo despótico, o tipo de doença que quer provocar e não leva em conta nossa terminologia. Creio que finalmente nos entenderemos ou, pelo menos, que você entenderá a mim e à minha afirmação categórica: para o Isso, não há diferença alguma entre o organismo e o psiquismo. Por conseguinte, se é verdade que podemos agir sobre o Isso através da análise, é possível também — e se deve fazê-lo, se necessário — tratar as doenças orgânicas através da psicanálise.

Corporal, psíquico... Que poder têm as palavras! Durante muito tempo se acreditou — talvez muitos ainda.estejam convencidos disso — que de um lado havia o corpo humano, habitado, de outro lado, como se fosse uma casa, pela alma, a psique. Mas, mesmo admitindo isso, o corpo em si nunca fica doente, uma vez que sem alma, e sem psique, ele morre. O que está morto não fica doente, no máximo apodrece. Só o que está vivo fica doente, e como ninguém contesta que só se dá o nome de coisa viva àquilo que tem corpo e alma — mas, me desculpe, isso é conversa fiada. Não vamos discutir por causa de palavras. O que está em jogo aqui, uma vez que você quer saber minha opinião, é que eu exprima de modo inteligível o que quero dizer. E já lhe revelei claramente meu pensamento; para mim, a única coisa que existe é o Isso! Quando uso as expressões corpo e alma, o que quero dizer com isso são modos de revelação diversos do Isso; se preferir, funções do Isso. Em minha cabeça, não são conceitos independentes, ou opostos. Deixemos de lado esse tema penoso de milenar confusão. Temos outros assuntos para discutir.

Você se mostra chocada pelo fato de eu atribuir tantas conseqüências ao processo de recalque; você me observa que há também os monstros, doenças embrionárias e espera que eu dê importância também a outros mecanismos. Limito-me a responder que acho a expressão "recalque" bem prática. O fato de ela corresponder a tudo não me interessa. Até agora, ela me bastou, bem como a meu bastante superficial conhecimento da vida embrionária. Portanto, não vejo razão para acrescentar outras expressões a meu elenco e, menos ainda, para não me servir mais dela.

Talvez fosse necessário recorrer à imaginação para lhe fazer sentir a extensão que pode assumir um recalque desse tipo. Imagine duas crianças, um menino e uma menina, sozinhas na sala de jantar. A mãe está ocupada em outro quarto, ou está descansando. Enfim, as crianças se sentem seguras, e o mais velho resolve aproveitar a ocasião para se instruir — ele e a menina — de visu sobre a diferença dos sexos e sobre os prazeres que esse exame reserva. De repente, a porta se abre. Os dois mal têm tempo de se separar, mas a consciência da culpa pode ser vista em seus rostos. E como a mãe, convencida da inocência infantil de sua prole, os vê perto do açucareiro, pensa que puseram a mão no açúcar, ralha com eles e ameaça surrá-los se voltarem a fazer aquilo. Talvez as crianças se defendam contra a acusação, talvez fiquem quietas. Em todo caso, é pouco provável que confessem o pecado cometido realmente, que consideram bem mais grave. Na hora do lanche, a mãe renova a advertência; uma das crianças, consciente da falta cometida, enrubesce e a mãe conclui que foi

CARTA 15

ela a instigadora da peraltice. E novamente a criança recalcará aquilo que agora ela confessaria de bom grado. Depois de algum tempo — a mãe já perdoou há muito, mas sente um certo prazer em provocar a criança — ela brinca com uma tia e diz algo como: "Esse menino sabe muito bem onde encontrar o açucareiro..." Mais tarde, também a tia fará algumas alusões. Você tem aí uma cadeia de recalques, análoga às que se formam freqüentemente. Mas as crianças não são todas iguais: uma aceita seus erros com facilidade, outra não. Para uma terceira, a idéia de ter cometido um pecado e não ter confessado é quase intolerável. Que lhe resta fazer? Espreme, comprime o erro, rejeita-o para fora do consciente, relega-o para o inconsciente. No começo, está na superfície; mas, insensivelmente, é enterrado cada vez mais profundamente até, finalmente, desaparecer do consciente. A fim de que não pense em retornar, por cima dele são amontoadas recordações "de cobertura"; por exemplo, que a mãe foi injusta, que a criança foi acusada injustamente de gulodice e que ameaçaram bater nela. A partir daí, o processo foi ativado ou, pelo menos, está prestes a ser ativado. Forma-se um complexo, sensível ao mais leve contato; com o tempo, este estado se agrava a ponto de o simples fato de aproximar-se do complexo determinar uma sensação insuportável. Veja como se estrutura o complexo: na superfície estão as recordações "de cobertura": o açúcar, a gulodice, o roubo anódino, a falsa acusação, a ameaça de punição corporal, o silêncio sobre o evento e, com isso tudo, o rubor, mais o açucareiro, a mesa com as cadeiras, a sala de jantar com o papel de parede marrom, os vários móveis, a porcelana, o vestido verde da mãe, a menininha, chamada Gretchen, com sua saia escocesa etc. Por baixo, está o domínio da sexualidade. Segundo as circunstâncias, a partir daqui o trabalho se complica. Mas pode ser que esse trabalho seja levado até extremos absurdos. Veja a palavra "açúcar": faz parte do complexo, portanto deve ser evitada o mais possível. Se ainda por cima houver um sentimento de culpa, talvez em decorrência de qualquer outra ligeira peraltice, o desejo de recalque torna-se cada vez maior. Mas, a partir desse momento, tal desejo acarreta consigo outras noções: "açucarado" ou "doce", eventualmente "branco" ou "em pó". A seguir, a mesma coisa pode ser estendida a outras formas de açúcar, por exemplo, o pão de açúcar; daí, para o pão ou para a cor azul do papel no qual está embrulhado. É possível prolongar essas associações à vontade. E não se engane: não é raro que o inconsciente, com a ajuda das associações, leve seu trabalho de recalque ao infinito. Da fuga diante da doçura do açúcar brota um amargor espiritual ou, pelo contrário, um excesso de sentimentalidade; um escrúpulo exagerado de nunca se apropriar dos bens dos outros fica relacionado com a palavra "peraltice". Ao mesmo tempo, institui-se um prazer infantil no fraudar, um amor farisaico pela eqüidade; as palavras bater, batalha, chicote, chicotear, chicaneiro, membro, lembro, punição, escova, estopa, insinuam-se para dentro do complexo, banidas porém repletas de atração. O erro não punido exige um castigo; após dezenas de anos, o erro ainda exige uma surra. Não se suporta mais o papel de parede

114   O LIVRO dISSO

marrom, os vestidos verdes ou saias escocesas, o nome Gretchen faz
o coração palpitar e assim por diante. E a tudo isso se acrescenta o
prodigioso domínio da sexualidade.

Talvez você esteja pensando que eu exagero ou que estou lhe
contando a vida estranha e inusitada de um histérico. Não, nada disso.
Todos nós carregamos atrás de nós complexos como esses. Penetre
dentro de você mesma, descobrirá mil coisas, aversões inexplicáveis,
comoções psíquicas exageradamente fortes em relação às razões que
as motivam, querelas, preocupações, mau humor, que só se tornam
explicáveis quando se considera o complexo de onde emanam. Seus
olhos se abrirão quando aprender a lançar uma ponte entre o presente e sua infância, quando compreender que somos e continuamos a ser crianças, que recalcamos, que nos recalcamos sempre e o
tempo todo! E exatamente por recalcarmos e nada destruirmos, estamos sempre obrigados a provocar o reaparecimento de certas manifestações que somos forçados a retomar, sem parar. Creia, a repetição
de um desejo é freqüente. E nele se esconde um duende que o obriga
a repetir-se.

É preciso que eu lhe fale mais sobre este impulso para a repetição, mas por enquanto estamos falando do recalque e lhe devo uma
explicação sobre os efeitos do recalque, considerados como fonte
das doenças orgânicas. Na verdade, você não precisaria de meus comentários para perceber que do recalque pode resultar todo tipo de miséria física. O que passo a lhe dizer pertence ao reino da fantasia. Pouco
me importa se você levar as coisas a sério ou rir delas. Para mim, o
problema colocado pela origem dos sofrimentos orgânicos é inso-
lúvel. Sou médico e, por isso, a única coisa que me interessa é que o
ato de desemaranhar o recalque provoca uma melhora no estado do
paciente.

Posso pedir-lhe para preceder meu relato com uma pequena
experiência? Peço que pense em alguma coisa que lhe está interes-
sando. Por exemplo, se deve ou não comprar um novo chapéu. Agora,
tente depressa recalcar a idéia do chapéu. Se você tiver pensado no
chapéu sob um ângulo agradável, como um chapéu que particularmente lhe vai bem, e se tiver pensado na inveja que provocará entre
suas amigas, não lhe será possível reprimir o pensamento do chapéu
sem uma contração dos músculos abdominais. E talvez outros grupos
de músculos se juntarão a esse esforço de repressão; sem dúvida será
a parte superior do ventre que o fará: ela é sempre utilizada para coope-
rar em todo trabalho de tensão, por menor que seja. Disso resultará inevitavelmente uma perturbação em sua circulação sangüínea. E através
do grande simpático, essa perturbação alcançará outros setores do
organismo, começando pelos mais próximos: intestinos, estômago,
fígado, coração, órgãos respiratórios. Por menor que seja essa perturbação, ela existirá. E porque existe, por se estender a todo e qualquer
órgão, logo se tem o início de toda uma série de processos químicos
dos quais nem mesmo o mais douto dos homens nada entende. Apenas
sabe que tais processos acontecem; e sabe disso ainda mais quando
trabalha com psicologia. Agora, imagine que esse fenômeno, aparen-

CARTA 15 115

temente insignificante, se repita umas dez vezes ao longo do dia. Isso já será alguma coisa. Mas se acontecer vinte vezes por hora, você se verá num rebuliço de desordens mecânicas e químicas que não é nada agradável de ver. Reforce a intensidade e a duração dessa tensão. Admita que ela se manifesta durante horas, dias inteiros, intercalada por rápidos intervalos de relaxamento na região abdominal. Você ainda tem dificuldade em imaginar a existência de relações entre o recalque e a doença orgânica?

Creio que você não. deve ter tido muita ocasião de ver ventres humanos nus. Isso já me aconteceu várias vezes. E é possível constatar uma coisa curiosa. Um sulco, uma longa ruga transversal ornamenta a parte superior do abdômen de um grande número de pessoas. Esse risco resulta do recalque. Ou então o que se vê são veias vermelhas. Ou o ventre está inchado ou sabe Deus o que mais. Pense num ser humano assombrado durante anos, décadas, pela angústia de subir ou descer escadas. A escada é um símbolo sexual e há inúmeras pessoas perseguidas pelo terror de cair na escada. Ou pense em alguém que obscuramente imagina o chapéu como símbolo sexual. Pessoas assim se vêem constantemente obrigadas a recalcar, são obrigadas a submeter o tempo todo seus ventres, peitos, rins, corações, cérebros, a certas surpresas, a envenenamentos químicos. Não, minha cara, não acho nada extraordinário que o recalque — ou qualquer outro fenômeno psíquico — provoque problemas orgânicos. Pelo contrário, me surpreendo pelo fato de esses problemas serem relativamente raros. E manifesto minha surpresa, minha respeitosa surpresa, diante do Isso e de sua capacidade de se livrar de tudo aquilo que lhe acontece.

Pense no olho. Quando ele vê, transforma-se no teatro de toda uma série de processos diversos. Mas quando proíbem que veja e quando mesmo assim ele vê, não se atreve a transmitir suas impressões ao cérebro. Neste caso, o que pode acontecer com ele? Se for obrigado mil vezes ao dia a omitir o que percebe, não é admissível que acabe por se cansar e diga: "Vou tornar as coisas mais cômodas: se não posso ver, ficarei míope, alongarei meu eixo. E se isso não bastar, provocarei um derramento de sangue na retina e ficarei cego". Sabemos tão pouco a respeito dos olhos! Me deixe o prazer de usar minha imaginação!

Você se viu nisso que escrevi? Você sabe, é preciso ler com indulgência, sem espírito crítico. Longe disso, você deveria instalar-se comodamente e construir você também umas dez, mais, milhares dessas fantasmagorias. Dei só um exemplo, uma invenção minha. Não se preocupe nem com a forma, nem com a idéia. O que me interessa é conseguir de você que você consinta em pôr a razão de lado e sonhar.

Se falei sobre a origem da doença, me parece necessário falar alguma coisa sobre o tratamento. Quando, há anos, consegui superar meu orgulho e tomar a iniciativa de escrever a Freud, ele me respondeu mais ou menos nos seguintes termos: "Se você tiver compreendido o mecanismo da transferência e da resistência, pode sem receio dedicar-se ao tratamento de doentes através da psicanálise". Transferên-

116 O LIVRO dISSO

cia e resistência, são esses os dois pontos de apoio do tratamento. Creio que já expliquei o suficiente o que entendo por transferência. O médico, até certo ponto, pode provocá-la; em todo caso, e pelo menos, ele pode e deve procurar conseguir a transferência e orientá-la quando ela se dá. Mas o essencial, a própria transferência, é, no paciente, um fenômeno de reação; em seu aspecto principal, é algo fora da esfera da influência do médico. Assim, definitivamente, o trabalho mais importante do tratamento consiste em pôr de lado a transferência e superá-la. Freud comparou o consciente do ser humano a um salão onde todo tipo de pessoa é recebido. Na antecâmara, diante da porta fechada do inconsciente onde se aglomera uma massa de entidades psíquicas, está um guardião que só deixa penetrar no consciente aquilo que pode apresentar-se dignamente num salão. Se nos remetermos a esse princípio, as resistências podem ter três fontes diferentes: o salão — do consciente — que não permite a entrada de certas coisas; o guardião, espécie de intermediário entre o consciente e o inconsciente, e que depende em grande parte do consciente mas sem deixar de ter uma vontade própria e que, de vez em quando, recusa obstinadamente o acesso ao salão, embora o consciente tenha dado permissão. E finalmente, o próprio inconsciente, que não tem vontade de perder tempo no ambiente correto e tedioso do salão. Assim, para o tratamento será necessário levar em conta essas três instâncias das possibilidades de resistência. E para cada uma das três, estar preparado para chocar-se com inúmeros caprichos singulares e ter todo tipo de surpresa. Mas como, em minha opinião, o consciente e o porteiro são apenas, sem dúvida, instrumentos sem vontade própria, esta discriminação tem um valor apenas relativo.

Quando lhe contei a história de D., eu lhe descrevi várias formas de resistência. Na realidade, essas formas existem em milhares de exemplares. Elas não nos trazem nenhum ensinamento, e por mais que eu seja partidário da dúvida não deixo de estar firmemente convencido que um médico nunca deve perder de vista o fato de que o doente pode estar em estado de resistência. A resistência dissimula-se atrás das formas e expressões da vida, sejam quais forem: qualquer palavra, qualquer atitude pode esconder ou trair a presença da resistência.

Como vencer a resistência? Difícil dizer, minha cara. Creio que, no caso, o essencial consiste em começar por você mesma. Primeiro é preciso dar uma olhada nos cantos e recantos, nos porões, nas reservas de seu eu, encontrar a coragem necessária para se suportar, suportar a própria infelicidade, ou melhor, sua própria humanidade. Todo aquele que não souber que espreitou assim por trás de cada moita, cada porta, aquele que for incapaz de falar do monte de porcaria oculto atrás dessas portas e moitas e for menos ainda capaz de se lembrar da quantidade de sujeira que ele mesmo pôs ali, esse não irá longe. É observando a si mesmo que se aprende a conhecer melhor as resistências. E é a si que a gente aprende a conhecer ao analisar os outros. Nós, médicos, somos uns privilegiados e não conheço outra profissão que pudesse me atrair mais.

CARTA 15

Além disso, creio que precisamos de duas outras virtudes: a atenção e a paciência. Sobretudo paciência, mais paciência, cada vez mais paciência. Mas isso também se aprende.

Portanto, é indispensável analisar a si mesmo. Não é fácil, mas isso nos revela nossas resistências pessoais e logo nos deparamos com fenômenos que desvendam a existência de resistências particulares a uma classe, um povo, até mesmo a toda a humanidade. Resistências comuns à maioria dos humanos, senão a todos. Foi assim que hoje se impôs a mim uma forma que eu já havia observado: sentimos uma certa repugnância pelo uso de certas expressões infantis, expressões comuns em nós durante a infância. Em nossas relações com as crianças e — de modo bem curioso — com a pessoa que amamos, nós as empregamos sem segundas intenções; falamos em "fazer um xixizinho", "um traque", "pinto", "xoxota". Mas .em companhia de adultos preferimos nos comportar como adultos, renegamos nossa natureza infantil e então "mijar", "cagar", "boceta" nos parecem mais normais. Estamos bancando os importantes, é só isso.

Terei de falar alguma coisa sobre o tratamento. Infelizmente, sou bem pouco instruído nesse assunto. Tenho a vaga idéia de que a ação de libertar do recalque o que está recalcado tem uma certa importância. Mas duvido que o mecanismo da cura esteja aí. Talvez em virtude do fato de que algo que estava recalcado consegue chegar ao salão do consciente se produza no inconsciente um certo movimento e esse movimento provoque uma melhora ou um agravamento no estado do paciente. Neste caso, não será nem necessário que o que havia sido recalcado e serviu de pretexto para a doença venha à luz do dia. Isso poderia ficar no inconsciente sem inconvenientes contanto que houvesse ali lugar para ele. Segundo o que sei dessas coisas — e é bem pouco, já disse — parece que freqüentemente basta obrigar o guardião a anunciar um nome qualquer na sala do inconsciente; por exemplo, Wüllner. Se entre os que estiverem perto da porta não houver ninguém com esse nome, o nome é posto a circular e se ele não chegar até aquele que assim se chama talvez haja um Müller que, intencionalmente ou não, entenderá mal o nome, abrirá passagem e entrará no consciente.

Esta carta já está longa e esta conversa fiada parece não ter fim. Até logo, minha cara, é hora de dormir.

Seu, muito cansado,

Troll

Carta 16

Tudo isto parece um pouco confuso? Para mim também. Não há nada a fazer: o Isso está em constante movimento e não nos dá um momento de trégua. Está sempre em efervescência, aflui, reflui e rejeita para a superfície ora este pedaço de nosso mundo, ora aquele. Como ia lhe escrever, tentei elucidar aquilo que estava acontecendo comigo. Não consegui ir além das coisas mais simples.

O que consegui encontrar foi o seguinte. Com a mão direita, estou segurando minha caneta; com a esquerda, estou brincando com a corrente de meu relógio. Estou olhando para a parede da frente, para uma gravura de um quadro de Rembrandt intitulado *A Circuncisão de Jesus*. Meus pés estão no chão, mas o pé direito está marcando, com o calcanhar, o compasso de uma marcha militar que a orquestra do cassino está executando lá embaixo. Simultaneamente, percebo o grito de uma coruja, a buzina de um automóvel e os ruídos do bonde elétrico. Não sinto nenhum cheiro em particular, mas minha narina direita está ligeiramente tampada. Estou sentindo coceira na região da tíbia direita e tenho consciência de ter à direita de meu lábio superior uma pequena mancha redonda e vermelha. Meu humor está hoje instável e a extremidade de meus dedos, fria.

Permita, minha amiga, que eu comece pelo fim. A extremidade de meus dedos está fria, o que me incomoda ao escrever e, por conseguinte significa: "Preste atenção, você vai escrever bobagem. . ." A mesma coisa serve para a inquietação. Meu Isso é de opinião que eu deveria estar fazendo outra coisa e não escrevendo. De que se trata, ainda não sei. No momento, acho que a contração dos vasos da extremidade dos dedos e o estado de inquietação significam o seguinte: "Você não vai conseguir colocar na carta aquilo que quer que ela

120 O LIVRO dISSO

entenda. Seria melhor que você a preparasse para o que vai dizer, com mais método". Mesmo, assim, começo a escrever.

Estou brincando com a corrente do relógio: você está rindo disso, aposto. Você conhece esta mania, a respeito da qual já brincou comigo mais de uma vez. Mas sem dúvida não sabe o que significa. É um símbolo de onanismo, comparável ao do anel de que já falei. Mas a corrente tem particularidades próprias. O anel é um símbolo feminino e o relógio, como todas as máquinas, também. Em meu espírito, o que está em jogo não é a corrente; ela simboliza, antes, algo que precede o ato sexual propriamente dito, anterior ao jogo do relógio. Minha mão esquerda diz que sinto mais prazer com as preliminares, os beijos, as carícias, o ato de despir, os jogos preliminares, o sentimento de desejo secretamente excitante, em suma, com tudo aquilo de que o adolescente gosta, do que com a penetração em si. Você sabe, faz tempo, até que ponto continuo a ser um adolescente, sobretudo do lado esquerdo, do lado do amor, o lado do coração. Tudo o que está à esquerda pertence ao amor; é a parte maldita, proibida pelos adultos; não está à direita, não estamos "em nosso direito". Você tem aqui uma nova explicação da inquietação que me atormenta, do frio que gela a extremidade de meus dedos. A mão direita, a mão do trabalho, da autoridade, o que está "no rumo certo, na via reta, direita", daquilo que é bem, interrompeu-se no ato de escrever e ameaça a mão esquerda, esta mão infantil, sempre pronta para brincar; da esquerda e da direita provém uma espécie de instabilidade, de angústia que mobiliza os centros nervosos da circulação sangüínea e meus dedos estão frios.

"Ora vamos", sussurra a voz do Isso para a mão direita recalcitrante. "Deixe essa criança de lado, veja como ele brinca com a corrente e não com o relógio." Com isto, a voz quer dar a entender que o relógio significa o coração, como na Balada de Lowe. Esta voz considera que é errado brincar com o coração. Apesar do conforto que ela me traz, não me sinto à vontade: o Isso da mão direita logo me faz saber o quanto os atos da mão esquerda são censuráveis.

"Basta que ela se movimente um pouco mais rápido para arrancar o relógio e haverá mais um coração partido."

Uma série de recordações me atravessam o espírito na forma de nomes de moças: Anna, Marianne, Liese etc. Por um momento pensei que brincando assim estava partindo o coração delas. Mas logo me acalmo. Desde que consegui penetrar na alma das mocinhas sei que essa brincadeira encanta e só se transforma para elas em tortura quando se leva a aventura a sério: eu estava com a consciência pesada e elas sabiam disso. Pelo fato de o homem colocar como um princípio que a mulher deve sentir vergonha, ela realmente sente vergonha. Não que ela tenha feito algo de errado, mas porque é exigido dela uma pureza moral que ela não tem, graças a Deus. Nada fere mais profundamente o ser humano do que atribuir-lhe uma nobreza que ele não tem.

A despeito deste arrazoado em meu favor, não voltei a escrever e tento ver claramente as coisas. E surgem lembranças, se quiser cha-

CARTA 16 121

má-las assim. Várias pessoas atacadas pelo mal do escritor que vieram se tratar comigo, e que nada sabem umas das outras, várias vezes me deram do mal do escritor a seguinte explicação: "A caneta representa as partes sexuais do homem; o papel, a mulher que concebe; a tinta, é o sêmen que escapa num rápido movimento de vaivém da caneta. Em outras palavras, escrever é um ato sexual simbólico. Mas ao mesmo tempo é o símbolo da masturbação, do ato sexual imaginário". A pertinência dessa explicação está para mim no fato de que o mal do escritor desaparecia de cada um desses pacientes tão logo eles descobriam essas relações. Posso acrescentar mais algumas associações interessantes? Para o doente com o mal do escritor, a escrita dita gótica é mais difícil que a latina, porque o movimento de vaivém é mais acentuado, mais intenso, mais incisivo. A caneta pesada é mais agradável de utilizar que a mais leve, que de algum modo representaria o dedo ou um pênis pouco satisfatório. O lápis tem a vantagem de suprimir a perda simbólica do sêmen; a vantagem da máquina de escrever é que nela o erotismo está limitado ao teclado, ao movimento de vaivém das batidas e que a mão não tem contato direto com o pênis. Tudo isso corresponde aos fenômenos do mal do escritor, que leva da utilização da caneta comum à máquina de escrever passando pelo lápis e pela escrita latina para chegar finalmente ao ditado.

Ainda não se fez menção do papel do tinteiro, a respeito do qual os curiosos sintomas dessa doença também nos dão algumas informações. O tinteiro, com sua abertura que dá para profundas trevas, é um símbolo materno, representando a matriz da parturiente. E surge novamente o complexo de Édipo, a proibição do incesto. Mas a vida se manifesta: os caracteres, esses diabinhos pretos, se empurram para fora do tinteiro, esse ventre do inferno, e nos informam sobre a existência de íntimas relações entre a idéia da mãe e o império do Mal. Você não pode imaginar, minha amiga, que pulos extraordinários o Isso pode dar quando se mostra caprichoso, nem como, afinal, ele enfeitiça o infeliz cérebro do médico a ponto de lhe fazer crer seriamente num íntimo parentesco entre o tinteiro, o ventre da mãe e o inferno.

Esta história tem uma seqüência. Da caneta escorre a tinta que fecunda o papel. Uma vez coberto de caracteres, eu o dobro, o coloco num envelope e ponho no correio. Você abre a carta com um sorriso cordial, pelo menos espero que sim, e percebe, empinando o pescoço, que nesse processo descrevi a gravidez e o nascimento. Depois disso, você pensa nas pessoas muitas vezes acusadas de sentirem preguiça de escrever e compreende por que isso lhes é tão penoso. Todas essas · pessoas têm uma concepção inconsciente desse simbolismo e todas têm medo do parto, medo da criança. E, para terminar, você se lembra de nosso amigo Rallot, que levava suas cartas dez vezes ao correio e as levava embora o mesmo número de vezes antes de se decidir a mandá-las de fato; e de repente você compreende como foi que eu consegui, em meia hora de conversa, libertá-lo desse sintoma de sua doença, mas não da própria doença. A ciência é algo muito bonito e praticando-a você fica igual a Deus, conhecendo o bem e o mal...

122   O LIVRO dISSO

Se não temesse cansá-la, faria agora uma incursão no terreno da grafologia e lhe mostraria algumas coisas curiosas a respeito das letras (do alfabeto!). Aliás, não prometo que não voltarei ao assunto. Hoje, queria apenas pedir-lhe que se lembrasse de que, em nossa infância, durante horas ficamos traçando *a*s, *o*s, *u*s e que, para agüentar isso, éramos obrigados a pôr ou ver nesses signos todo tipo de figura ou símbolo. Tente voltar a ser criança, talvez ressurgirá em você uma série de idéias sobre o nascimento da escrita. E se colocará também a questão de saber se você é mais ignorante que nossos eruditos. Só com a ciência ninguém conseguirá igualar-se ao Isso, e – mas é verdade que não tenho uma opinião muito boa sobre a ciência!

Lembro-me de algumas aventuras relacionadas com o complexo de auto-satisfação. Um dia briguei com uma de minhas amigas – você não sabe quem é, mas posso garantir que não faz parte do grupo dos imbecis – porque ela teimava em não acreditar que as doenças fossem criações do Isso, criações desejadas e provocadas pelo Isso. "O nervosismo, a histeria, pode ser. Mas as doenças orgânicas. . .!" "As doenças orgânicas também", eu insistia. Depois, no momento em que me preparava para regalá-la com meu discurso predileto para explicar-lhe que a diferença entre "nervoso" e "orgânico" não passava de uma auto-acusação da parte dos médicos e que com isso o que eles queriam dizer era: "Não conhecemos muito bem os processos químicos, fisiológicos, biológicos dos estados nervosos. Sabemos apenas que existem e que resistem a todas nossas pesquisas. Por isso, usamos a expressão 'estados nervosos' para deixar que o público entreveja nossa ignorância, a fim de afastar de nós essa prova desagradável de nossa incapacidade".

No momento em que eu ia lhe dizer isso, ela perguntou: – Os acidentes também? – Sim, os acidentes também. – Gostaria de saber então quais eram os objetivos de meu Isso quando me fez quebrar o braço direito! – Você se lembra como aconteceu o acidente? – Claro. Eu estava em Berlim, na Leipzigstrasse. Queria entrar numa loja de produtos das colônias, escorreguei e quebrei o braço. – Você se lembra do que viu naquele momento? – Lembro, havia na loja uma corbelha de aspargos.

De repente, minha adversária ficou pensativa. "– Talvez você tenha razão." E me contou uma história com que não irei aborrecê-la, mas que girava ao redor das semelhanças entre os aspargos e um pênis e um voto da acidentada. A fratura do braço foi uma tentativa bem-sucedida de socorrer uma moralidade hesitante. Com um braço quebrado, as pessoas perdem certas vontades.

Um outro incidente parecia inicialmente afastar-se bastante do complexo do onanismo. Uma mulher escorrega na calçada gelada e quebra o braço direito. Afirma que pouco antes da queda teve uma visão. Teria percebido a silhueta de uma mulher vestida com roupas de passeio com as quais já a vira. Sob o chapéu, no lugar do rosto, uma cara de morto. Não foi difícil descobrir que esta visão continha um desejo. Esta mulher havia sido sua amiga mais íntima, mas a amizade havia se transformado em ódio que, no momento do acidente,

CARTA 16   123

estava sendo alimentado. A hipótese de uma autopunição foi confirmada tanto mais quanto a paciente me contou ter tido uma visão semelhante. Tratava-se de outra mulher que morria no exato momento em que ela tinha a visão. A fratura do braço parecia assim suficientemente motivada, mesmo para um revirador de almas como eu. Mas o desenvolvimento da análise me mostrou um pretexto melhor. A fratura do braço curou-se normalmente. No entanto, três anos depois manifestaram-se, a intervalos regulares, certas dores que em parte se justificavam com mudanças do clima ou excesso de trabalho. Aos poucos surgiu a presença de um complexo de masturbação 'bem acentuado, em cujo terreno vieram se· alojar fantasmas de morte. Esse complexo tinha sido tão odioso à paciente que ela preferiu antecipar suas visões macabras e com isso conseguir liberar-se de seus impulsos de auto-satisfação sem que o onanismo se tornasse assim consciente.

Foi assim que cheguei a uma constatação curiosa. Na corrente de meu relógio está pendurado também um pequeno crânio, presente de uma querida amiga. Muitas vezes acreditei ter-me livrado do complexo de onanismo e ter com isso resolvido a questão, pelo menos no que me dizia respeito pessoalmente. Mas este pequeno incidente, quer dizer, o fato de ter brincado com a corrente haver me impedido de escrever, demonstra que o complexo continua presente dentro de mim. O onanismo é punido com a morte. Isso deriva da origem da palavra, embora ela se origine de um processo bem diferente e só seja notado em razão da morte súbita a ela relacionada. O crânio da corrente me advertiu, me repete com insistência as inúmeras exortações dos tolos para os quais se entregar a esse impulso só pode resultar mesmo em doença, loucura ou morte. O medo do onanismo está profundamente gravado na alma humana, porque antes mesmo de a criança tomar consciência do mundo, antes mesmo que ela possa estabelecer uma diferença entre o homem e a mulher, antes de perceber as distâncias, quando ainda estende os braços na direção da lua e considera seus próprios excrementos como se fossem um brinquedo, a mão da mãe vem interromper a brincadeira com as partes sexuais.

No entanto, existe uma outra relação entre a morte e a volúpia. É mais importante que o medo e exprime inoportunamente a singularidade simbólica do Isso.

Para o ser humano inofensivo, ainda não enfraquecido pelo pensamento, a morte surge como fuga da alma para fora do corpo, como renúncia ao eu, uma partida deste mundo. Pois bem, essa morte, essa fuga para fora do· mundo, essa renúncia ao eu intervém igualmente em outros momentos da existência: nos instantes de volúpia quando, no êxtase do gozo, o homem perde consciência do mundo exterior e, na expressão popular, "morre no outro". Isso significa que a morte e o amor têm uma estreita semelhança. Você sabe que os gregos dotaram Eros com as mesmas insígnias da morte, colocando na mão de um a tocha erguida, ereta, viva, e na mão da outra a tocha caída, inerte, morta; signo cuja similitude simbólica, cuja igualdade com o Isso eles conheciam. Nós também conhecemos essa igualdade. Também para nós a ereção é a vida; a liberação do sêmen gerador da vida é a paz

124 O LIVRO dISSO

e a flacidez é a morte. E segundo a direção de nossos sentimentos relacionados com a idéia da morte na mulher, produz-se em nós a crença numa ascensão ao reino dos bem-aventurados ou numa descida aos abismos do inferno, pois céu e inferno derivam da morte do homem no ato sexual, da emergência de sua alma na matriz da mulher, seja com a esperança de uma ressurreição na forma de uma criança ao final de três vezes três meses, seja com a angústia de ser vítima do inextinguível fogo do desejo.

Amor e morte são uma única coisa, sem dúvida. Mas ignoro se algum ser humano já atingiu essa morte real em que o homem se funde com a mulher e a mulher com o homem. Acho isso quase impossível nas camadas de civilização das quais fazemos parte; em todo caso, são experiências tão raras que nada posso dizer a respeito. Talvez as pessoas dotadas de uma imaginação que lhes permita imaginar o fenômeno dessa morte no ato sexual estejam mais bem preparadas para esse aniquilamento simbólico. E como de fato há casos de morte no momento do gozo supremo, temos o direito de concluir que no decorrer desses incidentes a simbólica "morte de amor" foi de fato "vivida". A atração apaixonada exercida por esse "fim", que se expressa na música, na poesia, em certas construções frásticas, é algo geralmente bastante difundido e fornece pontos de referência para o reencontro dos fios que unem a morte ao amor, o túmulo ao berço, a mãe ao filho, a crucifixão à ressurreição.

Os que chegaram a tocar nessa morte simbólica são sem dúvida aqueles pacientes atacados de convulsões histéricas. A crer nas aparências, essas convulsões são uma espécie de delírio onanista.

Mas fui longe demais outra vez. Esperemos que você saberá encontrar seus próprios caminhos nesta carta e que terá a paciência de me autorizar a retomar o fio de meu discurso na próxima vez. Acho importante para você aprender a conhecer tudo que deixo subentendido na hesitação que sinto ao escrever-lhe.

Seu, de coração

Patrik Troll

Carta 17

Minha amiga, não me surpreende que você não concorde com minhas opiniões. Já lhe pedi para ler minhas cartas como se fossem anotações de viagem. Mas eu não podia pensar que você atribuiria a estas descrições mais importância que às daquele famoso inglês que, duas horas depois de ter desembarcado em Calais, afirmava que todos os franceses eram ruivos e cheios de pintas como o garçom que o estava servindo.

Você ri pelo fato de eu atribuir ao Isso a intenção e o poder de provocar um tombo e a fratura de um membro. Cheguei a essa suposição — não é mais do que isso — porque ela se apresenta como base de trabalho. Para mim, há dois tipos de pontos de vista: os que a gente tem por prazer, digamos que são nossas opiniões supérfluas; e os que a gente usa como instrumentos, hipóteses de trabalho. Para mim, é secundário que essas hipóteses sejam falsas ou verdadeiras. A respeito disso, fico com a resposta de Cristo a uma pergunta de Pôncio Pilatos, tal como a anotou um Evangelho apócrifo. "O que é a verdade?", perguntou Pilatos, e Cristo teria respondido: "A verdade não está nem no céu, nem na terra, e tampouco entre o céu e a terra".

Ao longo de meus estudos sobre a alma, de vez em quando aconteceu de eu lidar com as vertigens e fui forçado, quase poderia dizer que contra minha vontade, a concluir que toda vertigem é uma advertência do Isso. "Preste atenção, você vai cair!" Antes de verificar essa assertiva, não se esqueça que há dois tipos de tombos: o tombo real de um corpo e o tombo moral, cuja essência está no relato do Pecado Original, a queda. O Isso parece não ter condições de distinguir nitidamente entre os dois tipos de quedas. Ou melhor — prefiro assim — cada um dos dois tipos faz com que ele pense de imediato no

126 O LIVRO dISSO

outro. A vertigem equivale assim, sempre, a uma advertência nos dois sentidos; é utilizada em seu sentido real e em sua transferência simbólica. E se o Isso acha que uma simples vertigem, um passo em falso, uma entorse ou um encontrão num poste, pisar num pedregulho pontudo, uma dor no pé, não é advertência bastante, ele jogará o ser humano no chão, abrirá um buraco em seu crânio espesso, lhe ferirá o olho ou lhe fraturará o membro com o qual a pessoa está prestes a pecar. Talvez lhe arranje também uma doença, a gota, por exemplo. Voltarei a falar sobre isso.

De início, quero observar que não sou eu quem acha um pecado ter um pensamento de morte, ou a vontade de cometer adultério, de sonhar com roubar, de ter fantasmas onanistas: é o Isso quem pensa assim. Não sou nem padre nem juiz, sou médico. O bem e o mal não são de minha alçada; meu trabalho não é julgar, me limito a constatar que o Isso ou esta ou aquela pessoa acha que isto ou aquilo é um pecado, e julga as coisas assim. Quanto a mim, me esforço por colocar em prática o mandamento que diz "Não julgará para não te julgarem". Vou tão longe nesta ordem de idéias que tento não me julgar a mim mesmo, aconselhando meus pacientes a fazer o mesmo. Isso pode parecer edificante ou frívolo, conforme for interpretado num sentido ou outro. No fundo, trata-se apenas de um estratagema de médico. Não tenho medo dos resultados. Quando digo às pessoas, e o faço bastante: "É preciso que você chegue ao ponto de não hesitar em poder se agachar um dia, numa rua, desabotoar a calça e fazer suas necessidades", insisto na palavra *poder*. A polícia, os hábitos e o medo inculcado há séculos cuidarão para que meu paciente nunca "possa" fazer isso. A respeito disso, estou tranqüilo, embora você muitas vezes me chame de demônio e de "corruptor dos costumes". Em outras palavras, seja qual for o trabalho que nos dermos para não julgar, nunca conseguiremos evitá-lo. O homem sempre emitirá juízos, isso faz tanto parte dele quanto seus olhos ou seu nariz. Mais exatamente, é por ele ter olhos e nariz que ele sempre dirá: "Isto não está bem..." Isso lhe é necessário porque ele não pode deixar de adorar a si mesmo; o mais modesto, o mais humilde adora a si mesmo. Até Cristo na cruz, quando disse: "Meu pai meu pai, por que me abandonou?" e ainda "Tudo está consumado". Ser um fariseu, dizer o tempo todo: "Rendo graças, Senhor, de não ser como aquele ali..." é uma coisa profundamente humana. Mas também é humano dizer "Meu Deus, seja indulgente comigo, pobre pecador". O ser humano, como todas as coisas, tem duas caras. Ora mostra uma, ora a outra; nem por isso as duas deixam de estar presentes o tempo todo. Como o homem se vê obrigado a acreditar no livre-arbítrio, não pode impedir-se de descobrir erros em si, nos outros, em Deus.

Vou lhe contar uma história na qual você não vai acreditar. Mas me divirto com ela. E como ela contém muitas coisas de que ainda não lhe falei, ou falei pouco, você terá de ouvi-la.

Há alguns anos, uma mulher veio se tratar comigo: tinha uma inflamação crônica nas articulações. O primeiro sinal daquela doença aparecera dezoito anos antes. Naquela época — em plena puberdade —

CARTA 17

tinha dores na perna direita, que inchava. Quando chegou em meu consultório, praticamente não podia se servir de seus cotovelos, dos pulsos e dos dedos, a ponto que era preciso lhe dar de comer. Suas coxas mal se afastavam uma da outra, as duas pernas estavam completamente duras, ela era incapaz de virar ou abaixar a cabeça e tinha as mandíbulas tão fechadas que não era possível passar o dedo entre elas. Além disso, não conseguia levantar o braço acima do ombro. Em suma, como ela mesma dizia com um certo humor negro: se o imperador passasse por ali, ela não conseguiria gritar "viva!", levantando a mão, como tinha feito quando criança. Havia ficado de cama por dois anos, as pessoas tinham de alimentá-la como um bebê. Estava num estado deplorável. E se o diagnóstico de tuberculose articular, segundo o qual a tinham tratado durante anos, não se justificava, a gente se via obrigado a falar numa grave artrite deformante. A paciente voltou a andar, come sozinha, cuida do jardim, sobe escadas, dobra as pernas sem dificuldade, vira e abaixa a cabeça à vontade, pode afastar uma perna da outra quanto quiser, e se o imperador passasse poderia gritar viva! Em outras palavras, está curada, se é possível chamar de cura uma liberdade total de movimentos. No entanto, ficou uma coisa curiosa: enquanto anda, ela tem um jeito estranho de fazer o traseiro empinar-se para trás, o que dá a impressão de que ela está convidando as pessoas a lhe darem pontapés. Suportou todas aquelas torturas apenas porque o pai dela se chamava Frederico Guilherme e porque lhe haviam dito na infância, por zombaria, que ela não era filha de sua mãe e tinha sido achada no meio do mato.

Isto me leva a falar daquilo que meus colegas estudiosos de Freud chamam de "romance familiar". Você sem dúvida se lembra desse período de sua infância em que, por brincadeira ou por sonho, você fazia de conta que tinha sido roubada de seus pais, de alta classe social, por ciganos, fazendo de conta também que os pais com quem você vivia eram apenas adotivos. Não há criança que não tenha tido idéias assim. Trata-se, no fundo, de desejos recalcados. Enquanto a criança, quase como uma boneca, reina na casa, ela se mostra satisfeita com os pais. Mas quando a educação, com seu cortejo de exigências justificadas e injustificadas, vem perturbar nossos estimados hábitos, começamos a achar que nossos pais não são dignos de possuir uma criança tão excepcional como nós. Nós os degradamos − porque, apesar de ainda fazermos nossas necessidades nas calças e apesar de nossas outras fraquezas, mantemos a ilusão de que conservamos nossa importância − ao nível de pais desnaturados, burros, bruxos, enquanto nos consideramos como príncipes maltratados. É o que podemos observar − lhe será fácil perceber por conta própria − nos contos de fada e lendas ou, se lhe parecer mais fácil, você encontrará a mesma coisa nos livros inteligentes da escola de Freud. Você descobrirá neles, ao mesmo tempo, que no começo todos nós consideramos nosso pai como o ser mais forte, o melhor, o mais inteligente, mas que, à medida que envelhecemos, percebemos que ele se curva humildemente diante de certas pessoas ou certos eventos e que de modo

128   O LIVRO dISSO

algum ele é o senhor absoluto que pensávamos que fosse. No entanto, por insistirmos em acreditar que somos filhos reais de grandes personagens — pois o respeito e o orgulho são sentimentos a que nos é impossível renunciar — inventamos para nós uma vida imaginária na qual o rapto e a substituição nos devolvem nossa dignidade. E não nos esqueçamos de mencionar, além disso, sob o pretexto de que o rei não parece ocupar uma posição suficientemente alta, e também a fim de satisfazer nossa insaciável paixão pela grandeza, que decretamos que somos filhos de Deus e criamos a idéia de Deus Pai.

É um romance familiar desse tipo no qual sem saber estava envolvida a paciente cuja história lhe contei. Para conseguir seus objetivos o Isso dela havia usado dois nomes: o do pai, Frederico Guilherme, e o dela mesma, Augusta. Para completar sua obra, o Isso recorreu à teoria infantil segundo a qual a menina é o resultado da castração do menino. O encadeamento dessas idéias deu mais ou menos o seguinte: "Descendo de Frederico Guilherme — à época Príncipe Coroado, mais tarde imperador com o nome de Frederico — na verdade sou um menino e herdeiro do trono, portanto agora sou legitimamente um imperador sob o nome de Guilherme. Fui raptado logo após o nascimento e substituído em meu berço por uma criança-bruxa que, uma vez adulta, apoderou-se ilegitimamente da coroa que me cabia por direito sob o nome de Guilherme II. Quanto a mim, me abandonaram no mato e para me tirar qualquer esperança fizeram de mim uma menina através da ablação dos órgãos sexuais. Como único sinal de minha dignidade, deram-me o nome de Augusta, a Sublime".

É difícil situar o começo desses fantasmas inconscientes. Apareceram no máximo por volta de 1888, numa época em que a paciente ainda não completara quatro anos. É que a idéia de descender da família dos Hohenzollern repousa no nome de Frederico Guilherme que o pai fantasmagórico só usou enquanto Príncipe Coroado. As conversas sobre o câncer* de que ele sofria só podia incitar aquela criança de quatro anos a ligar o nome da doença à idéia de pinças cortantes do animal do mesmo nome, portanto à idéia da castração, e tiveram seu peso na situação. Tudo aquilo lembrava à menininha suas próprias experiências quando lhe cortavam o cabelo e as unhas, cujas relações com o complexo de castração eram particularmente reforçadas pelas imagens vistas em *Struwwelpeter**, que liam para ela; não é nesse livro eterno que contam a história de Konrad-Chupa-

---

* Em alemão, *Krebs* significa também caranguejo ou lagostim.

** *Struwwelpeter* é um famoso livro infantil ilustrado que fez as delícias e o horror de gerações de alemães cujos heróis são meninos de mau comportamento que recusam lavar-se, comer, cortar unhas e cabelos e que por isso recebem terríveis castigos: o que não come definha e morre, o que chupa os dedos tem todos os dedos cortados com enorme tesoura etc.

CARTA 17   129

-Dedo, história que desperta a saudade do peito materno e as dolorosas
reminiscências do desmame, esta inevitável castração da mãe?
Digo tudo isto de modo bem resumido para que você pense na
coisa toda, você mesma. Somente através de suas próprias reflexões
é que você entenderá como, numa criança de três ou quatro anos,
o terreno pode ser propício à criação de fantasmas tão terríveis e
efetivos quanto os de minha paciente. Preste atenção: o Isso desse
ser humano está convencido ou, melhor, quer se convencer, que é o
Isso de um legítimo imperador. Quando se usa coroa, não se olha
nem à esquerda nem à direita, julga-se tudo sem piscar, não se curva
a cabeça diante de poder algum na terra. "Portanto, ordena o Isso
à seiva e às forças da pessoa por ele enfeitiçada, me fixe esta cabeça,
endureça a coluna vertebral. Feche a mandíbula para que não possa
gritar viva! Esse aí já gritou isso uma vez, já aclamou e saudou o usur-
pador, a criança-bruxa que tomou seu lugar. Paralise os ombros para
que nunca mais possa levantar o braço e acenar para o imperador.
Que suas pernas se endureçam, pois ele nunca deverá se ajoelhar diante
de ninguém. Feche-lhe as pernas uma contra a outra para que nenhum
homem nunca possa vir a se deitar entre elas. Esse plano diabólico seria
bem-sucedido se esse corpo, outrora masculino e que um ódio irra-
cional e um infame ciúme transformaram em corpo feminino, viesse
a conceber uma criança. Seria o fracasso supremo, o fim de todas as
esperanças. Revire seu corpo, para que ninguém possa encontrar o
orifício de entrada; evite o arredondamento de seu ventre, obrigue-o
a caminhar e a manter os rins projetados para trás. Não há razão alguma
para não acreditar que os signos de virilidade, que lhe foram tão ardilosamente retirados, voltem a crescer, que esse imperador não possa
voltar a ser homem. Mostre a esse castrado, ó seivas e forças, que é
possível endurecer membros inertes, ensinem-lhe a noção de ereção,
da dureza, impedindo as pernas de se dobrarem, relaxarem, ensinem-lhe
através de símbolos que ele é um homem."
Posso ouvi-la, minha estimada amiga, exclamando involunta-
riamente: "Que monte de asneiras!" Você sem dúvida acredita que
o que acabo de escrever são apenas divagações de um louco que padece
de megalomania. Nada disso. A paciente em questão é tão sadia de
espírito quanto você; o que lhe acabo de contar representa uma parte
das idéias — não todas, nem de longe — através das quais um Isso pode
provocar o aparecimento de uma gota, paralisar um membro humano.
No entanto, se minhas observações à levarem a meditar sobre a origem
das doenças mentais, você perceberá que o alienado, quando considerado sem preconceitos, não é de modo algum tão louco quanto
poderia parecer à primeira vista, que suas idéias fixas também são as
nossas, as que não podemos deixar de ter porque é sobre elas que a
humanidade se constrói. Mas por que o Isso faz dessas idéias, em uns, a
religião de Deus Pai; em outros, a gota, em terceiros, a loucura? Por
que, em outros ainda, provoca a construção de impérios, cetros e
coroas; entre as noivas, a guirlanda da noiva; em nós, os esforços para
"vencer", a ambição e o heroísmo? Essas são algumas das questões
que poderiam ocupá-la em suas horas de tédio. . .

130   O LIVRO dISSO

Não vá pensar que tirei esse "conto real" de uma só vez e inteirinho da alma de minha paciente. Ele estava ali fragmentado em mil pedaços, dissimulados nos dedos, nas entranhas, no abdômen dela. Reunimos e costuramos esses pedaços nós dois, em comum. Às vezes intencionalmente, mais freqüentemente por ignorância, deixamos de lado ou omitimos muitas coisas. Enfim, devo confessar que deixei de lado tudo que era obscuro — e é isso o essencial. É que — mas esqueça rapidamente o que vou lhe dizer — tudo o que pensamos saber sobre o Isso tem um valor apenas relativo, só é algo de certo no exato momento em que o Isso o exprime através de palavras, do comportamento, de símbolos. Um momento depois, a verdade já virou fumaça e não se deixa mais apanhar, não está nem no céu nem na terra, nem entre o céu e a terra.

Patrik Troll.

Carta 18

Como aluna aplicada, você está querendo saber, minha amiga, por que ao invés de continuar a expor minhas idéias a respeito da brincadeira com a corrente do relógio eu fico lhe contando histórias que não têm nada a ver. Posso dar-lhe uma explicação divertida. Outro dia, quando comecei esta pequena auto-análise, escrevi: "Com a mão direita, estou segurando uma caneta; com a esquerda, estou brincando com a corrente de meu relógio..." e prosseguia dizendo que ambas as coisas manifestavam o complexo de onanismo. E continuava: "Estou olhando para a parede em frente, para uma gravura holandesa que reproduz o quadro de Rembrandt intitulado *A Circuncisão de Jesus*. Não era totalmente verdadeiro: a gravura era de uma pintura da Exposição de Jesus no Templo diante de uma multidão. Eu deveria saber disso. E de fato, sabia, já olhei para essa gravura milhares de vezes. No entanto, meu Isso me obrigou a esquecer o que eu sabia e a transformar aquela exposição em circuncisão. Por quê? Porque eu estava envolvido com o complexo da masturbação, porque a masturbação é condenável, porque ela é punível com a castração e porque a circuncisão é uma castração simbólica. Em compensação, o Isso rejeitou autoritariamente a idéia de que o Menino Jesus havia sido exposto no templo a todos os olhos. É que esse menino, como todos os meninos, é um símbolo do membro viril e o templo, um símbolo materno. Se o assunto da gravura tivesse penetrado até meu consciente, através de uma aproximação com a brincadeira com a corrente do relógio e a caneta, isso teria significado: "Você está brincando com o menino simbólico diante de todo mundo e deixa transparecer que no fim das contas essa brincadeira de onanismo dirige-se à imagem da mãe tal como Rembrandt a simbolizou sob a forma de um templo envolto

132 O LIVRO dISSO

num misterioso claro-escuro". Por causa do duplo interdito do onanismo
e do incesto, aquilo era insuportável para o inconsciente e ele preferiu
recorrer logo à punição simbólica.

Estou tanto mais inclinado a acreditar que existem relações
entre o rito da circuncisão e a castração na medida em que sua instau-
ração está ligada ao nome de Abraão. Da vida de Abraão conhecemos
o curioso relato do sacrifício de Isaac: o Senhor lhe havia ordenado
que matasse o próprio filho, Abraão estava prestes a obedecer mas
no último momento um anjo o impediu e no lugar de Isaac foi sacri-
ficado um carneiro. Com um pouco de boa vontade, você pode deduzir
desse relato que o sacrifício do filho representa a ablação do pênis,
personificado simbolicamente pelo filho. Esta lenda expressa sem
dúvida que, num dado momento, os sacrifícios de animais substituí-
ram a autocastração do servo de Deus, de que encontramos um dos
últimos vestígios no voto de castidade dos padres católicos. O carneiro
prestava-se tanto mais a essa interpretação do símbolo quanto, em
todos os tempos, a castração foi a regra na criação dessa espécie. Visto
assim, o episódio do pacto da circuncisão, concluído entre Jeová e
Abraão, é apenas uma repetição, sob outra forma, do conto simbólico, uma dessas duplicações freqüentes na Bíblia e em outros lugares.
Assim, a circuncisão seria o resto, o que sobrou da emasculação exi-
gida pelos servidores do Senhor. Seja como for, para meu inconsciente
– e isso é a única coisa que conta nessa confusão entre circuncisão e
exposição – circuncisão e castração estão intimamente relacionadas
e são mesmo idênticas, pois, como muitos outros, compreendi relativamente tarde que um castrado, um eunuco, era diferente de um
circuncidado.

Aliás, essas relações entre castração e circuncisão têm uma significação especial nas teorias de Freud e nunca me cansarei de lhe reco-
mendar a leitura da obra de Freud sobre os totens e os tabus. De
minha parte, esperando sua leitura, vou lhe contar do melhor modo
que puder uma pequena fantasia etnopsicológica, da. qual você fará
o uso que melhor lhe convier. Parece que no tempo em que os casamentos ou uniões eram acertados desde muito cedo para os jovens,
a presença dentro de casa do filho mais velho não devia ser vista com
bons olhos pelo pai. As diferenças de idade eram tão mínimas que
o primogênito devia ser em tudo o rival nato do pai e representava particularmente um perigo para a mãe, apenas mais velha que
ele. Mesmo em nossos dias, pais e filhos são rivais, inimigos naturais, e ainda por causa da mãe, que um possui como esposa e que o
outro deseja com seu mais ardente amor. Mas naquela época, quando
a diferença de idade era pequena, e as paixões e impulsos mais ardorosos, desordenados, de vez em quando o pai deveria pensar em matar
o filho importuno, idéia há muito recalcada mas que se manifesta
freqüentemente e com muita força em inúmeras circunstâncias da
vida e nos sintomas das doenças. O amor paterno não é menos misterioso que o materno, quando o observamos de perto. Assim, é bem
possível que no começo matar o filho mais velho fosse um costume;
e uma vez que o ser humano não pode deixar de agir como ator e

CARTA 18   133

fariseu, camuflava esse crime em rito religioso e "sacrificava" o filho mais velho. Além dessa transfiguração em ação nobre, esse procedimento tinha a vantagem de que era possível, após o assassinato, comer a vítima desse "sacrifício" e com isso representar aquela infantil idéia do inconsciente segundo a qual a gravidez provém do fato de se ter consumido o pênis, esse filho simbólico. Com o recalque gradual dos impulsos de ódio, passou-se a recorrer a outros métodos, tanto mais quanto, em razão das crescentes necessidades de mão-de-obra, esses assassinatos não eram mais racionais. Os pais livravam-se de seus rivais no amor castrando-os. Com isso, não havia mais o que temer deles e conseguia-se um escravo barato. Quando a densidade demográfica tornava-se mais acentuada, passou-se a usar o sistema que consistia em mandar o filho mais velho para o estrangeiro, procedimento conhecido em certos momentos históricos sob o nome de *Ver sacrum*. Finalmente, quando a agricultura e a fusão das tribos em povoamentos exigiram a manutenção da capacidade integral de rendimento e de todas as forças militares, isto é, de todos os filhos, simbolizou-se o assassinato e inventou-se a circuncisão.

Se quiser agora fechar esse círculo fantástico, é preciso também considerar a coisa toda sob o ângulo do filho, que detesta o pai tanto quanto esse o odeia. O desejo do parricídio transpõe-se para a idéia da castração tal como ela surge no mito de Zeus e de Cronos e torna-se a emasculação do padre destinado ao serviço divino. Assim como o pênis é simbolicamente o filho, ele é também o genitor, o pai, e sua castração é alegoricamente o parricídio.

Receio cansá-la, mas gostaria de voltar à corrente de meu relógio. Ao lado do pequeno crânio preso a ela pende um pequeno globo terrestre. Graças a meu versátil humor, lembro-me de repente que o globo é um símbolo materno; em conseqüência, brincar com essa pequena bola equivale a um incesto alegórico. E como, ao lado, a caveira ameaça, é explicável que minha caneta tenha-se detido: ela não queria se colocar a serviço desses dois pecados mortais, a masturbação e o incesto.

E agora, que significam essas impressões auditivas que mencionei: a marcha militar, o pio da coruja, o automóvel e o bonde elétrico? Quanto à marcha militar, ela se caracteriza pelo ritmo e pela cadência; a palavra ritmo conduz nossos pensamentos a constatar que toda atividade é mais facilmente executada quando é ordenada segundo uma cadência rítmica; toda criança sabe disso. Talvez, graças à criança, descubramos a razão disso. Pode ser que a cadência e o ritmo sejam para ela velhos conhecidos, hábitos de vida indispensáveis desde o ventre materno. Parece verossímil que a criança em seu período pré-natal se reduza a um pequeno número de percepções, entre as quais o sentimento do ritmo e da cadência assumem um lugar predominante. A criança é embalada no ventre materno, ora de modo mais fraco, ora de maneira mais forte, conforme os movimentos da mãe, seu modo de andar, a rapidez de seus passos. Ininterruptamente soam no coração da criança, em cadência, ritmadamente, estranhas melodias que aquele pequeno ser percebe eventualmente pelos ouvidos, certa-

134   O LIVRO dISSO

mente pela sensibilidade geral de seu corpo, que sente as vibrações
e as transmite para o inconsciente.

Vejo-me tentado a introduzir aqui algumas considerações sobre
o fenômeno do ritmo que não apenas domina a atividade consciente
do ser humano, seu trabalho, sua arte, seu andar, seus atos, mas também
seu sono, sua vigília, sua respiração, sua digestão, seu crescimento e
seu desaparecimento. Em suma, tudo. Parece que o Isso se manifesta
tanto pelo ritmo quanto pelos símbolos, essa é uma propriedade absoluta do Isso ou, pelo menos, para poder examinar o Isso e sua vida,
nos vemos obrigados a lhe atribuir um caráter rítmico. Mas isso me
levaria muito longe e prefiro chamar sua atenção para o fato de que
a marcha militar me levou a idéias de gravidez, que já haviam surgido
antes a respeito do globo terrestre preso à corrente do relógio. É que
esse globo terrestre — nem preciso dizer —, tanto pelo fato de ser
chamado de imagem de nossa "mãe terra" quanto por sua aparência
redonda, é sem dúvida uma alusão ao ventre materno em período
"de esperança".

Agora, entrevejo também porque eu marcava a cadência com
o calcanhar e não com a ponta do pé. O calcanhar, desde a infância,
mantém para nós uma relação inconsciente com a concepção. Todos
fomos criados sob a história do pecado e da queda. Pode reler a história. O que mais chama a atenção naquele relato é que, após ter
provado o fruto, os dois seres humanos sentem vergonha por estarem
nus. Isso prova que se trata de um relato simbólico do pecado da
luxúria. O jardim do paraíso, em cujo centro se ergue a árvore da vida
e da ciência — "ciência" é usado aqui para expressar o ato sexual,
e a palavra "se ergue" fala por si, bem alto. A serpente é um símbolo
fálico que remonta à mais alta Antiguidade; sua picada venenosa provoca a gravidez. O fruto que Eva passa a Adão — e que de modo muito
significativo foi imaginado através dos séculos como sendo uma maçã,
fruto da deusa do amor, quando a Bíblia não fala em maçã alguma
— este fruto, tão belo, tão tentador, tão delicioso de morder, corresponde ao peito, aos testículos, ao traseiro. Uma vez apreendidas as
relações, compreende-se de imediato que a maldição — a mulher esma-
gará a cabeça da serpente e a serpente lhe morderá o calcanhar, depois
ficará inerte, a morte do membro, o escoar do sêmen e a mordida da
cegonha de nossa infância — representa a gravidez e o parto. O fato
de ter recorrido ao calcanhar para marcar a cadência indica que meu
inconsciente estava profundamente preocupado com idéias de gravidez e, ao mesmo tempo, de castração. É que no esmagamento da
cabeça da serpente está representada tanto o relaxamento do membro
quanto castração. E bem próxima está a idéia da morte. O esmagamento da cabeça da serpente é uma decapitação, uma espécie de
morte que se desenvolveu através da via simbólica do relaxamento-
-do-membro-castração. O homem se vê diminuído em uma cabeça,
encurtado de uma cabeça também é o membro, cuja glande, após o
coito, se recolhe para dentro do prepúcio. Se isso a diverte, pode
descobrir o que estou dizendo na lenda de David e Golias, Judite e
Holoferne, Salomé e São João Batista.

CARTA 18   135

O coito é a morte, a morte através da mulher, uma concepção que pode ser encontrada através da história há milênios. E a morte grita no caos de minhas percepções auditivas com a voz estridente da gaivota: "Vem vem"... Ao mesmo tempo, reaparece o motivo do onanismo no automóvel; o automóvel é um símbolo bem conhecido de auto-satisfação, se é que não deve sua própria invenção ao impulso da masturbação. Quanto ao bonde — sem dúvida por associação com a eletricidade por esfregamento e pelo transporte comum — ele reúne em si os símbolos do onanismo e da gravidez. Isso deriva, entre outras coisas, do fato de que a mulher, esta porção ·da humanidade sensível aos símbolos e parente próxima dessa arte, obstina-se em pular desajeitadamente do bonde para... cair.

Esclarece-se também para mim uma outra face do problema da marcha militar. Há anos, ouvi esse mesmo trecho ao retornar do enterro de um oficial. Sempre senti um certo prazer diante desse hábito que têm os soldados de retomar pé na vida através de árias alegres, logo depois de enterrar o camarada morto. Deveria ser sempre assim. Depois que a terra cobre o cadáver, não se tem mais tempo para ficar pensando. "Cerrar fileiras!"

Acha que estou sendo duro? O que eu acho duro é exigir das pessoas que fiquem tristes por três dias. Tanto quanto conheço o homem, três dias é um tempo quase insuportável de longo. Os mortos sempre têm razão, é o que se diz; no fundo, estão sempre errados. E quando examinamos um pouco esses costumes, descobrimos que por trás dessas manifestações de desespero está um medo puro, um louco terror dos fantasmas, o que os coloca ao mesmo nível ético que o· costume de tirar o morto de dentro de sua casa com os pés na frente: é para que ele não volte! Temos a impressão que o espírito do morto fica girando ao redor do cadáver. Por isso, é indispensável chorar senão o fantasma se ofende e os fantasmas, como todo mundo sabe, são vingativos. Uma vez enterrado o corpo, bem fundo, o fantasma não pode mais sair. Para maior segurança, coloca-se sobre o peito do cadáver uma lápide bem pesada. A expressão "um peso no peito" demonstra a que ponto nós, modernos, estamos convencidos que a vida dos mortos prolonga-se no túmulo; imaginamos o peso da lápide funerária sobre o _corpo e transferimos essa sensação sobre nós mesmos, sem dúvida para nos punirmos pela cruel encarceração à qual condenamos nossos parentes mortos. No entanto, se mesmo assim um morto conseguisse voltar, sobre o túmulo, na forma de coroas, há mil armadilhas que o impediriam de se evadir.

Não quero ser injusto. A palavra ressurreição demonstra que uma outra associação de idéias igualmente contribuiu para que se escolhesse o prazo de três dias entre a morte e o enterro. Três dias é o tempo da Ressurreição de Cristo; e três vezes três é nove, número da gravidez. E a esperança de que entre uma coisa e outra a alma encontrará o caminho do céu, onde ela fica fora do alcance e em segurança, também representa seu papel nisso tudo.

O ser humano não chora seus mortos, isso não é verdade. Quando ele realmente sente pesar, não o demonstra. Mas, nesses casos, não

136 O LIVRO dISSO

se fica sabendo se a dor se dirige para o morto ou se o Isso ficou triste
por uma razão bem diferente e está se servindo daquele morto como
pretexto para racionalizar o luto, motivá-lo aos olhos de Dona Moral.
Você não acredita? As pessoas não são tão ruins assim? Mas
por que você acha que isso seria errado? Você já viu uma criancinha
chorar um morto? Se fosse assim, as crianças seriam más. Minha mãe
me contou que depois da morte de meu avô — eu devia ter três ou
quatro anos — eu fiquei pulando em volta do caixão, batendo nele
com as mãos e gritando: "Meu avô está lá dentro..." Minha mãe não
achou que eu era uma criança má, por isso, e não sei o que poderia
me autorizar a me considerar mais moral do que ela.

Se é assim, por que as pessoas usam luto durante todo um ano?
Em parte por deferência à opinião pública mas sobretudo — de modo
bem farisaico — por ostentação, para iludirem-se a si mesmas. Haviam
jurado ao morto — e a si mesmas — uma fidelidade, uma recordação
eternas. E poucas horas após a morte, já começamos a esquecer. É
bom refrescar a memória com a ajuda de roupas pretas, do aviso fúne-
bre, através da exposição de imagens e de pedaços de cabelo do falecido. Ao chorar um morto, temos a impressão de nos sentirmos melhor.

Posso fazer-lhe secretamente uma pequena indicação? Vá verificar o que aconteceu, ao fim de dois anos, com o esposo ou a esposa,
enfim com o sobrevivente, que antes parecia naufragar sob o peso
da dor. De duas, uma: ou ele(ela) morreu, por sua vez, o que não é
raro; ou então a viúva transformou-se numa mulher bastante satisfeita
com sua vida e o viúvo voltou a casar.

Não ria! Há um sentido profundo por trás disso e tudo isso
é realmente verdadeiro.

Sempre seu

Patrik Troll

Carta 19

Você levanta novamente todo tipo de objeção. Não gosto disso. Por isso, vou ser mais preciso. Por que você acha atrevido que eu compare a maçã com o traseiro de Eva? Não fui eu quem inventou isso. A língua alemã já estabelece o paralelo, e também a italiana e a inglesa.

Vou lhe dizer por que você se irritou e agora ralha comigo. A menção ao traseiro de Eva lhe recorda que seu amante algumas vezes a possuiu por trás, enquanto você estava ajoelhada ou sentada sobre os joelhos. E sente vergonha por isso, exatamente como se você fosse a ciência alemã em pessoa, que designa com pudor essa fantasia através da expressão *more ferarum*, "à maneira dos animais", não se envergonhando de com isso esbofetear o rosto de seus adeptos, pois ela sabe perfeitamente que todos, na juventude, gostaram do *more ferarum* ou tiveram pelo menos a vontade de praticá-lo. Ela sabe também — ou deveria saber — que a adaga viril tem três ângulos, bem como a bainha do amor feminino, e sabe também que a adaga só se adapta de fato à bainha se ela for introduzida por trás. Deixe de dar ouvidos aos inúteis propósitos dos fariseus e hipócritas. O amor não existe apenas com o objetivo de procriar, o casamento não é uma instituição voltada unicamente para a observação de uma moral estreita. As relações sexuais devem dar prazer e em todos os casamentos, por mais pudicos que sejam os homens e mais castas as mulheres, essas relações são praticadas sob todas as formas imagináveis: masturbação mútua, exibicionismo, brincadeiras sádicas, sedução e violação, beijos e chupadas nas zonas erógenas, sodomia, troca de papéis — de modo que a mulher cavalgue o homem — deitados, em pé, sentados e também *more ferarum*. Somente algumas pessoas não se atrevem a fazer isso;

138 O LIVRO dISSO

em compensação, sonham com isso. Mas nunca observei que elas fossem melhores do que as que não renegam sua criancice diante do ser amado. Alguns falam do animal presente no ser humano; para esses, a qualidade humana aplica-se a tudo que consideram como nobre mas que, quando examinado, revela-se bastante comum: a inteligência por exemplo, ou a arte... ou mesmo a religião. Em suma, tudo o que eles colocam por não se sabe bem qual razão no cérebro ou no coração, acima do diafragma; tratam de animalesco tudo que acontece no ventre e em particular o que está entre as pernas, partes sexuais e traseiro. Se eu fosse você, estudaria com cuidado esses bem--falantes antes de fazer amizade com eles. Me permite mais uma maldade? Nós, europeus civilizados, nos comportamos constantemente como se fôssemos os únicos "seres humanos", como se tudo o que fazemos é certo e natural, enquanto os usos e costumes dos outros povos ou de outras épocas só podem ser maus e pervertidos. Mas leia o livro de Ploch sobre a mulher. Verá que centenas de milhões de pessoas têm outros costumes sexuais, outros modos de praticar o ato. É verdade que se trata de chineses, japoneses, hindus, ou mesmo negros. Ou então vá a Pompéia. Farão com que visite uma casa descoberta entre as cinzas, a Casa Vettieri: ela tem um banheiro comum aos pais e filhos; suas paredes estão decoradas por afrescos representando todos os modos de fazer amor, até o amor animal. Claro, eram apenas romanos e gregos, todos aqueles. Mas eram quase contemporâneos de São Paulo e São João.

Tudo isto é importante. Você não imagina como tudo isso tem seu papel nos gestos cotidianos e nas doenças. Veja o *more ferarum*. Nunca se teria pensado no clister se essa brincadeira bestial *à la** cachorrinho não tivesse existido. E também não se tomaria a temperatura no ânus. Nem haveria a teoria sexual infantil do parto pelo traseiro, que surge de mil maneiras na vida de todo ser humano, doente ou sadio. Mas não quero falar disso, acabaria indo longe demais. Prefiro dar um outro exemplo. Você ainda se lembra de como corre uma menina? Ela mantém a parte de cima do corpo ereta e joga as pernas para trás, enquanto o menino dá grandes passadas e se inclina para a frente, como se quisesse transpassar o fugitivo. Freqüentemente você usa a palavra atavismo. Não acha que essa curiosa diferença no comportamento poderia ser atávica, herança dos tempos pré-históricos, quando o homem caçava a mulher? Ou será que o Isso acha que o ataque sexual deve ser feito por trás e que, nesse caso, mais vale dar coices? Difícil dizer. Mas isso me leva a outras diferenças, e é divertido constatá-las. É assim que o menino, quando brinca no chão, se ajoelha, enquanto a menina senta de cócoras, as pernas afastadas. O homenzinho cai para a frente, enquanto a mocinha cai sentada. O homem sentado tenta segurar um objeto que cai da mesa fechando os joelhos; a mulher os afasta. O homem costura com grandes gestos

* Em francês no original.

CARTA 19 139

para os lados, e a mulher com pequenos movimentos delicados e arredondados de baixo para cima, que correspondem aos que ela realiza durante o parto; a criança enfia a agulha ao acaso, segundo a teoria infantil que consiste em enfiar as coisas na boca de cima para baixo. Falando nisso, já percebeu as relações existentes entre o ato de costurar e o complexo de masturbação? Pense nisso. Aprenderá alguma coisa, quer porque o ato de costurar permite um paralelo simbólico com o onanismo quer porque, pelo contrário, você concluirá, como eu, que esse ato surgiu da masturbação. E uma vez que chegamos ao capítulo das roupas, dedique parte de sua atenção ao vestido decotado da mocinha, à rosa, ao broche, ao colar e às saias que sem dúvida não são usadas para impedir o ato amoroso mas, pelo contrário, para provocá-lo. A moda nos ensina as tendências dominantes em certas épocas, tendências das quais nada saberíamos de outro modo. Antigamente, as mulheres não usavam calcinhas; os homens e mulheres sentiam prazer no gozo rápido. Mais tarde, pareceu-lhes mais divertido excitar-se com outras coisas e inventaram-se as calcinhas que, através de sua abertura, escondiam apenas pela metade os segredos que deveriam ocultar. Para encerrar, todas as mulheres usam hoje elegantes calcinhas inteiriças, com rendas. As rendas servem de isca, e a abertura fechada é para prolongar o jogo. Não deixe de prestar atenção à calça masculina, que insiste no lugar em que repousa o cavalinho. Repare nos penteados, nas riscas, nos cachos e madeixas: são criações do Isso, do Isso da moda e do Isso dos indivíduos.

Voltemos às pequenas diferenças entre o homem e a mulher. O homem se abaixa quando quer pegar alguma coisa no chão; a mulher se acocora. O homem carrega as coisas e as levanta com a ajuda de seus músculos dorsais; a mulher, em símbolo da maternidade, com os abdominais. O homem limpa a boca de lado, com um gesto de rejeição; a mulher usa o guardanapo a partir dos cantos da boca para chegar ao centro: quer conceber. Para assoar o nariz, o homem produz o barulho de uma corneta, como um elefante, pois o nariz é símbolo de seu membro, sente orgulho dele e quer destacar seu valor. A mulher serve-se do lenço com discrição silenciosa: falta-lhe aquilo que corresponde ao nariz. A mulher espeta uma flor no vestido, o homem a enfia na *boutonnière*. A moça carrega o buquê de flores apertado contra o peito, o rapaz segura-o na mão, estendida ao longo do corpo, para baixo: isso indica que a flor da menina não se levanta para o céu, que ela não é homem. Os meninos e os homens cospem, mostram que produzem sêmen; as moças choram, o que transborda de seus olhos simboliza o orgasmo. Ou será que você não sabe que "pupila" significa criança, que por isso o olho é um símbolo feminino, porque ali a gente se vê refletido pequeninho? O olho é a mãe, as órbitas oculares são os testículos, pois os bebês também estão contidos nos testículos e o jorro apaixonado que emana dos olhos é um símbolo masculino. O homem se inclina, mostra-se como um "servidor" e diz: "Só de vê-la me sinto tão deslumbrado que me relaxo; mas em pouco tempo me reerguerei e um novo desejo tomará conta de mim". A mulher dobra os joelhos; com isso, indica: "Quando o vejo, minha resistência

140 O LIVRO dISSO

cessa". A menininha brinca com a boneca. O menino não sete necessidade disso, tem sua boneca presa ao ventre.

Há tantos hábitos a que não damos atenção e tantos que merecem consideração! O que o homem quer dizer quando alisa os bigodes? O nariz é um símbolo de seu membro, já disse isso, e o fato de pôr o bigode em evidência deve evidenciar que temos pela frente um homem púbere, possuidor de pilosidade pubiana. A boca é o símbolo da mulher, e passar o dedo pelo bigode significa: "Gostaria de brincar com essa mulherzinha". O rosto barbeado acentua o lado infantil, a inocência, pois a criança não têm pêlos no sexo; mas também dá a impressão de força, pois o homem, enquanto criatura ereta, de posição vertical, é um falo e a cabeça torna-se alegoria da glande nua no momento da ereção. Não se esqueça disso quando vir um crânio ou quando suas amigas se queixarem que seus cabelos estão caindo. Trata-se ao mesmo tempo de uma imagem da força do homem e da primeira infância. Quando uma mulher se senta, ela puxa a saia para fazê-la descer: "Veja que lindos pés. . ." é o que diz esse gesto, "mas não lhe permito ver mais, sou pudica". Se ela se deita na presença de uma pessoa do outro sexo, não há exceção, ela cruza as pernas. "Sei que você me deseja", é o que ela diz desse modo, "mas estou preparada contra qualquer ataque. Tente, para ver!" Tudo isso tem um sentido duplo; é um jogo que atrai intimidando, que seduz proibindo. É uma representação mimada desse estranho "Não, mas. . ." com o qual a mulher rechaça mãos demasiado empreendedoras. Não, mas! Ou então o fato de usar óculos: a pessoa quer ver melhor, mas não quer ser vista. Ou então alguém que dorme com a boca aberta: está pronto para conceber. Um outro está todo encolhido sobre si mesmo, como um feto. Aquele velho anda a passos curtos: quer prolongar o caminho que o levará à cova; dorme mal, porque suas horas estão contadas e logo terá a oportunidade de dormir demais; torna-se astigmático: não quer ver o que está perto dele, o preto inerte dos avisos fúnebres, o fio que a Parca logo cortará. A mulher receia ficar doente se permanecer muito tempo em pé durante suas regras: a hemorragia lhe recorda que ela não tem nada que possa se levantar, que lhe falta o que de melhor existe. Ela não dança nesse período, em que lhe é proibido consumar, mesmo simbolicamente, o ato carnal.

Por que lhe conto tudo isso? Porque estou tentando evitar uma longa explicação a respeito da maçã do Paraíso. Mas um dia terei de dá-la. Não, antes vou lhe falar um pouco sobre as frutas. Uma ameixa: ela esconde um núcleo, o caroço, a criança, e sua fenda mal indicada trai seu caráter feminino. Uma framboesa: não se parece com a mama? E o morango: cresce, escondido no verde das folhas revoltas e é preciso procurar antes de descobrir esse suave segredo no esconderijo da mulher. Mas, desconfie. O êxtase do clitóris fica cada vez mais profundamente gravado na pessoa, torna-se objeto de ardentes desejos; no entanto, fogem dele como se fosse um pecado. Aparece então uma urticária, que multiplica aquela sensação e faz dela uma pequena tortura. A cereja? Você a verá nos seios, mas também o homem a carrega em sua árvore. De resto, todos os símbolos têm um sexo duplo.

E agora, a glande. Essa recebe reconhecimento científico, embora esteja tão intimamente associada com o porco, que esconde tantos segredos. Quer que lhe revele um deles? A mãe, como uma boa professora, quando o filho está sujo chama-o de "Porquinho". Pode ela ficar surpresa quando depois a criança lhe responde, mentalmente: "Eu sou um porquinho? Então você é uma porcona!" De fato, por mais desagradável que isso lhe possa ser, o porco é um dos símbolos maternos dos mais difusos. Tem uma significação profunda, porque o porco é degolado, abrem-lhe o ventre enquanto ele lança gritos terríveis. Segundo uma das teorias do parto, talvez a mais conhecida, elaborada pela criança, a barriga da mãe é aberta para dali sair o bebê. Essa teoria de vê de algum modo confirmada ·pela existência da estranha linha que parece ligar o umbigo às partes sexuais e pelo grito do nascimento. A partir da associação porco-mãe, uma pista extraordinária leva à religião, pelo menos na Alemanha, onde nas vitrinas dos açougues é possível ver porcos pendurados, o que os aproxima simbolicamente da crucifixão. Que capricho do Isso! Porco-mãe-Cristo! Às vezes, é com razão que nos assustamos diante dele. Assim como a mãe, também o pai se transforma num animal: um boi, naturalmente porque, ao invés de aproximar-se da criança com amor, ele permanece indiferente a seus artifícios de sedução; portanto, terá de ser castrado. Para encerrar, não nos esqueçamos do figo: em todas as línguas é uma alegoria das partes sexuais femininas. E volto à lenda do Paraíso.

As pessoas se perguntam sobre o que pode querer significar o fato de que o primeiro casal humano fez uma espécie de avental com folhas da figueira e também por que, com o passar dos séculos, os costumes transformaram esse avental numa única folha de figueira. Não pretendo ler o que se passa na mente dos contadores das lendas da Bíblia; em relação à folha de figueira encarregada de cobrir a nudez da natureza, eu me permito rir. Essa folha tem cinco denteados; a mão tem cinco dedos. Cobrir com a mão algo que não deve ser visto é coisa que se entende. Mas a mão sobre as partes sexuais? Onde é proibido tocar? Tenho a impressão de estar diante de uma brincadeira do Isso. "Como a liberdade lhe é recusada em sua vida erótica, faça aquilo que a natureza lhe ensina: sirva-se da mão."

Sei que estou sendo frívolo. Tenho de me resignar a assumir um ar sério. Você sabe que esta protuberância no pescoço do homem é chamada de pomo de Adão (*Adamsapfel*, em alemão: maçã de Adão). Essa denominação provém sem dúvida do fato de que a maçã ficou entalada na garganta de Adão. Mas por que nele apenas? Por que não em Eva, que também havia provado do fruto? Porque ele engoliu o fruto a fim de que pudesse sair um novo fruto, a criança. Adão não pôde ter filho.

E de repente nos vemos mergulhados no caos de idéias que a criança imagina sobre a gravidez e o nascimento. Você sem dúvida é daquelas que acha que uma criança bem comportada acredita na cegonha; e ela de fato acredita. Mas não se esqueça que a criança também acredita no Papai Noel, mesmo sabendo que são seus pais

142   O LIVRO dISSO

que compram nas lojas os presentes do Papai Noel. A criança tem uma imensa capacidade de crença: nada a impede de venerar a cegonha e de saber apesar disso que o bebê cresce na barriga da mãe. Ela sabe disso, é obrigada a saber, pois dois ou três anos antes era ela quem estava naquela barriga. Mas como ela sai dali e como entrou ali? Essas são as perguntas que nos atormentaram, no início de modo vago e depois com uma insistência cada vez maior. Entre as inúmeras respostas, a que todos nós sem exceção encontramos — pois nenhum de nós naquele momento conhecia a existência 'da vagina e do útero — é que a criança sai dali por onde sai tudo que está na barriga, pelo traseiro. E para entrar na barriga? Também para isso a criança dispõe de várias explicações. Mas ela se sente atraída sobretudo pela crença de que a semente do bebê é engolida, do mesmo modo como a criança chupa o leite no seio. E é dessa concepção, dessa eterna pergunta que a criança se faz e da eterna resposta que ela se dá, é daí que nasce na criança o desejo de chupar, fumar, beijar o membro do ser amado, desejo tanto mais forte quanto no decorrer de seu desenvolvimento a lembrança do seio materno e do êxtase do nenê são novamente trazidos à tona. É também daí que provém a idéia de chamar a cartilagem tiroidiana do homem de pomo (maçã) de Adão. Enfim, também é daí que se desenvolve um princípio de papo em sua filha e que assusta tanto a você. Na idade ingrata, também você teve um pescoço grosso demais. Isso passa. É só nas pessoas cujo Isso está completamente impregnado pela idéia da concepção através da boca e do horror de carregar uma criança na barriga, é só nessas pessoas que esse inchaço pode virar papo ou doença de Basedow.

    Graças a Deus, por hoje acabei.

Patrik.

Carta 20

Pois não, minha cara amiga, prometo que hoje termino a história da caneta e da corrente do relógio.

É preciso que eu tente saber porque meu nariz estava entupido do lado direito. Devia haver qualquer coisa que meu Isso queria evitar de sentir, a menos que estivesse querendo eliminar de meu nariz uma impressão olfativa. Este é um caso pessoal. Em muitas pessoas, essa história do nariz não funciona; levadas pelo esforço — enorme, às vezes — de evitar doenças, em especial a tuberculose, muita gente teve a idéia de que o nariz era o órgão da respiração, por acharem que respirar pela boca era tentar a Providência. Para outros, em compensação, o nariz é um símbolo fálico, nada mais, e é por isso que em uns e em outros é sob um ângulo ou outro que é preciso considerar a intenção de doença do Isso. Quanto a mim, quando meu nariz se manifesta só me resta procurar o que não devo sentir; e como é a narina direita que está tapada é porque à direita está alguma coisa que para mim não cheira bem. Apesar de meus esforços, não consigo descobrir o que pode estar fedendo à minha direita. Mas todos estes anos passados na tentativa de acreditar nas intenções do Isso me tornaram astucioso e imaginei toda uma série de sutis justificativas para minha teoria. Por isso digo para mim mesmo que se não há nada por aqui cheirando mal, deve-se tratar sem dúvida de algo que me lembrou um odor desagradável do passado. De imediato me vem à cabeça uma gravura de Hans am Ende, pendurada à minha direita, representando caniços ao redor de águas pouco profundas em que se ergue um veleiro. Penso em Veneza, mesmo sabendo que o artista se inspirou nas margens do Mar do Norte. De Veneza, passo para o leão de São Marcos e deste para a colher de chá de que acabo de me servir. E de repente acho

144 O LIVRO dISSO

que sei de que odor estou fugindo. Quando há quatro anos fiquei hidrópico em decorrência de uma grave pneumonia, meu olfato havia se desenvolvido a tal ponto que o uso de colheres tornou-se insuportável para mim porque — apesar de bem lavadas — eu percebia o cheiro dos alimentos que haviam estado ali horas ou mesmo dias antes. Assim, aquilo de que estou fugindo, o que estou querendo evitar mesmo em minhas lembranças seria a doença, a doença dos rins? De fato, esta tarde desemaranhei a história da doença de uma moça provocada por um urinol que cheirava mal. Mas o cheiro de urina me é indiferente. Não pode ser isso. No entanto, essa lembrança me lèva ao tempo em que eu estava na escola, me faz pensar nos urinóis da escola, cujos sufocantes eflúvios de amoníaco ainda hoje consigo sèntir distintamente. E só de pensar no tempo passado na escola me perturba. Já lhe contei que naquela época — eu tinha doze ou treze anos — ainda urinava na cama e tinha medo das brincadeiras dos colegas, mesmo que o fenômeno quase nunca acontecesse e, mesmo assim, em suas formas mais benignas. Voltam certos pensamentos, certos sentimentos apaixonados em relação a um ou outro de meus amigos, sentimentos cujo efeito geral foi recalcado mas que voltou à tona através de fantasmas. O momento em que fiquei sabendo da masturbação me volta à memória; e também uma escarlatina, que esteve na origem de meus primeiros acidentes renais; me lembro também que Hans am Ende foi meu colega de escola e também teve escarlatina, como eu. Por trás disso tudo surge uma sombra, cada vez mais distinta, da *imago* da mãe. Eu era um "filhinho da mamãe", um pobre passarinho que caiu do ninho, e sofri muito, na escola, com a separação de minha mãe.

Vamos tentar com o nome de Hans (Hans am Ende). Meu irmão mais velho, que esteve intimamente ligado à minha vida de estudante, também se chamava Hans. De repente, um outro nome se coloca à frente do nome dele: Lina. Lina era minha irmã, aquela de que lhe falei quando contei sobre minhas brincadeirinhas sádicas. E é daí, definitivamente, que provém esta lembrança olfativa. Não é repugnante, longe disso, é mais para o reconfortante, em todo caso inesquecível. Não consigo mais me lembrar da emoção sentida naquele momento — tínhamos entre onze e doze anos — mas já encontrei uma outra vez esse mesmo cheiro e desde então sei como sou sensível a essa impressão.

Uma segunda lembrança liga-se à primeira: pouco tempo depois, Lina me iniciou nos segredos da masturbação. Ela me fez acreditar que estava tuberculosa, me mostrou o sangue, riu de mim quando viu meu medo e me explicou a significação daquele sangue.

Nesse momento, desapareceu a obstrução de meu nariz. O que vou acrescentar agora servirá apenas para esclarecer as associações de idéias. O que me ocorre primeiro é aquilo que Hans am Ende representa. Todos meus parentes mais próximos morreram e o último a morrer foi Hans, meu irmão — Hans am Ende!* Foi também em com-

---

* Em alemão, literalmente, Hans am Ende significa "Hans no fim".

CARTA 20   145

panhia desse irmão que passeei pela única vez num veleiro, o que
provocou a associação com o barco da gravura de Hans am Ende.

A seguir, esclarece-se a obscuridade envolvendo as relações
entre os complexos com a *imago* da mãe. Minha mãe tinha o mesmo
prenome de minha irmã, Lina. Isso provocou em mim o aparecimento
de uma surpresa por não ter recordações olfativas de minha mãe,
quando elas são tão fortes em relação a minha irmã. E me ponho
de novo a brincar com as idéias.

Quando dois cães se encontram, se cheiram mutuamente os
traseiros. É evidente que eles procuram saber, com a ajuda do nariz,
se simpatizam com o outro. Quando as pessoas têm um certo senso
de humor, elas riem, como você, desse costume canino; sem humor,
a coisa é nojenta. Mas você manterá seu bom humor se eu disser que
os seres humanos agem do mesmo modo? Você sem dúvida sabe por
experiência própria que uma pessoa que exale um mau cheiro pode
ter todas as qualidades da terra mas será sempre mal recebida por
toda parte. Não devemos nos esquecer no entanto que aquilo que
para um cheira mal, para outro é suave perfume. Como mãe obser-
vadora que você é, deve ter percebido que as crianças classificam os
objetos e as pessoas de acordo com o cheiro que exalam. A ciência
parece ter certeza de que a boca e a língua são utilizadas como pedra
de toque do que é agradável e desagradável, mas a ciência afirma muitas
coisas que não precisamos levar em consideração. Quanto a mim,
afirmo que a fim de apreciar o que lhe agrada ou não, o ser humano
se serve de seu nariz de modo mais intenso e, se preferir, de um modo
mais repugnante do que o cachorro.

Para começar, as emanações das entranhas femininas e do sangue
que dali escorre são uma das primeiras percepções do ser humano.
Já mencionei esta particularidade a fim de explicar a significação do
ardor sexual periódico. Depois vem o tempo em que esse jovem
cidadão do mundo se preocupa sobretudo com as exalações de sua
urina e de seus dejetos, a menos que cheire os eflúvios do leite da
mulher e dos pêlos axilares da mãe, ao mesmo tempo em que não
pára de envolvê-lo o cheiro penetrante e inolvidável da cama e dos
lençóis do parto. Durante as semanas seguintes ao nascimento, a mãe
refresca suas próprias lembranças do bebê, o que lhe dá a ocasião
de projetar sobre seu nenê seu amor por si mesma; reaparece o prazer
— há muito esquecido — proporcionado pelo cheiro dos lençóis. Além
disso, ela aspira a fragrância que se exala dos cabelos e do corpo do
bebê. E isso acontece sem dúvida por muito tempo, pois a criança
é pequena e a mãe grande, de modo que a cada contato com a criança
a mãe primeiro toma consciência dos cabelos do bebê através da visão
e do olfato, coisa que não deixa de ter sua importância uma vez que
semelhante abundância de pêlos cresce também exatamente ao redor
do órgão do amor. Na criança, o terreno muda. No decorrer de seus
primeiros anos, ela sente as pernas e os pés: a criança é pequena e
os adultos são grandes. Recorde-se, minha cara, que a criança primeiro aprende a conhecer e a gostar das pernas das pessoas; isso é
importante, explica muitas coisas, sem que se dê a devida importância

146   O LIVRO dISSO

ao fenômeno. A seguir vêm anos, longos anos; se você somar todos os fugidios instantes durante os quais os cães se cheiram, não chegaria nem perto do número de anos em que a criança é quase incessantemente obrigada a sentir o cheiro do que acontece na região abdominal dos adultos. E isso lhe agrada extraordinariamente. E todos acham isso encantador; qual escritor deixa de mencionar a cena em que o menino – ou o homem – esconde o rosto no colo da mãe, ou da amada? Despojado de sua auréola poética, isso se traduz assim: ele está enfiando o nariz entre as pernas dela. Isso pode parecer grosseiro, mas resolve o enigma da gênese do amor da criança e do amor pela mulher. A natureza envereda por misteriosos caminhos a fim de empurrar o ser humano na direção da mulher, caminhos trilhados por todos.

O que isso tem em comum com o fato de eu não ter nenhuma recordação olfativa de minha mãe, você perguntará? Muito simples. Se, em virtude da diferença de altura, a criança se vê realmente obrigada durante anos a tomar conhecimento pelo nariz de tudo que acontece no ventre da mãe, deve também perceber a curiosa mudança de odores que ocorre na mãe a cada quatro semanas. E também se vê coagida a sentir a mesma excitação a que se submete a mãe durante suas regras. A atmosfera proveniente das exalações do sangue a envolve e aumenta seu desejo do incesto. Dessas impressões perturbadoras resulta todo tipo de conflitos íntimos, aos quais se ligam decepções surdamente sentidas, profundamente dolorosas, que aumentam o pesar provocado pelos caprichos, pelos maus humores e enxaquecas da mãe. É de estranhar que se recorra ao recalque disso tudo?

O que estou lhe dizendo não lhe parece evidente? Repare que há pessoas que dizem nada ter sabido sobre as regras antes de ficarem adultas. Se não exagero, são legiões – ou seriam todos? Mas nesse caso onde foi que esqueceram seus narizes? E o que acontece na memória do ser humano para que ele esqueça tais experiências, para que se veja forçado a esquecê-las? Depois, todo mundo estranha que o ser humano tenha tão pouco olfato. O que aconteceria com ele se não lançasse mão de todo o poder de seu inconsciente no sentido de eliminar seu olfato? O ser humano é obrigado a fazer isso porque os adultos lhe proíbem aprender seja o que for sobre a vida sexual. É coagido a isso através dos prurridos e do mal-estar da mãe, quando a criança, ávida de conhecimento, faz certas perguntas; nada é mais humilhante do que presenciar a perturbação de uma pessoa querida diante de alguma coisa dita com inocência. Não são necessariamente as palavras que assustam a criança; certas hesitações, gestos involuntários, um embaraço apenas perceptível às vezes têm mais efeito. Mas como poderia a mãe evitar esse embaraço? É seu destino ferir seu próprio filho naquilo que ele tem de mais profundo, é esse o destino de toda mãe. E a melhor boa vontade do mundo, a decisão mais firme, não mudaria nada a situação, minha amiga; na vida há muitas tragédias que esperam pelo poeta que as cantará. E talvez ele nunca apareça!

Perdemos a memória do que é doloroso de suportar, e não nos esquecemos do que não foi demasiado doloroso. Esta é uma frase

CARTA 20 147

sobre cujo sentido você deveria meditar, uma vez que ela derruba boa parte das idéias que temos. Esquecemos que passamos um tempo no ventre materno porque é terrível pensar que fomos expulsos do Paraíso; porém não é menos terrível admitir que vivemos nas trevas do túmulo. Esquecemos o modo pelo qual viemos ao mundo, porque o medo de sufocar era insuportável. Esquecemo-nos que aprendemos a andar, porque aquele momento em que a mão materna nos abandonou foi tão angustiante e a alegria daquela primeira manifestação de independência tão exaltante que não podemos conservá-las na memória. Como poderíamos suportar a idéia de que, durante anos, fizemos nossas necessidades na cama e nas calças? Pense na vergonha que você sentia quando descobria na cama uma minúscula mancha marrom. Pense no horror que você sentiria se não conseguisse segurar na rua aquilo que deve ficar reservado para o segredo do banheiro. De que serviria lembrar que houve pessoas tão incrivelmente fortes que podiam nos jogar no ar? Que chamavam nossa atenção sem que pudéssemos responder, que nos batiam, nos punham de castigo, nós que hoje somos conselheiros particulares*, médicos, universitários? Não podemos suportar a idéia de que esse ser a que chamamos de mãe um dia nos recusou seu seio, que essa pessoa que diz nos amar, após nos ter incitado à masturbação, nos puniu por isso? E morreríamos de pesar se nos lembrássemos que outrora existiu uma mãe que tomava conta de nós, que "sentia" com nós e que hoje estamos sós, não temos mais mãe. Por nossa própria culpa...

Também não é de estranhar que tenhamos completamente esquecido o que sabíamos da menstruação, sobre cuja existência fomos informados por nosso olfato quando não pela visão do sangue, dos lençóis, do urinol, da participação naquelas dores, enxaquecas, nos tratamentos ginecológicos; esse esquecimento não é mais extraordinário do que ter perdido toda lembrança do onanismo do primeiro ano de vida. Há pelo menos uma razão comum a esses dois buracos na memória: o medo da castração. Como você sabe, eu digo que nosso medo da castração está ligado ao sentimento de culpa oriundo da masturbação e de sua proibição. Em compensação, a idéia de que as partes sexuais podem ser cortadas provém das constatações feitas sobre a diferença entre os sexos porque, em nossa infância, considerávamos as partes sexuais femininas como uma ferida deixada pela castração; a mulher é um homem castrado. Esta concepção torna-se uma certeza através do que percebemos sobre o fluxo menstrual graças a nosso olfato. Esse fluxo, essa hemorragia nos assusta: ela desperta em nós o medo de sermos nós também transformados em mulheres. A fim de que nada venha nos lembrar esse sangramento, somos levados a sufocar nosso olfato e a extirpar da memória toda lembrança desse cheiro de sangue. Não conseguimos fazê-lo; a única coisa que conseguimos é o recalque. E o recalque se serve da vida para construir a proibição das relações sexuais durante a duração das regras. Dado que a "fêmea"

---

* Cargo oficial germânico da época do Império.

148 O LIVRO dISSO

que sangra desperta o complexo de castração recalcado, recusamos todo contato com a mulher ferida.

A isso vem se juntar um segundo complexo recalcado, igualmente revivido pelo sentido do olfato: o complexo da gravidez e do nascimento. Você se lembra que uma vez lhe perguntei se nunca havia notado alguma coisa a respeito das ocasiões em que sua mãe ficou grávida, e de seus partos? Você tinha acabado de visitar sua cunhada Lisbeth, que acabara de dar à luz, e um vago cheiro de quarto de parturiente flutuava à sua volta. Você me respondeu: "Não, nunca". Nem mesmo o nascimento do mais moço de seus irmãos a surpreendeu, embora, já com quinze anos, já "sabendo" das coisas há muito tempo. Como pode ser que uma criança não perceba que a mãe está engordando? Como é que uma criança pode dar fé à história da cegonha?

Nada disso é possível. As crianças sabem que saíram da barriga da mãe. Mas são coagidas, por si e pelos adultos, a admitir a história da cegonha. As crianças vêem que a barriga da mãe está aumentando, percebem que ela sente dores no ventre, que ela põe uma criança no mundo, que sangra e que, quando se levanta da cama, já voltou a ser magra como antes. As crianças sabem de cada gravidez da mãe e nunca são pegas de surpresa pelo nascimento do irmão. Mas esse conhecimento e essas percepções são recalcadas.

Se pensar nas forças utilizadas para recalcar todas essas percepções e as conclusões delas derivadas, talvez compreenda melhor o que quero dizer quando afirmo que o recalque é a principal ocupação da vida. O que estou dizendo aqui a respeito da gravidez e do nascimento acontece o tempo todo em nossa vida com outros complexos. Você não pode entrar num quarto sem acionar o mecanismo do recalque, sem afastar de sua consciência mil e uma percepções de móveis, bibelôs, cores e formas. Não pode ler um signo alfabético, olhar uma imagem, ouvir uma conversa sem recalcar, sempre e sem parar, sem repelir recordações, fantasmas símbolos, sensações, fobias, amores, desprezo, vergonha, emoções. Veja, minha cara, que aquilo que é recalcado não é destruído; fica num canto do qual um dia sairá; a coisa foi tirada de seu lugar a fim de que, não permanecendo mais exposta à luz solar, não brilhe mais e pareça opaca e negra. O recalque atua e metamorfoseia sem parar as aparências; aquilo que hoje é para o olho uma pintura de Rembrandt será recalcado e reaparecerá depois na forma de uma brincadeira com a corrente do relógio, ou de feridas nos lábios, dissertações sobre a castração, fundações de Estados, declarações de amor, querelas, cansaço, abraços ou manchas de tinta. Recalcar é transformar, é edificar e destruir uma civilização, é escrever a Bíblia e inventar a história da cegonha. E um olhar dado na direção do recalque altera o pensamento ao ponto de ser preciso fechar os olhos e tratar de esquecer que ele existe.

Patrik Troll

Carta 21

Você se queixa, cara amiga, de que eu não cumpri minha promessa de terminar a história da corrente do relógio. Não pensei que você fosse tão ingênua a ponto de acreditar em minha promessa.

Você teria, antes, o direito de me censurar por minhas digressões pelo fato de eu não ir até o fim daquilo que comecei. Falei de recalque, de impressões olfativas no momento do nascimento e não apenas não acrescentei que o odor penetrante dos lençóis, por mais que seja dissimulado, é necessariamente percebido pela criança que, em decorrência disso, adquire através do nariz sem nenhuma discussão possível uma experiência do nascimento; como também não disse de modo satisfatoriamente explícito por que extraímos da memória a percepção desse odor.

Por que, na verdade? Em primeiro lugar, porque a mãe, os parentes, os adultos proíbem que a criança compreenda essas coisas. Talvez não a impeçam com palavras, mas pelo tom, pelo timbre da voz, por uma espécie de embaraço que choca a criança. É destino do homem sentir vergonha de ter sido concebido humanamente e humanamente posto no mundo. Ele se acha ameaçado em seu orgulho, em sua semelhança com Deus. Ele gostaria tanto de procriar ao modo divino, de ser Deus! E pelo fato de que no ventre da mãe ele era um Deus todo-poderoso, descobre para si uma origem divina por meio da religião, inventa para si um deus-pai e aumenta o recalque do incesto até encontrar consolo na Virgem Maria, na Imaculada Conceição ou numa ciência qualquer. Trata com desprezo a procriação e a concepção de "atos bestiais" para poder dizer: "Não sou um animal, não tenho forma bestial, portanto sou filho de Deus e saí de Deus". Como

150   O LIVRO dISSO

não consegue atingir seu objetivo, envolve esse processo com a falsa auréola do mistério – e fazendo isso, como Judas, ele trai seu amor. Chega ao ponto de nem mesmo sentir vergonha de envolver o instante da união humana com um véu de mentiras pouco convincentes, como se esse momento não fosse celestial. O homem gostaria de ser qualquer outra coisa, menos um simples ser humano.

A segunda razão pela qual recalcamos esse complexo do odor dos lençóis e com isso renegamos nosso ornamento mais humano, o nariz – pois o que nos diferencia do animal é o nariz – a segunda razão, assim, é que não podemos suportar a idéia de ter uma mãe. Oh, me compreenda bem. Enquanto ela nos convém, enquanto for como desejamos que seja, de bom grado a reconhecemos como mãe. Mas quando nos lembramos que nos pôs no mundo, nós a detestamos. Não queremos saber que ela sofreu por nossa causa, isso nos é intolerável. Ou será que você nunca percebeu o tormento de seus filhos quando você está triste ou chorando? Sim, eu sei que minha mãe me pariu, falo disso como se fosse a coisa mais natural do mundo. Mas meu coração não quer aceitar isso, levanta-se contra esse estado de coisas e grita: "Não!" Às vezes isso nos pesa como se tivéssemos uma pedra sobre o peito. "É por causa da lembrança inconsciente da sufocação sentida durante o nascimento. . ." nos ensina nosso analista Eu-sei-tudo. "Não", sussurra o espírito de porco. "São seus pecados contra sua mãe, contra aquela que lhe deu à luz. Pecados mortais da ingratidão, do incesto, do sangue derramado, do assassinato. Você fez o que devia ter feito para que tudo lhe fosse propício e para poder ficar por muito tempo nesta terra?" Esta mão me acariciou, me deu de beber, de comer, e por vezes eu a odiei, muitas vezes detestei porque ela me dirigia. Esta pele me aqueceu e eu a detestei porque fui fraco demais para renunciar voluntariamente a esse calor, a sua suavidade e porque, por conseguinte, para escapar à tentação, Judas que fui, eu lhe atribuía, com má fé, ataques de raiva e desgosto inexistentes. Esta boca me sorriu e falou comigo: freqüentemente a detestei porque ela me censurou. Estes olhos me sorriram e falaram, e eu os detestei. Estes seios me alimentaram e eu os mordi. Vivi neste ventre e o rasguei. Matricida! Você sabe disso, você sente isso como eu, nunca houve ninguém que não tivesse assassinado a própria mãe. E é por isso que não queremos reconhecer que ela nos pariu. Acreditamos nisso com nossos lábios, mas não com o coração. O sangue que derramamos brada aos céus e fugimos dele: fugimos das exalações do sangue.

Penso numa terceira razão que nos leva a nos esforçarmos em perder a lembrança dos partos de nossas mães e a aniquilar o mais nobre de nossos sentidos, o olfato: é a fobia da castração. Sei que isso a aborrece, mas que posso fazer? Se você insiste em saber o que penso, é indispensável que eu repita. A idéia da castração atravessa nossa vida como as letras do alfabeto. Assim como o "a" e o "b" surgem o tempo todo na fala, esse complexo, essa fobia de tornar-se mulher ressurge sem cessar em nós. E ponha "a" e "b" juntos e você terá *ab (fora*; no caso, idéia de cortar) e você rirá como eu, espero, dos trocadilhos do inconsciente.

CARTA 21

Mas já é tempo de completar minhas declarações sobre as teorias do nascimento elaboradas pelas crianças, senão nunca conseguiremos sair deste labirinto. A criança, já disse, sabe que vivemos no ventre da mãe antes de virmos ao mundo; sabe disse tanto mais quanto mais jovem for. E a Bíblia, entre outras coisas, cuida para que ninguém se esqueça disso: não aparece escrito ali "E a criança pulava na barriga da mãe..."? Às vezes é possível localizar de modo exato o lugar em que está a criança que ainda não nasceu: no epigastro, isto é, no estômago. E é sem dúvida esta idéia que reside na origem da expressão: a mulher carrega o filho debaixo do coração. Conte isso a seu médico, poderá ajudá-lo quando tiver de fazer diagnósticos e nas curas, especialmente quando se tratar de perturbações gástricas, da náusea ao câncer do estômago. Se ele receber sua observação com um dar de ombros, procure outro médico, porque esse não estará "na moda", mesmo que seja muito sábio. Nada lhe é mais desagradável, e sei disso, do que a sensação de não estar na moda. Existe também a idéia de que a gravidez ocorre dentro do próprio coração; citei-lhe um caso em que esta convicção determinou uma doença que persistiu até que fizemos uma psicanálise. Aqueles que, na infância, adotaram esse modo de ver tiveram um mau início. É que essa idéia absurda — decorrente das expressões de ternura como "Tenho você em meu coração..." e "criança querida do coração..." estão ligadas de modo obscuro à horrível impressão de ter dilacerado o coração da mãe, de verdade. De verdade! Seu médico deveria saber também disso... por causa de seus pacientes cardíacos. Para lhe revelar em toda sua extensão a tolice das crianças, acrescento algo que sei sobre os pacientes que sofrem de problemas oculares: a idéia de uma gravidez do olho também existe — basta pensar na palavra "pupila" — e decorre do fato de a mãe de vez em quando dizer para o filho: "menina de meus olhos..." A menos que seja a expressão "menina dos olhos" que decorre do fato de ser essa teoria tão difusa a ponto de existir em todas as línguas. Não sei.

Pouco importa, a idéia predominante em todo o caso é a da gravidez abdominal. E pondo de lado as fantasias como o estouro ou a abertura do ventre com uma faca, o nascimento pelo umbigo ou pelo vômito, só resta à criança uma hipótese: o bebê vem ao mundo pelo traseiro. Já lhe disse isso, mas é preciso que você o grave profundamente em sua memória. É sobre essa teoria que se baseiam todos os casos de constipação. É dela também que decorre o sentido da economia, portanto o comércio, a noção de propriedade e, enfim, o sentido da ordem, isso mesmo, e muitas outras coisas! Não ria quando digo isso, minha cara. Logo após ter escrito isso, a coisa toda me parece monstruosa mas no entanto é verdade. O Isso não se preocupa com nosso esteticismo, com nossa razão e nossas idéias. Pensa por conta própria, ao modo do Isso, e brinca com as noções a ponto de a razão perder-se nesse jogo. "Para mim", diz ele, "uma criança é como a linguiça que você fabrica, ser humano. Também se parece com o dinheiro que você tem... Quase ia esquecendo, se parece com esse rabinho que distingue o menino da menina e que, por capricho, porque

152   O LIVRO dISSO

isso me agradava, eu prendi na frente em vez de no traseiro. Lá atrás, eu faço com que ele caia a cada 24 horas, eu o castro; na parte da frente, deixo que ele fique naqueles que considero *homines*, homens; e o retiro dos outros seres humanos, faço com que o corroam, o cortem, o arranquem. Porque eu preciso também de meninas."

Já lhe contei tudo isso antes. Mas não fica mal repetir. Agora, vejamos o que a criança pensa da concepção.

Primeiramente, tentemos compreender onde ela encontra a ocasião e o tempo de pensar nisso. O mundo exterior oferece à criança tantos motivos de interesse que é preciso usar um pouco de força para que ela fique quieta, a fim de que possa analisar todas suas impressões. Talvez você me permita lembrar-lhe esse troninho a partir do qual a casa é governada desde o momento que em seus muros aparece uma criança. Me surpreende, há muito, o fato de ninguém ter ainda pensado em procurar a significação do urinol, e isso é tanto mais incompreensível depois que Busch observou em versos clássicos que

O ser humano, em sua obscura precisão
Inventou o *closet*

De fato, toda a importância que se puder atribuir à significação desse recipiente nunca será excessiva, recipiente que, ao longo de nossa vida, se adapta às proporções do corpo e, pela duração voluntária de sua utilização, presta-se à meditação. Para começar, é o solene ato cotidiano de todo o primeiro ano de vida.

Quantas vezes, de boa ou má vontade, vi famílias inteiras — dignos pais, recatadas esposas, bem comportadas crianças — assistirem a essa libertação do fardo abdominal da criança mais nova com um mudo recolhimento, interrompida aqui e ali por exclamações como "Vamos, força, faça mmmm, mmmm". E se minhas lembranças estão certas, não era sua pequena Margarida que dava um jeito de "precisar ir" sempre que chegava uma visita? Com que habilidade ela sabia atrair a atenção das saias e calças presentes para, finalmente, levantar com graça sua camisola e revelar os misteriosos tesouros nela adormecidos, sem esquecer, uma vez finda a cerimônia, de chamar a atenção para suas costas através de uma complacente exibição de seu traseirinho.

Esse tipo de comportamento é muito comum nas crianças. E por termos o hábito de inventar nomes bem comportados para coisas que em razão dos bons usos não gostamos de admitir como propriedades gerais, o que nos permite agir como se se tratasse de tendências mórbidas das quais nós mesmos, piedosos, nos mantemos afastados com um arrepio de horror, chamamos de exibicionismo esse impulso que nos leva a expor nossos segredos sexuais. Nada a dizer contra isso. Mas eis que a Medicina, o Direito, a Teologia e esta casta prostituta que ostenta o nome de Sociedade decidiram que deveriam existir os exibicionistas, isto é, pessoas nas quais a tendência de exibir a própria sexualidade atingiu um estádio patológico. Permita que eu me erga contra essa afirmação. Na verdade, o mesmo que acontece com os exibicionistas acontece com todos os que foram etiquetados

CARTA 21 153

com nomes terminando por "-istas" ou "-icos": sádicos, masoquistas, fetichistas. Essencialmente, não são diferentes de nós, que nos dizemos sadios. Se há alguma diferença é que não deixamos nossos impulsos aparecer, nossos "ismos" ou "icos", a não ser naquelas ocasiões em que a moda os desculpa, e quando os outros "ismos" ou "icos" não estão mais no gosto do dia.

Há alguns anos, aqui onde moro, via-se um homem circulando por aqui lá pelas seis da manhã; ia de casa em casa, tocava a campainha e quando a empregada, um pouco assustada, abria a porta, ele abria o pesado casaco que usava — e que era sua única indumentária — e mostrava à moça chocada seu membro ereto ao qual, a fim de que pudesse ser observado mais facilmente, havia grudado uma lanterna. Diziam que era mórbido; taxaram esse homem de exibicionista. Mas por que não fazer o mesmo com os vestidos de baile, que revelam tantos tesouros ocultos, ou com a dança, que é sem dúvida uma representação do ato sexual ou, pelo menos, exibição de erotismo? Claro, os fariseus fanáticos da pureza se apressam em afirmar que o objetivo da dança é fazer exercício. Acho que posso responder a essa tentativa de resgate exageradamente parcial da moral com um ataque não menos exageradamente parcial contra a mesma moral, dizendo: o exercício, ou o movimento — quer se trate da dança, da caminhada ou da esgrima — existe apenas em função do erotismo. Hoje em dia, usamos calças consideravelmente largas; mas há algumas décadas, eram bem justas, de modo que as marcas da virilidade podiam ser vistas à distância. Os soldados do tempo da Reforma tinham o lugar do escroto claramente indicado na parte exterior da armadura, indicação ressaltada pelo fato de esses senhores costurarem por cima desse lugar um pedaço de pau cuja ponta era coberta por um pedaço de pano vermelho. E hoje? A bengala e o cigarro são eloqüentes. Repare no fumante aprendiz, veja com que precipitação nervosa ele leva o cigarro aos lábios para pequenas aspirações apressadas! Repare numa mulher subindo num carro e se atreva a vir me falar da morbidez do exibicionismo! As mulheres fazem tricô: é exibição. A enamorada passa o braço sob o braço do amado: exibição. A noiva ornamenta-se com a coroa e o véu: exibição da noite de núpcias que está por vir.

Possivelmente você mesma terá reparado que, no que me diz respeito, considero que o impulso para a exibição e a simbolização são coisas intimamente aparentadas. Eu me sinto autorizado a chamar o tricô de exibição, esse "trabalho de mulher", porque as agulhas, o membro, são mergulhadas na malha, no buraco. Também a equitação é exibição: a identificação do cavalo com a mulher está profundamente mergulhada no inconsciente de todos; e que a coroa da noiva representa a vagina e o véu a membrana do hímen é algo que realmente não preciso dizer.

Imagino que não lhe escapou a razão deste intervalo sobre o exibicionismo. Eu queria com isto dizer que não há diferença real entre o que é sadio e o que é mórbido, que cada médico, cada doente pode, à sua escolha, decidir o que chamará de mórbido. Este é, para o médico, um conhecimento indispensável. Caso contrário, ele fica

154 O LIVRO dISSO

perdido em caminhos impraticáveis sob o pretexto de querer curar a todo custo. E dado que, definitivamente, é o Isso que cura, enquanto o que o médico faz é esforçar-se por tratar, esse é um erro que pode ser funesto.

Há uma espécie de oposto do exibicionismo: a mania do *voyeur*. Por isso se entende, parece, o impulso que leva a ver um ato sexual. Também se deu a esse impulso a honra de considerá-lo patológico naqueles que chamamos de *voyeurs*. Como já disse, é uma questão de gosto. Não sinto nenhuma simpatia pelas pessoas que fingem ignorar a existência do erotismo e não creio na autenticidade do gesto da professora de pensionato quando ela vira sua sombrinha aberta de modo a não ver as mocinhas se banhando no rio. Está fora de dúvida que estes dois impulsos, exibir e ver, ocupam um grande lugar na existência humana e têm influência sobre tudo o que é humano e "demasiado humano".

Imagine que estas duas pulsões tão pervertidas pudessem desaparecer da vida dos homens: o que aconteceria? O que seria da poesia, do teatro, da cortina que se abre no palco? E a igreja e suas cerimônias de casamento, os jardins e suas flores, a casa e seus ornamentos, móveis e quadros? Acredite, há momentos em que não sei se devo rir ou chorar. Quando me vejo nesse estado de espírito, meus olhos ficam mais penetrantes e aos poucos fico satisfeito com a idéia de que essas coisas me interessam e me oferecem elementos adequados para distraí-la.

Patrik Troll

Carta 22

Obrigado, minha amiga: desta vez você "pegou" a coisa bem depressa. A história da pequena Else irrompendo na sala de camisola durante uma recepção, com a mãe advertindo: "Você deveria ter vergonha, Else. Não se aparece de camisola na sala quando temos visitas", após o que Else se apressa a tirar aquilo que era sua única roupa a fim de expressar sua vergonha, convém perfeitamente para nossa coleção comum. E Ernst, que abriu um buraco na saia da irmã para poder ver como "ela" se parece, ali, ilustra maravilhosamente o hábito que têm os teatros de oferecer sempre um "olho" na cortina do palco. Talvez isso a faça entender melhor por que eu estabeleço uma relação entre o teatro, o exibicionismo e o voyeurismo. Os atos das peças de teatro são realmente "atos", atos sexuais simbólicos.

Isto ao mesmo tempo responde a suas objeções a respeito das mil perversões infantis. Continuo com a opinião de que essas múltiplas perversões são um traço de caráter comum a todos os humanos de todas as idades, e daí não me afasto, nem por você. Não há dúvida de que essas duas perversões, o exibicionismo e o voyeurismo, podem ser encontradas em todas as crianças. E não sou eu quem desconhece por nada deste mundo a significação do fato de que, até seu terceiro ano de idade, as crianças se entregam a essas perversões com uma especial predileção; voltarei a falar disto, tanto mais quanto preciso indicar-lhe, repetindo, que a natureza se serve desses três primeiros anos, impossíveis de manter na memória, para fazer da criança um escravo e um artista em matéria de amor. Mas o que vale para a criança vale para o adulto também. Não se pode negar que o amante sente prazer em ver nua sua amada e que a esta não repugna se mostrar despida; o contrário disso implicaria numa tendência à morbidez sobre

156 O LIVRO dISSO

cujo significado não poderíamos nos enganar. Não é divertido o fato de os doutores, os juízes, as damas esquecerem durante o dia, na seriedade do dia, aquilo que fizeram durante a noite? O mesmo acontece conosco, que pensamos não ter preconceitos. O provérbio "Quem tem telhado de vidro não joga pedra no telhado dos outros" é verdadeiro até em seus menores detalhes. Nós, humanos, agimos todos conforme o princípio do ladrão que grita "Pega ladrão" mais forte do que todo mundo.

Além disso, a perversão não se limita ao sentido da visão. Pode parecer ridículo falar em exibição através da audição où do olfato, ou de um voyeurismo do paladar e do tato, mas cada uma dessas coisas tem um sentido real. Não é só o adolescente que urina de modo audível para provar sua virilidade; também o adulto o faz no jogo do amor. Todos conhecemos, por experiência pessoal, essa sensação de curiosidade ou de raiva que chega a ser doentia quando, num hotel, ouvimos no quarto ao lado os sussurros amorosos e os suspiros ardentes de um casal jovem, o barulho de água correndo no bidê e da urina. As mães imitam o som da urina, "xxxii xxxxxii", a fim de facilitar a ejaculação do "pintinho" do filho e nós, médicos, recorremos todos ao estratagema de abrir a torneira da pia quando observamos que um paciente se sente inibido por ter de usar o vaso em nossa presença. Aliás, quem pode negar o papel do peido na vida humana? Você não é a única, minha amiga, a esboçar um sorriso divertido ao recordar uma engraçada explosão. Não tenho nenhuma ilusão sobre a atitude de sua amiga Katinka quando você lhe passar esta carta. Virtuosa, ela dirá "Que nojo!" e jogará fora a carta, enquanto o conselheiro íntimo Sr. Bilioso, que há muito permitiu que seu senso de humor se perdesse nas mil dobras de sua boca maldizente, pronunciará com desprezo a palavra "Porco!" Mas o riso e a cólera provam ambos que a resposta emocional existe sim senhora, que o exibicionismo "auditivo" encontrou um *voyeur* "auditivo".

. Os gases fecais levam de modo natural aos incidentes que ocorrem na zona do sentido do olfato. Deixo a você o trabalho de imaginar os odores atraentes ou nauseabundos que emanam do ser humano ou que ele assimila, e acrescentarei pouca coisa. Primeiro, algo que deriva da frase anterior: a exalação ou a percepção dos odores nem sempre tem o caráter de uma provocação sexual. Também aqui vemos em vigor a lei dos contrários. Segundo as circunstâncias, é possível distinguir nos odores o ódio, o desprezo e a rejeição. Você concordará comigo que o fedor que o Isso usa para a boca, as mãos, os pés e as partes sexuais provoca, pelo menos para nosso consciente, reações mais violentas que as provocadas pelos odores agradáveis. A fim de lhe esclarecer os singulares caprichos aos quais o Isso se entrega, permito-me lembrar-lhe nossa amiga comum, Wehler. Você sabe como são magníficos seus cabelos, talvez os mais bonitos que já vi. Posso imaginá-la, você fazendo uma careta. Essa linda cabeleira exala um odor terrível. Ou pelo menos exalava, porque agora nem mesmo o nariz mais sensível teria algo a dizer sobre o cheiro desses cabelos. Annie foi rápida e facilmente libertada desse funesto amálgama de beleza

CARTA 22   157

e horror desde que tomou consciência de que seu Isso era particularmente sensual e, por isso, havia dotado aqueles cabelos das maiores belezas, mais ou menos como os mais sensuais dos sensuais, os tuberculosos, fazem com seus próprios cabelos, olhos e dentes. Sobre esse Isso, a vida enxertou um outro Isso, moralista e medroso, que inventou essa pestilência a fim de neutralizar pela rejeição a atração daquela beleza.

Mais uma coisa sobre este assunto: você sempre diz que as pessoas que não se lavam cheiram mal. Eu estava presente quando você disse isso a seu filho de dez anos que não gosta de água, enquanto você tentava lhe enfiar essa noção no espírito acompanhando sua afirmação com uma minuciosa inspeção das orelhas, pescoço e mãos. Seria indiscreto perguntar-lhe se você lava freqüentemente seus cabelos? Mas posso garantir-lhe que eles cheiram gostoso. O Isso não se preocupa com as idéias ridículas dos seres humanos. Fede quando quer feder e transforma a sujeira em odor suave quando tem vontade. De vez em quando tenho a sensação que as pessoas se lavam não por horror à sujeira mas porque, como Pilatos, querem assumir uma pureza que não têm. O que ouvi um adolescente dizer, "Não sou tão porco assim para ter de me lavar todos os dias!", não é uma besteira tão grande quanto se poderia pensar. O que acontece com a fobia da sujeira é o mesmo que acontece com a fobia do cocô e do xixi. A gente se limpa com muito cuidado, a gente se lava eventualmente após cada evacuação, líquida ou sólida, mas ninguém pensa que a gente carrega no abdômen, o tempo todo, essas coisas que chamamos de sujas. Ó tu, fossa negra ambulante que te chamas a ti mesmo de Ser Humano! Quanto mais manifestares nojo e horror pelos dejetos e pela urina, quanto mais te lavares, mais saberei que estás intimamente convencido da sujeira de tua alma. Por que engoles tua saliva, se a saliva é nojenta?

Não vou aborrecê-la mais com seus paradoxos. Prefiro chamar sua atenção para uma estranha forma de exibicionismo: a de si mesmo para si mesmo. O espelho lhe vem à mente e junto com ele o narcisismo, porque foi Narciso que descobriu o espelho — e o onanismo. O espelho é um símbolo da masturbação. E se você tem, como eu, uma cabeça que gosta de malabarismos, admitirá que fazemos caretas no espelho unicamente por prazer; o exibicionismo portanto pode ser ambivalente: atrai e repele.

Mas eu estava falando de cheiros e banheiros. Pode me citar uma única de suas amigas que não dá uma olhada em seus dejetos — por razões de saúde, claro? Tenho certeza que nenhuma delas tampa o nariz ao fazer isso; e, também, que há pessoas que, de noite, quando se enfiam sob as cobertas, gostam de saber que tipo de matéria calorífica ingeriu durante o dia; e uma ou outra de vez em quando cheira o dedo quando o papel não passou suficientemente perto do lugar das sensações sublimes. E há sem dúvida, acredite, pessoas educadas que enfiam o dedo no nariz quando estão sozinhas: os buracos foram feitos para que neles se enfie alguma coisa, e as narinas não são exceção à regra.

158   O LIVRO dISSO

Quantas coisas eu poderia lhe contar sobre todas essas exibições inconscientes dos gestos, vozes e hábitos. Procure e encontrará, diz a Bíblia. Mas ela diz também: Você tem olhos mas não sabe ver, tem ouvidos e não sabe escutar.

As relações entre o sentido do olfato e Eros inconsciente são de difícil passagem para o consciente. O mais fácil é observar essas relações nas crianças no ato de chupar. Com algum esforço, é possível perceber que freqüentemente encontramos nas relações entre amantes hábitos que podem ser interpretados no sentido gustativo. E freqüente chupar o dedo do ou da amante. E a secreta intimidade dessas carícias indica claramente a parte importante atribuída ao paladar. Por mais virtuoso e casto que alguém seja, o ato de chupar a pele, o peito, os lábios, o pescoço, freqüentemente acompanha o ato carnal e a língua é, para todos, o órgão da volúpia. Tenho a impressão que a exibição dos seios é um convite para que sejam chupados, convite próximo ao de tocar e olhar, pois as funções dos sentidos estão sempre próximas umas das outras. Isso nos leva a falar de uma autêntica exibição do Isso: a ereção do mamilo, independente da vontade humana, que se manifesta na mocinha mais pura. Deixo a você o trabalho de tirar suas conclusões sobre o efeito da ereção do mamilo sobre a ereção do membro do homem, mas voltarei ao assunto mais tarde, por mais escabroso que seja este tema.

Preciso mencionar ainda mais uma das manifestações do erotismo do paladar: os pratos prediletos. A predileção pelo que é doce, amargo, ácido, gorduroso, salgado, por este alimento ou aquela bebida, o modo de apresentar os pratos, de convidar as pessoas a se servirem, o modo de comer, de estabelecer um cardápio, indicam as inclinações pessoais. Lembre-se disto, e também que pouco importa que alguém coma porco assado com gosto ou não, dá no mesmo.

Preciso lhe falar também do tato? Você poderia resolver este item sozinha, meditando e fazendo algumas experiências: o fato de estender a mão, os lábios que se oferecem, o joelho que procura o seu e o pé que vem pousar na ponta de seu sapato sob a mesa. Mas há alguns processos que requerem alguma explicação. Do ponto de vista erótico, logo se compreendeu os motivos da mão que acaricia. Mas o que dizer das mãos frias? Mão fria, coração quente, diz o provérbio; e os provérbios raramente se enganam. "Veja como estou fria!", diz esta mão. "Me esquente, preciso ser amada. . ." E por trás, escondido, o Isso está à espreita, como sempre. "Este homem me agrada", diz ele. "Mas talvez não seja recíproco. Vamos ver, se a frieza de minhas mãos não o assustam, as mãos dele acolherão amorosamente esta coisinha que lhe dou e tudo irá bem. Se ele permanecer inacessível, frio como minha mão, isso não significa que não me quer, mas que a frieza de minha mão o deixa frio." E — sim, o Isso é mais malandro do que você pensa — ele faz o necessário para que a mão fique úmida; ela se transforma assim em verdadeira pedra de toque do amor, porque para pegar com prazer uma mão fria e úmida é preciso amar profundamente a pessoa à qual pertence aquela mão. Esta mão exibicionista explica franca e abertamente: "Veja, a seiva

CARTA 22

da vida brota de mim mesmo no frio, tão ardente é minha paixão. Com que ondas de amor não te inundarei se me aquecer?"

Como vê, minha amiga, mergulhei nas camadas profundas do erotismo inconsciente, ao interpretar estes processos fisiológicos, e gostaria de me deter por aqui um pouco. É que esta inconsciente exibição da sexualidade oferece ao médico que sou mais interesse do que a simples ação do impulso sobre o consciente psíquico.

Como exemplo, alguns fenômenos dermatológicos que me deram bastante trabalho. Você sabe que, como antigo aluno de Schweninger, de vez em quando ainda recebo pacientes que vêm me consultar sobre doenças da pele e, entre eles, sempre há alguns que se queixam de coceiras produzidas por erupções cutâneas crônicas. Antigamente eu os ouvia dizer, sem prestar muita atenção, quando chegávamos a uma certa altura da história de suas doenças, que tinham a pele sensível. Hoje sei que aquele eczema reafirmava o tempo todo a mesma certeza, mas dizia as coisas de modo mais claro e descrevia o tipo de sensibilidade que tinham. O que dizia era o seguinte — pelo menos é o que eu acreditava e ainda acredito entender, e os sucessos que tive parecem me dar razão — "Veja como minha pele deseja ser suavemente tocada de modo suave! Um toque suave é maravilhoso, mas ninguém me acaricia. Me compreenda, me ajude! Como posso expressar meu desejo a não ser através destes arranhões que me imponho?" Você tem aí uma autêntica exibição no setor do tato.

Bem, já conversamos bastante e aquela criancinha que havíamos deixado meditando em seu troninho já acabou o que estava fazendo. Eu pretendia lhe falar das idéias dela enquanto fazia suas necessidades, mas não falei. É que não é de todo certo que é nessa posição que ela se entrega às meditações sobre a concepção. Mais uma palavra antes de me despedir de você: o penico — ou a privada, dá no mesmo — é um móvel importante e há um monte de gente que passa nele três quartos de suas vidas. Não que ocupem esse objeto no sentido literal da palavra, mas pela manhã acordam com esta idéia: "Será que hoje eu consigo?" E algumas horas depois de ter realizado esse ato difícil, recomeçam a pensar, e também a falar, em geral durante o almoço: "Será que amanhã consigo?" Pois é, este mundo é engraçado.

Pense um pouco: a criança adora acompanhar o pai ou a mãe a um lugar isolado para ver como se comportam; ao crescer, ela procura os amiguinhos para avançar em suas observações e conseguir mais informações; depois vem a época da puberdade, e é ainda no segredo do banheiro que se dá o acontecimento mais perturbador desses anos, talvez de toda sua vida: a masturbação. A partir do momento em que cessa o desenvolvimento da pessoa, começa o embrutecimento do ser humano e, ao invés de continuar sua procura da busca das maravilhas da existência, ele se contenta com ler jornais, ou educar-se até que um ataque o fulmine em seu escritório, acabando com tudo. Do berço à cova.

Sinceras saudações, do sempre seu

Patrik Troll.

Carta 23

Concordo, cara amiga, que não é oportuno falar tão longamente sobre a exibição e concordo também que ampliei abusivamente o sentido dessa palavra. Isso se explica pelo fato de que exatamente neste momento estou lidando com alguns pacientes que se entregam a essa pulsão com virtuosismo. Eu acreditava que, em virtude do conteúdo, você não se importaria com a forma.

Por isso hoje, ao invés de comprimir em um sistema aquilo que não tem sistema, vou me limitar a alinhar algumas observações. Você mesma tirará suas conclusões.

Preste atenção, por uns dias, na boca de Helena Karsten. Ela lhe porporcionará várias lições.

Você sabe que essa boca é considerada particularmente pequena; dá a impressão de que seria difícil introduzir nela uma moeda de um marco. Mas pronunciem em sua presença a palavra "cavalo" e essa boca ficará do tamanho da boca de um cavalo; fará caretas e mostrará os dentes, como um cavalo. Por quê? Atrás da casa da família de Helena há o terreno de treinamento do regimento dos dragões. Foi ali, entre os cavalos, que ela fez seus primeiros estudos sobre o homem e a mulher. Bem criança, ela foi colocada sobre um desses animais por um suboficial e parece que nesse momento sentiu suas primeiras impressões voluptuosas. Pense numa menininha de cinco anos ao lado de um cavalo: diante de si ela vê o ventre do animal com aquela coisa que está presa ali e que, de repente, aumenta de tamanho, quase o dobro, deixando passar um potente jato de urina. Esse é, para falar a verdade, um espetáculo perturbador para uma criança.

Diz o povo que, nas mulheres, é possível adivinhar o tamanho da entrada da vagina pelo tamanho da boca. Talvez o povo tenha razão, pois há um paralelismo entre a boca e o orifício sexual. O aspecto da boca se transforma e segue as excitações sexuais e, quando não

162   O LIVRO dISSO

é esse o caso, a inibição deixa-se mostrar na ação dos músculos. O bocejo não revela apenas o cansaço mas também que naquele momento está ali uma mulher lasciva, parecida nesse aspecto à que dorme de boca aberta.

Olhe para as pessoas: você lê em seus rostos, no formato das cabeças, no jogo das mãos, no modo de andar, mil histórias. Uma tem os olhos saltados: pode ter certeza que essa quer, já de longe, deixar claros a curiosidade e o medo provocados por surpreendentes descobertas. Os olhos enfiados dentro das órbitas indicam que fugiram para lá quando o ódio dos homens tornou-se forte demais: não querem ver mais nada e, menos ainda, serem vistos. As lágrimas derramadas não se dedicam apenas ao pesar e à dor, elas imitam a pérola que repousa profundamente em sua concha, a concha da mulher, e todo choro derramado está cheio de voluptuosidade simbólica. Sempre, não há exceção. Os poetas, os escritores não ignoram isso; sabem disso há milênios e falam a respeito sem o manifestarem de modo consciente. Somente aqueles que deveriam saber disso é que o ignoram. Eros se serve do olho para seu uso pessoal, tem de oferecer-lhe imagens agradáveis. E quando há muitas dessas imagens, ele as elimina lavando-as; permite que as lágrimas transbordem, porque a tensão interior tornou-se grande demais para poder ser eliminada através das secreções genitais, porque o procedimento infantil de acabar com a excitação através da urina lhe está proibido ou porque, contrariado pela moral, ele quer fazer com que o homem expie de modo alegórico sua vergonha por sentir-se erótico. Eros é um deus forte, ativo; sabe como punir com crueldade e ironia. "Você acha nojento que eu tenha ligado a mais alta função humana, a união entre o homem e a mulher, à sensação de umidade entre as pernas. Portanto, que seja feita sua vontade. Você tem mucosas nos intestinos e em outros lugares, portanto que daqui por diante sua ejaculação se dê sob a forma de diarréias, defecações, resfriados, transpiração dos pés ou das axilas e, sobretudo, pela urina."

Entendo que você ache isso estranho. Mas o que me impede de me entregar à minha imaginação como eu bem entender? De chamar hoje de Eros aquilo que ontem eu chamava de Isso, de conceber o Isso como uma deidade terrível, embora eu a tenha representado ainda há pouco como algo cheio de ternura, compaixão e suavidade; ou de dotá-lo com uma força que ora oprime e ora proíbe, de modo que ele parece estar o tempo todo em contradição consigo mesmo? Agindo assim, estou agindo do mesmo modo como sempre agiram os seres humanos, desde sempre. Me parece útil, para nossos pensamentos superficiais demasiado bem ordenados, perturbar de vez em quando a ordem dos valores. Tudo deve ser revolucionado; pode ser um objetivo bobo, mas a observação é justa.

Posso continuar a "imaginar"? Eu falava ainda há pouco do paralelismo entre a boca e o orifício sexual. O nariz, por sua vez, para um Isso que se tornou caprichoso e cuja onipotência não conhece mais limites, para o Isso o nariz é um membro masculino, em conseqüência do que o Isso faz o nariz grande ou pequeno, arredondado ou pontudo, apresenta-o de lado no rosto, conforme queira revelar esta ou aquela tendência. Peço agora que tire suas próprias conclusões sobre os sangramentos pelo nariz, tão freqüentes em certas idades, dos pêlos que crescem nas narinas, dos pólipos e do mau cheiro de origem escrufulosa. Também as orelhas são uma concha, e a concha, eu já disse, é símbolo de feminilidade. A orelha é um órgão receptor e, para um observador imaginoso, sua configuração não deixa de ser interessante.

Mas não vá pensar que estou querendo explicar tudo isso. A vida é demasiado variada para que se possa conhecê-la bem, escorregadia demais para que se possa segurá-la na mão. Talvez eu esteja querendo apenas brincar um pouco com a lógica. Talvez isso também esteja escondendo...

Já percebeu como é difícil às vezes deixar que as crianças nos deixem examinar sua boca? A criança pensa, com ingenuidade, que a boca é a entrada da alma e acredita que o médico — os tolos, pequenos ou grandes, acham que o médico é um mágico — ficará sabendo de todos os seus segredos através da boca. De fato, existe na faringe algo que a criança não diz: o conhecimento do homem e da mulher. Lá no fundo é possível ver dois arcos — ou são as amígdalas? — que delimitam uma abertura que leva aos abismos da laringe e entre esses limites estremece, se fecha e se expande uma linguinha vermelha; melhor, é ali que pende um rabinho. "Aquele homem de óculos, aquele doutor, ao ver isso ficará sabendo que de noite eu escutava quando meus pais, pensando que eu estava dormindo, brincavam debaixo dos lençóis uma brincadeira que eu não tinha o direito de conhecer. E ele talvez veja também, quem sabe, aquilo que eu mesmo já fiz sem que ninguém soubesse..." As inflamações da garganta entre as crianças estão cheias de lições; você não acreditaria no que se pode descobrir através disso.

E nas rubéolas e escarlatinas, então! "Estou ardendo, estou em fogo, diz a febre, e estou com tanta vergonha! Veja, estou vermelha no corpo todo." Você naturalmente não precisa acreditar nisso, mas como se explica que duas entre três crianças peguem escarlatina e a terceira não? Às vezes uma explicação fantástica vale mais que nenhuma explicação. E a que tenho não é tão boba assim. Basta pensar que a idade da paixão não é a época da juventude, mas a da infância. A vermelhidão da vergonha, no entanto, em seu duplo sentido exigido pelo Isso, joga um véu sobre o rosto a fim de que não possamos descobrir o que está acontecendo por baixo dele, e também para que vejamos aparecer o fogo da sensualidade, para que saibamos que o Isso, criado na moral, escorraça o sangue demasiado quente do ventre, das partes sexuais, para bem longe do inferno e da tentação, para a cabeça, a fim de escurecer mais ainda o cérebro.

Poderia lhe contar outras coisas, a respeito da pneumonia e do câncer, dos cálculos na vesícula biliar e das hematúrias, mas podemos falar disso mais tarde. Por hoje, mais uma palavra a respeito da pulsão para a exibição e de seu poderio. Há um século, o ginecólogo não existia; hoje, encontramos esse especialista mesmo nas menores

164 O LIVRO dISSO

cidades e em todas as esquinas das cidades maiores. Isso deriva do fato de a mulher nunca ter ocasião para se exibir fora da intimidade sexual, do fato de que estar doente tudo desculpa e porque a doença faz expiar todos os desejos puníveis inconscientes, semiconscientes e conscientes, oferecendo assim uma proteção contra o castigo eterno. Existe uma forma de exibição historicamente importante para o bom entendimento do que estamos dizendo: é a histeria, particularmente as convulsões histéricas. Já mencionei uma vez o nome de Freud e gostaria de repetir aqui o que disse no começo: tudo aquilo que, nestas linhas mal traçadas, está certo provém dele. É o seguinte: há várias décadas Freud fez suas primeiras observações fundamentais sobre o Isso numa histérica. Não sei o que ele pensa hoje desses sintomas, portanto não posso invocá-lo quando afirmo que o Isso das histéricas é mais ardiloso que o das outras pessoas. Acontece às vezes de esse Isso sentir vontade de exibir os segredos de Eros diante de todo mundo e do modo mais público possível. A fim de poder entregar-se a essa *performance*, ao lado da qual as danças nuas ou do ventre não são nada, sem ser incomodada pelas censuras pessoais e pela indignação moral da vizinhança, o Isso inventa a perda da consciência e disfarça simbolicamente o processo erótico sob a forma de espasmos, de movimentos assustadores e de deslocações do tronco, da cabeça e dos membros. Tudo acontece como num sonho, salvo que o Isso convida, para o espetáculo de seu orgasmo, um público honroso, do qual ele se põe a rir.

Volto a minhas declarações sobre a teoria do ato carnal e da concepção tais como as crianças as imaginam, tais como você as imaginou, tais como eu mesmo as imaginei. Antes, uma pergunta a lhe fazer. Quando é que você acha que ficou conhecendo a diferença entre os sexos? Por favor, não vá dizer: "Com oito anos, quando meu irmão nasceu". Estou convencido que desde os cinco anos você já podia distinguir uma menina nua de um menino nu; talvez com três anos, talvez ainda mais cedo. Acabará descobrindo que não sabe quando foi, que ninguém sabe. Conheço um menininho de dois anos e meio, Stacho. Ele estava assistindo à *toilette* da irmãzinha recém-nascida e de repente, apontando para o meio das pernas dela, pronunciou estas duas palavras: "Stacho tem. . ." e foi-se embora.

Portanto, não temos idéia alguma do momento em que a criança toma consciência da diferença dos sexos; mas as mães sabem que antes do quarto ano de vida a criança manifesta o maior interesse em estabelecer essa diferença, em pensar nos motivos para isso e em fazer peguntas sobre o assunto; para mim isso prova de modo irrefutável que o interesse por esse assunto é bem acentuado. Já disse antes que a criança, sob a compulsão das associações do complexo de castração, está vonvencida de que todos os seres humanos são providos de rabinhos, isto é, de sexo masculino, e que aquilo que chamamos de mulheres e meninas são homens castrados, mutilados; mutilados com o objetivo de ter filhos e como punição pelo onanismo. Esta idéia não é tão boba assim mas, por sua atuação, tem um alcance incalculável: é sobre essa idéia que repousam o sentimento de superioridade dos homens

CARTA 23

e o sentimento de inferioridade das mulheres, porque é em virtude disso que a mulher fica por baixo e o homem por cima, por isso que a mulher procura elevar-se na direção do céu, para a religião, enquanto o homem olha para a frente, para os horizontes distantes da filosofia. Esta idéia alia-se no processo de pensamentos confusos porém lógicos da criança, aos resultados de um exame minucioso das partes sexuais masculinas. Com um inato espírito de economia doméstica, ela considera cuidadosamente − nós fizemos assim, todos fazem − de que modo essas partes sexuais cortadas podem ser empregadas. A utilização do apêndice caudal, de início, é de difícil determinação; conforme as circunstâncias, ele parece prolongar sua existência sob a forma de um apêndice, *tout court*. Por outro lado, aquele saquinho contém dois pequenos corpos muito semelhantes a ovos. Ovos são para comer. Por conseguinte, os ovos cortados dos homens condenados a se transformarem em mulheres serão comidos. Mesmo a criança, geralmente insensível à dor do outro, recua diante de tal conclusão. Ela acha insensato mutilar homens apenas com o objetivo de alimentar-se, tanto mais quanto as galinhas produzem muitos ovos. Por isso ela começa a procurar uma outra razão para explicar de modo satisfatório essa operação e esse consumo. E logo uma experiência corre em auxílio dessa criança que medita: dos ovos nascem os pintinhos, os filhos das galinhas; e esses ovos saem da galinha pelo traseiro, do buraco existente no bumbum da galinha; portanto, é do bumbum da mulher que saem os filhos. Agora, as coisas estão mais claras. Os ovos cortados dos homens serão comidos não porque são gostosos mas porque deles sairão filhos de homens. E o ciclo de reflexõs se enrola lentamente; das trevas do espírito surge um ser assustador: o pai. O pai corta as partes sexuais da mãe e as entrega à própria mulher para que ela as coma. É daí que provêm as crianças. Essa é a razão das lutas que abalam a cama dos pais durante a noite; está aí a explicação dos suspiros e dos gemidos, do sangue no urinol. O pai é terrível, cruel, e suas punições são temíveis. Mas o que ele pune? Aquele esfregar e tocar. A mãe se tocaria, portanto? Esta idéia é inconcebível. Mas não é preciso ficar pensando nisso. A experiência logo toma o lugar da reflexão. A mão materna esfrega cotidianamente os ovinhos pueris do menininho, brinca com seu rabinho. "A mãe conhece o esfregamento. O pai sabe disso e a pune por isso. Assim, vai me punir também porque eu também brinco com o rabinho. Pois que ele me castigue; quero ter filhos! Quero brincar, porque ele me punirá e eu terei filhos. Graças a Deus, tenho um pretexto para brincar, para me tocar. Mas com quem vou brincar se meu pai me cortar o rabinho? É melhor que eu esconda meu prazer. É preferível assim!"

É assim que se alternam o desejo e o medo, e a criança aos poucos se transforma em homem, oscilando entre os impulsos e a moral, o desejo e o medo.

Até breve, minha cara

seu

Patrik Troll.

Carta 24

É gentil de sua parte, minha amiga, rir do que escrevo ao invés de levar as coisas para um lado trágico. Já riram tanto de mim e eu mesmo já senti tanto prazer em me juntar a meus detratores que muitas vezes nem eu sei se de fato penso o que estou dizendo ou se digo as coisas por brincadeira.

Mas, diz o ditado, não te juntes aos zombeteiros. Não tenho a pretensão de acreditar que esta mescla de fantasias que lhe apresentei outro dia como sendo uma "teoria sexual das crianças" alguma vez apareceu desse modo na cabeça de uma criança ou, tanto quanto sei, em qualquer outra cabeça além da minha. Mesmo assim, você encontrará pedaços do que eu disse em todo lugar, freqüentemente de forma alterada, mal reconhecíveis, muitas vezes incorporados em outra série de fantasmas. O que me interessava sobretudo era fazer com que você apreendesse, gravando fundo em sua alma, que a criança está freqüentemente às voltas com os mistérios da sexualidade, de Eros, do Isso e de um modo bem mais intenso do que o faz um psicólogo ou psicanalista; que a criança se desenvolve essencialmente através das tentativas que faz para resolver esses problemas; em outras palavras, que nossa infância pode muito bem ser considerada como uma escola em que Eros é o professor que nos instrui. Agora, imagine sob que visões as mais fantasiosas a criança se representa a concepção, o nascimento, as diferenças sexuais e você não conseguirá chegar nem perto da milionésima parte daquilo que a criança, cada criança, inventa na realidade a respeito desse assunto; mais, você nem mesmo acreditará naquilo que você mesma acreditou quando era criança. O Isso tem de notável — e peço que se lembre disto — o fato de que, contrariamente a nós que somos seres "superiores", não estabelece

168 O LIVRO dISSO

diferença entre o verdadeiro e o imaginário; para ele, tudo é realidade. E se você ainda não se embruteceu de todo, perceberá que o Isso tem razão.

A propósito, posso lhe contar algo sobre o destino do rabinho que você deve pensar que foi devorado por sua mãe; pouca coisa, na verdade, mas em todo caso alguma coisa. Esse rabinho, pensa a criança, vai virar lingüiça. Nem todos os ovos engolidos provocam a gravidez; a maioria se transforma no ventre, como os outros alimentos, numa massa marrom parecida com cacau; e pelo fato do rabinho em forma de lingüiça, igualmente engolido, incórporar-se a esse bolo, por sua vez a massa global assume o aspecto alongado de uma lingüiça. Não é incrível que um cérebro de três anos já seja capaz de conceber a filosofia das formas e a teoria da fermentação? Toda importância que você puder dar a esse fato nunca será demais; a paridade fezes-nascimento-castração-concepção e lingüiça-pênis-fortuna--dinheiro se reproduz cotidianamente e a todo momento no mundo de idéias de nosso inconsciente, nos enriquecendo ou empobrecendo, nos tornando enamorados ou sonolentos, ativos ou preguiçosos, poderosos ou impotentes, felizes ou infelizes, dando-nos uma pele na qual transpiramos, fundando casais ou os separando, construindo fábricas e inventando as coisas, tomando parte em tudo, mesmo nas doenças. Melhor: é nas doenças que essa paridade é mais facilmente perceptível; basta não temer a ironia das aproximações.

Para diverti-la, vou lhe falar sobre outra idéia elucubrada pelo cérebro da criança e que, parece, não é raro encontrar entre os adultos; é a idéia de que o rabinho engolido se transforma uma ou outra vez numa vara, correspondente à ereção, e que os ovos se fixam nessa vara daí resultando os ovários*. Conheço um homem que era impotente, isto é, ele se furtava no momento em que devia introduzir o membro na vagina. Ele vivia atormentado pela idéia de que no ventre da mulher havia varas das quais pendiam ovos. "E como meu membro é particularmente grande", afirmava vaidoso, "vou acabar quebrando esses ovos ao menor movimento." Hoje está curado. O mais notável de sua história é que em sua infância e adolescência ele colecionava ovos. E quando esvaziava os ovos que tirava dos ninhos dos pássaros, em alguns os filhotes já estavam formados. E é até aí que se deve fazer remontar sua teoria dos ovários. Para os lógicos, isso é uma loucura; mas não pense nisso como uma coisa importante demais para ser meditada.

Volto ao motivo que me inspirava a situação na qual me encontrava outro dia enquanto lhe escrevia — você sabe, quando falei sobre a corrente do relógio. Ainda lhe devo algumas explicações sobre a coceira na tíbia direita e sobre a bolha no lábio superior. De modo curioso, a palavra tíbia (*schienbein*) se transforma em coceira (*beinschiene*); logo me veio à mente a imagem de Aquiles, como a repre-

---

* Em alemão, ovário é *Eierstock*, literalmente "vara de ovos".

CARTA 24 169

sento a partir de certas recordações da infância — eu tinha na época oito ou nove anos. É uma ilustração das *Lendas dos Heróis Gregos*, de Schwab. E surge a palavra "inabordável". Por onde devo começar? Onde acabar? Minha infância se desperta e algo chora em mim.

Conhece o poema de Schiller do Adeus de Heitor a Andrômaca? Meu segudo irmão Hans — outro dia lhe falei sobre Hans am Ende — tinha, é isso mesmo, uma ferida na tíbia direita. Brincando com o tobogã, ele bateu numa árvore; eu devia ter cinco ou seis anos. Já era noite — as lâmpadas estavam acesas — quando o trouxeram para casa e vi a ferida, um corte profundo de quatro centímetros e que sangrava. Aquilo provocou em mim uma impressão terrível. Agora sei por quê. A imagem dessa ferida se mescla de modo inextricável a uma outra, em que sanguessugas pretas estão penduradas nos lábios dessa ferida; uma ou duas delas caíram; a criação de Eva, a castração, as sanguessugas, o rabinho cortado, a ferida e a mulher. E quem havia colocado as sanguessugas havia sido meu pai.

Andar de tobogã. Por que as pessoas andam de tobogã? Você sabe que os movimentos rápidos excitam os apetites genitais? Desde a invenção da aviação, todos os aeronautas sabem disso. Às vezes, durante o vôo, acontecem ereções e ejaculações; com isso a vida dá uma resposta a esse sonho milenar, talvez "milhionenar", do homem: voar, isso explica também como nasceu a lenda de Ícaro, por que os anjos e cupidos têm asas; por que os pais levantam as crianças bem alto, jogam-nas para cima e por que a criança dá gritos de alegria. O trenó, o tobogã era para o menino Patrik um símbolo de masturbação e a ferida com as sanguessugas, a punição.

Mas voltemos ao adeus de Heitor e às "mão inabordáveis". Meu segundo irmão Hans e o terceiro Wolf (lobo) — nome funesto, como verá daqui a pouco — tinham o costume de recitar esse poema de um modo dramático, com os pais e pessoas presentes servindo como público. Nessas ocasiões, para fazer "Andrômaca" usavam um guarda-pó de mamãe, com forro vermelho e com gola de pele branca. A púrpura e o arminho, é a grande ferida da mulher; e a pele, o sangue e o paninho higiênico. Que impressão tudo aquilo produzia em mim! Desde o começo, "Que fez de Pátroclo o horrível sacrifício. . .", Pátroclo-Patrik e o sacrifício, a ablação, o sacrifício de Abraão e a circuncisão, as lágrimas no deserto que escorrem após a vingança de Aquiles, após a castração. O menino, o pênis, que "nunca mais vai lançar seu dardo" porque o sombrio Orcus engoliu Heitor. Heitor é o menino e o sombrio Orcus, o inferno, é o seio materno e o túmulo; trata-se do incesto, do eterno desejo do ser humano e do pequeno Patrik. Édipo. Um arrepio me atravessava ao ouvir essas palavras: "Escute, o selvagem já rosna à volta dos muros". Eu sabia o que era esse rosnar, a terrível ira do pai-Aquiles. E os fluxos de Lethe se misturavam com o regato de Pauline do *Struwwelpeter*, ao canto de onanismo da menininha e ao transbordamento da urina que molhava a cama durante o sono.

Claro, minha amiga, eu não sabia tudo isso, naquela época; não sabia conscientemente; mas meu Isso sabia; ele compreendia tudo

170 O LIVRO dISSO

aquilo de modo mais profundo do que posso fazê-lo mesmo hoje, apesar de todos meus esforços para conhecer minha própria alma e as dos outros.

Falemos um pouco desse livro, as *Lendas Gregas* de Schwab. Era um presente de natal que me tinham dado. Naquela época meus pais já haviam empobrecido, e por isso os três volumes não eram novos, apenas tinham sido encapados de novo. Antes haviam pertencido a meu irmão mais velho, o que para mim aumentava o valor que tinham. A respeito deste irmão me ocorrem muitas coisas, mas primeiro vamos chegar ao fim do caso Schwab. Um dos tomos — sobre a Guerra de Tróia — tinha os cantos amassados. Eu o havia usado para bater em meu irmão Wolf, cinco anos mais velho do que eu, que me enchia até me enfurecer e depois me dominava com uma só mão, rindo. Como o odiei e como devo tê-lo amado, como o admirei, o forte, o selvagem, o Lobo!

Preciso lhe dizer uma coisa: quando estou me sentindo mal, com dor de cabeça ou de garganta, ao fazer uma análise sempre aparece a palavra lobo. Meu irmão Wolf está inextricavelmente ligado a minha vida interior, a meu Isso. Parece que, para mim, nada é mais importante do que o complexo de Wolf. No entanto, passam-se anos sem que eu pense nele; acrescente a isso o fato de que ele morreu há muito tempo. Mas ele se insinua em minhas angústias e, faça o que fizer, ele está presente. Toda vez que ressurge o complexo de castração, Wolf está ali, é uma sombra, uma terrível ameaça pesa sobre mim. Só me lembro de um único acontecimento sexual que posso ligar a ele. Ainda vejo a cena: estávamos ao ar livre, um colega de escola de Wolf estava com uma carta de baralho contra a luz do sol. E em transparência aparecia uma imagem invisível normalmente, uma imagem que devia ser proibida; ainda me lembro do aspecto inquieto dos dois, devido à consciência pesada. Não sei o que era. Mas esta reminiscência está intimamente ligada a uma segunda: para esse colega, meu irmão dizia que seu nome, Wolfram (Wolf é diminutivo) derivava do gigante Wolfgrambär, o que me deixava assustado. Agora sei que aquele gigante era uma personificação do falo.

De repente me lembro de uma ilustração de Kaulbach para Reineke Fuchs: aquela história em que o Lobo Ysengrim entra numa casa, é descoberto pelo camponês, joga o homem no chão e enfia a cabeça sob a camisa dele. Há pelo menos quarenta anos que não vejo essa imagem, mas ela me surge ainda de modo bem nítido. Hoje sei que o lobo estava procurando arrancar com uma dentada as partes sexuais do camponês. É uma das raras imagens cuja lembrança ainda tenho. Mas Ysengrim — o menino que me ensinou a masturbar-me se chamava Grimm — e isso é bastante característico, queria me avisar sobre algo que estava profundamente recalcado.

Como foi que a epopéia de Fuchs escolheu exatamente o lobo como animal de castração, donde surgiu a idéia para Kaulbach de traduzir aquele incidente em imagem? Que significa a história de Chapeuzinho Vermelho, e a dos sete cabritinhos? Você as conhece? A mãe cabra sai de casa recomendando aos sete cabritinhos que deixassem

CARTA 24

a porta fechada, não a abrindo para ninguém, muito menos para o lobo. Mas o lobo consegue entrar na casa e engole todos os cabritinhos menos o mais jovem, que se esconde dentro do relógio de pêndulo. É ali que o encontra a mãe ao voltar. O cabritinho conta à mãe o que o lobo fez, ambos se põem atrás do bandido e o descobrem profundamente adormecido após aquela refeição pesada; como eles ficam com a impressão de ter visto alguma coisa se mexer naquela barriga enorme, eles a abrem e os seis cabritinhos pulam para fora de sua prisão. Depois a mãe substitui os cabritinhos por grandes pedras e costura a barriga daquele animal malvado. O lobo acorda com sede, se debruça sobre o poço para beber e cai dentro dele pelo peso das pedras da barriga.

Não tenho a pretensão de interpretar esse conto de modo a esclarecer todos os mistérios que a alma humana introduziu aí. Mas me permito fazer alguns comentários sem me mostrar demasiado temerário. Primeiro, a abertura da barriga da qual surgem vidas novas é facilmente reconhecível: é o símbolo do nascimento, uma vez que se relaciona com a idéia, em geral aceita entre as crianças, de que o parto ocorre com a abertura da barriga, que depois é costurada. Isso explica também a razão pela qual os cabritinhos são engolidos sem que morram: é a concepção. E pode-se perceber na recomendação da mãe para que não abram a porta uma alusão ao fato de que há apenas uma virgindade a perder e que a mocinha só deve abrir a porta para outra pessoa se estiver "com o anel no dedo". O que fica envolto em mistério é o salvamento do sétimo cabritinho e seu refúgio no relógio de pêndulo. Você conhece o papel que o número sete representa na vida humana: ele está por toda parte, ora como número benéfico, ora com uma significação maléfica. Há algo de curioso no fato de que a expressão alemã "sete malvado", que significa megera, se aplica apenas às mulheres. Daí se poderia concluir que o homem é designado pelo rótulo "sete bom". Isso parece adequado; enquanto a mulher, com sua cabeça, tronco e quatro membros, é caracterizada pelo número seis, o homem possui um quinto membro, signo de sua soberania. O sétimo cabritinho seria assim o rabinho que, não tendo sido engolido, se esconde na caixa do relógio e dali sai depois, ágil e disposto. Cabe a você aceitar a hipótese de que a caixa do pêndulo é o prepúcio ou a vagina abandonada pelo sétimo após o escoamento do sêmen. Não consigo explicar direito a queda final do lobo no poço; no máximo eu poderia avançar que deve tratar-se de uma duplicação do motivo do nascimento, assim como a dissimulação na caixa do relógio pode ser interpretada como gravidez e nascimento. Sabemos, através dos sonhos, que cair na água é símbolo de gravidez.

Assim, essa história, que tinha o lindo estilo das fábulas, transformou-se de algum modo num comum acontecimento cotidiano. Resta o lobo. Você sabe que ele é o ponto de partida de meus complexos. Mesmo assim, vou tentar tirar dele alguma coisa. Para tanto, vou me reportar ao número sete. O sétimo é o menino. O grupo dos seis é o "sete mau, a megera", a menina, cujo "sétimo", doente e devorado, é "mau" porque praticou o onanismo, porque agiu mal.

Segundo essa suposição, o lobo seria a força que transforma o sete em seis, que transforma o menino em menina, castra-o, corta-lhe o rabinho. Portanto, identifica-se com o pai. Neste caso, a abertura da porta assumiria um outro aspecto; seria a masturbação precoce do "sete" do menino, que, esfregando o dito "sete", provoca ulcerações, torna-o "mau", de modo que o lobo o devora para mandá-lo para o mundo com uma ferida no lugar do rabo, isto é, sob a forma de menina. O sétimo cabrito espera, evitando o onanismo, ou pelo menos sem tê-lo ainda descoberto, ao abrigo da caixa do pêndulo, ao abrigo do prepúcio, o momento em que alcançará a maturidade sexual e, em conseqüência, conserva o signo do menino. A palavra "mau" acrescentada a "sete" na expressão "sete mau" designadora da mulher, reestabelece, em seu sentido mais amplo de supuração, ulceração, a associação com a sífilis ou o câncer e oferece assim uma possibilidade de compreender a fobia dessas doenças que encontramos em todas as mulheres. A ação de devorar os cabritos nos leva de volta à teoria infantil da concepção por deglutição do germe, uma relação que pode ser encontrada também no conto do Pequeno Polegar, no personagem do ogro. Neste conto, as botas de sete léguas reestabelecem a relação entre o lobo e o homem ou o pai; nos enganamos ao ver nessas botas milagrosas um símbolo de ereção.

Preciso voltar ao que dizia ainda há pouco, a saber, que a criança não gosta que olhem em sua boca. Receia que lhe cortem a úvula. Na expressão "Wolfsrachen" — literalmente, goela de lobo, enfermidade que produz o véu paladar cindido — existe a associação entre o lobo (*Wolf*) e a masturbação. O *Wolfsrachen*, "goela de lobo", implica na ausência da úvula, que representa, como você sabe, o membro viril. Em outras palavras, a castração. É uma alegoria da punição do onanismo. E se você já viu essa doença num ser humano, sabe como é terrível essa punição.

Com isso, termino. Não sei se esta interpretação lhe agrada. Para mim, foi de grande auxílio no trato de dificuldades oriundas de meu complexo lobo-Ysengrim-irmão.

Sinceramente seu

Patrik.

Carta 25

Quer dizer que, em sua opinião, o "sete mau", a "megera", seria a boca. Concordo. De fato, há também homens de "má língua"; mesmo assim, a sétima abertura do rosto também é símbolo da mulher, como a grande ferida do abdômen.

Já que falamos de números, vamos brincar um pouco com eles. Antes, quero dizer-lhe que o Isso tem uma surpreendente memória dos números, que ele possui um sentido primitivo do cálculo como só costuma acontecer naqueles atacados por certas formas de idiotia e que, como um idiota, gosta de resolver na hora os problemas apresentados. Você pode se dar conta disso com uma experiência bem simples. Converse com alguém a respeito de um assunto que agite os abismos do Isso dessa pessoa; há todo tipo de signo que permite constatar que esse movimento está de fato ocorrendo. Quando você perceber a presença de um desses signos, peça que lhe mencionem uma data; pode ter certeza que lhe dirão uma que estará em íntima associação com o complexo acionado. É freqüente que essa relação salte imediatamente aos olhos ao ponto de a própria pessoa se surpreender com as capacidades de seu inconsciente. Outras vezes, as relações são discutidas. Mas não deixe isso induzi-la em erro. O consciente dos seres humanos gosta de negar as coisas — eu estava quase dizendo que gosta de mentir. Não preste atenção ao não, se apegue à certeza de que o Isso mente e nunca nega. Ao fim e de um certo tempo, ficará clara a pertinência da associação e simultaneamente veremos aparecer uma quantidade de material psíquico, que, recalcado no inconsciente, determinou na pessoa em questão efeitos salutares e outros negativos.

Vou lhe contar um truquezinho com números de meu próprio Isso que me divertiu muito quando o descobri. Durante muitos anos,

174 O LIVRO dISSO

quando queria manifestar meu descontentamento com alguma coisa, eu usava a expressão "Já lhe disse isso 26783 vezes!" Você deve estar lembrada que brincou comigo a respeito disso na última vez que nos vimos. A coisa me irritou e eu queimei as pestanas sobre esse número. Percebi que a soma desses números dava 26, exatamente o número que resta quando se subtrai dos mil os outros números. Vinte e seis me sugeriu a mãe. Eu tinha vinte e seis anos quando minha maê morreu. Meus pais tinham 26 anos quando se casaram; meu pai nasceu em 1826; e se você somar os números de 783 obterá 18. Se isolar os três primeiros números deste modo: 2 x (6 + 7), terá 26. Some 2 aos dois últimos 8 x 3 e terá outra vez 26. Nasci a 13-10-1866. A soma desses números dá outra vez 26.

Decompus o número 26783 de outro modo. O 2 me parecia à parte, porque eu o havia involutariamente usado em meus dois cálculos de 6 + 7 e 8 x 3. Os números restantes se agrupam, considerados sob a influência do 2, em 67, 78, 83. 67 era a idade de minha mãe quando morreu. 78 foi o ano em que tive de sair da casa de meus pais para entrar no pensionato. Em 83, perdi definitivamente minha terra natal porque meus pais abandonaram minha cidade para emigrar para Berlim. Nesse mesmo ano ocorreu algo cujo alcance cobriu toda minha vida. Durante o intervalo entre duas aulas, um de meus colegas me disse: "Se você continuar a se masturbar assim, vai ficar logo louco. Pra falar a verdade, você já é meio louco". Esta frase foi fatal, não pelo fato de que meu medo do onanismo se visse reforçado, mas porque eu não respondi nada, porque aceitei em silêncio essa acusação pública de masturbação como se ela não me dissesse respeito. Pelo contrário, eu a senti e muito, mas a recalquei de imediato com a ajuda da palavra "louco". Meu Isso se apoderou dessa palavra e nunca mais a pôs de lado. A partir daquele momento, todas as manias que me passavam pela cabeça me pareceram permitidas. Semilouco significava para mim: você está entre duas possibilidades; você pode permitir-se considerar a vida e o universo, conforme se inclinar para um ou outro lado, como uma pessoa sadia, comum, ou como uma criatura desatinada, anormal, extraordinária. Não me privei disso e continuo no mesmo caminho, como você deve ter percebido. As duas mães — a ama e a mãe — encontraram a nova motivação de que precisavam, a situação entre as duas tornou-se suportável para mim por causa dessa semiloucura, ela me livrou dessa obsessão da hesitação e a transformou em ceticismo paciente e em ironia, no mundo das idéias de Thomas Weltlein. Acho possível que eu esteja enganado em minha apreciação da palavra "semilouco", mas com isso tenho uma explicação para as curiosas manifestações de minha natureza, que em geral dribla as alternativas mas que é perfeitamente capaz, sem se deixar desviar pelos sarcasmos, pelas lições, provas, contradições íntimas, de perseguir ao mesmo tempo várias concepções opostas umas às outras, até mesmo antitéticas. Após um exame aprofundado dos resultados de minha existência, descobri que esta semiloucura me havia dotado exatamente dessa porção de superioridade de que meu Isso precisava para levar a cabo sua tarefa. O que parece conclusivo neste

CARTA 25

caso — pelo menos, para mim — é minha carreira de médico. Por duas vezes eu me apropriei de conceitos médicos que me eram estranhos e os assimilei e refundi de tal modo que acabaram se tornando minha propriedade pessoal: uma vez, enquanto aluno de Schweninger; a outra, como discípulo de Freud. Cada uma delas representa, para o médico que sou, algo considerável, inevitável. Foi em 1911 que consegui combinar em meu espírito a influência de ambos; onze é a soma de 83 e a soma de onze é dois.

Correspondendo assim a um destaque, na forma dos números finais do misterioso número 26783, o ano 83 assumiu uma importância particular em minha vida exterior. Pouco após essa declaração a respeito do onanismo, tive escarlatina, depois uma infecção renal derivada daquela doença. Mais tarde, sofri outra vez de uma infecção nos rins, como você sabe. Menciono isso porque essa doença dos rins — para mim como para todos os doentes dos rins — é uma das características da dualidade de atitudes na vida, do fato de estar sempre *entre* — do Dois. O ser-rins — para usar essa expressão — se desdobra. Com uma insólita soberania, ao mesmo tempo cheia de vantagens e perigos, seu Isso pode ser infantil ou adulto, à vontade. Ele se coloca entre o um — símbolo do falo ereto, do adulto, do pai — e o três — símbolo da criança. Deixo para você pensar o inimaginável encadeamento de fantásticas possibilidades apresentadas por uma entidade híbrida desse tipo, me limitando a observar que além dessa infecção renal, minha própria situação apresentou-se de outro modo: até a idade de quinze anos, urinei na cama. Enfim, digamos que o híbrido, o andrógino, não é nem homem, nem mulher, mas os dois; é meu caso.

Agora, vamos brincar, vamos brincar com os números, se é que ainda podemos ser crianças. Mas não se aborreça se aqui e ali se infiltrarem idéias de adultos, de "gente grande". É inevitável. A criança quer parecer "grande", põe o chapéu do pai e pega sua bengala. O que aconteceria se a criança não tivesse esse desejo de ser grande, esse desejo da ereção? Ficaríamos pequenos, não cresceríamos. Ou você acha que é ilusão de minha parte ter constatado que a pequena altura de algumas pessoas tem uma relação com o desejo de "continuar pequeno", de fazer como se não conhecessem a ereção, como se fossem cândidos como o bebê que acaba de nascer? Foi um engano considerar que o fato de não ter uma altura grande nasce do desejo do Isso de ter uma desculpa — a desculpa de ainda ser criança — para suas tendências sexuais, isto é, para todas suas ações? Segundo estas palavras, *Ich bin klein, mein Herz ist rein*, estas palavras das criancinhas: Sou pequeno, meu coração é puro?

Sente-se comigo diante desta mesa, vamos fazer como se quiséssemos outra vez aprender a escrever os números. O que pode se passar pela cabeça de uma criança quando é obrigada a escrever toda uma lousa com os números um e oito? Você pode aplicar a mesma reflexão às letras, aos *a* e *p*, a todas as vírgulas e traços que atraem a imaginação da criança. O que representa para você o número um? Para mim, é uma vara. Agora, o pulo no desejo de ser grande: a bengala do pai, o pênis, o homem, o próprio pai, o número um da famí-

176 O LIVRO dISSO

lia. Dois é o cisne, as fábulas de Spekter. Como era bonito! Minha irmã tinha o pescoço comprido e a gente irritava ela por causa disso. Ela era mesmo o patinho feio, que cedo demais se transforma num cisne morto. De repente, vejo o lago dos cisnes de minha cidade natal. Devo ter oito anos e estou no barco com Wolf, Lina e uma amiga, Anna Speck; Anna cai na água, na água na qual nada o cisne, "Meu cisne, meu ser silencioso de plumagem tão suave"; será que me envolvi tanto com Ibsen porque ele escreveu esse canto e porque eu o ouvi numa época horrível, quando acreditava que ia morrer? Ou será que era Agnès, de "Brand"? Agnès era a amíguinha com quem eu brincava e eu gostava muito dela. Ela tinha a boca torta, supostamente porque havia posto na boca uma estalactite de gelo. Essa estalactite é simbólica. Eu brincava com ela de pular corda e meu "romance de família" de 'rapto de criança e minhas fantasias de castigos estão ligadas a ela. Agnès e Ernest; esse era o nome do irmão dela, inseparável de mim e que mais tarde abandonei de modo vergonhoso. E Ernest Schweninger: ah minha amiga, há tanta coisa, tanta coisa!

Voltemos a Anna Speck. Speck, as fábulas de Spekter. "Quem é esse mendigo? Está usando um casaco preto como carvão." O Corvo. E Corvo era o nome de meu primeiro professor, que eu achava a própria imagem da força e que, uma vez, rasgou a calça ao dar um pulo − incidente que, mais tarde usei em meu livro *Der Seelensucher*, "O Revirador de Almas". A palavra corvo está presente há semanas no tratamento de um paciente, cuja cura quero conseguir. Seria um dos maiores triunfos de minha carreira.

A fábula de Spekter a respeito do cisne. Você já viu um cisne engolir um pedaço grande de pão? O modo pelo qual esse pedaço desce pela garganta? Anna Speck tinha glândulas muito grandes no pescoço. E pescoço grosso significa que alguma coisa ficou entalada ali, um germe de criança. Acredite, uma semente de criança. Estou bem colocado para saber disso, pois eu mesmo sofri por mais de dez anos de papeira que praticamente desapareceu quando descobri o mistério da criança entalada. Como poderia pensar que essa Anna entraria desse modo em minha vida? Como, sem minha fé no estudo do Isso, eu teria tido a idéia de reconhecer a importância de Anna? Anna é o prenome da heroína de meu primeiro romance. E seu marido se chama Wolf. Wolf e Anna: os dois estavam em meu barco. E de repente surge Alma, você sabe, aquela amiga de Lina que veio perturbar minhas brincadeiras sádicas. Wolf havia construído uma casinha com colchões onde ele se fechava com Anna. Mas nós, os menores, não tínhamos o direito de entrar naquela casinha. Alma no entanto, que sabia das coisas, correu pelo jardim com Lina e eu quando Wolf não deixou ela entrar, começou a gritar: "Eu sei o que eles estão fazendo lá". Naquele momento, não entendi o que Alma estava dizendo, mas suas palavras ficaram em minha memória junto com o lugar onde foram proferidas, e ainda hoje sinto o arrepio que senti naquele momento.

Anna não tem começo nem fim, A e O, Anna e Otto, a mesma coisa no começo e no fim, o ser, o Infinito, a Eternidade, o anel e o círculo, o zero, a mãe, Anna.

CARTA 25   177

Lembro de repente que o tombo de Anna na água deve ter representado um papel importante em minha vida. Durante anos tive o sonho onanista de Anna passando de uma margem alta para meu barco, e escorregando, enquanto sua saia se erguia e eu via suas pernas e a calcinha. Como os caminhos do inconsciente são estranhos! Não se esqueça de que a queda na água é um símbolo da gravidez e do nascimento e que Anna tinha um pescoço grosso — como eu.

Portanto, aqui está o dois. E o dois é a mulher, a mãe e a mocinha, que só tem duas pernas enquanto o menino .tem três. Três pés, tripé, e a pitonisa só profetiza sentada num tripé. Édipo, porém, resolve o enigma da Esfinge, do animal que de início tem quatro pernas, depois duas e finalmente três pernas. Sófocles diz que Édipo achou a solução para o problema. Mas a palavra "Homem" será mesmo uma resposta a esse enigma?

Dois, você, número fatal, você que significa a união conjugal, será também a mãe? Ou a mãe é o três? Recorda-me os passarinhos que minha mãe costumava desenhar para nós, esse três. Pássaros (em alemão, *Vögel*) e ir para a cama (*vögeln*, em alemão) andam juntos. Mas se ponho o três deitado, ele se torna para mim o símbolo dos seios, da ama-de-leite, e de todos os vários seios que amei e ainda amo. Três é o número sagrado, o Filho, o Cristo, o Menino, a divindade trinitária cujo olho irradia no triângulo. Será que você, número, é apenas o filho de Eros, o arquétipo da Ciência, das Matemáticas? A fé em Deus também saiu de você, Eros. É verdade que o dois representa o par, o casal, e também o par de testículos, e de ovários, de lábios da vulva e dos olhos? É verdade que do um e do dois nasce o três, o filho todo-poderoso no ventre da mãe? O que poderia ser poderoso senão o filho que ainda não nasceu, cujos desejos são todos atendidos antes mesmo de serem formulados? Quem é na verdade deus e rei e está no céu? Mas a criança é um menino, porque só o menino é Três, dois testículos e um pintinho. Não é verdade que tudo isso é um pouco confuso? Quem consegue encontrar a saída no labirinto do Isso? A gente se surpreende, decide ser prudente e no entanto se joga com arrepios deliciosos no oceano dos sonhos.

Um e dois dá doze. Homem e mulher, esposo e esposa, por direito um número sagrado que se torna três quando se confunde na unidade, a criança, o deus. Doze luas; doze luas perfazem um ano; doze discípulos; desses doze discípulos sai e se eleva Cristo, o Ungido do Senhor, "o Filho do Homem". Não é maravilhosa essa expressão, Filho do Homem? E meu Isso me diz em alto e bom som: "Interprete, interprete..."

Até a próxima, minha cara

Patrik.

Carta 26

Quer dizer que a brincadeira com os algarismos e números lhe interessou, minha cara; estou encantado. Você me criticou tantas vezes, de modo severo, que eu precisava desta homenagem. E lhe agradeço por citar meu nome ao lado de Pitágoras. Sem falar no prazer que você proporciona a meu amor-próprio, isso me demonstra que você tem a principal das qualidades necessárias a um crítico: a faculdade de fazer um paralelo, sem hesitar, entre um Souza, um João e um Troll e Goethe, Beethoven, Leonardo da Vinci ou Pitágoras. Isso torna sua opinião duplamente preciosa para mim.

O fato de você fazer uma contribuição positiva, chamando minha atenção para o 13 enquanto número dos participantes da Santa Ceia e fazendo uma aproximação entre a morte de Cristo na Cruz e o receio supersticioso de presenciar a morte do décimo terceiro convidado, me deixa esperar que com o tempo sua aversão por minhas tiradas sobre o Isso acabará desaparecendo. Mas por que tem de ser Cristo, necessariamente, o 13.º? Também Judas pode ser o 13.º, e ele também tem de morrer.

Já percebeu como essas duas idéias, Cristo e Judas, estão encavaladas uma na outra? Já lhe falei uma vez sobre a ambivalência do inconsciente, dessa propensão humana para fazer coexistir o amor com o ódio e da fidelidade com a traição. Esta dualidade profunda e insuperável do homem é expressa no mito do beijo de Judas, símbolo das ações e experiências cotidianas da humanidade. Gostaria que você se familiarizasse com este fato, que é de grande importância. Enquanto você o ignorar, enquanto não se deixar penetrar por essa noção, não entenderá nada sobre o Isso. Mas não é fácil adquirir essa noção. Pense nos momentos culminantes de sua existência e, depois,

180 O LIVRO dISSO

procure até descobrir o estado de espírito de Judas e a traição de Judas. Você sempre os encontrará. Quando beija seu bem-amado, você ergue a mão para segurar seus próprios cabelos que poderiam se desarranjar. Quando seu pai morreu, você se alegrou por poder usar pela primeira vez um vestido preto — você ainda era jovem naquela época. Você contou com orgulho as cartas de condolências e, com secreta satisfação, pôs por cima de todas uma carta de um duque reinante. E quando sua mãe ficou doente, você sentiu vergonha por pensar no colar de pérolas que herdaria; no dia do enterro, você estava achando que o chapéu que você estava usando a envelhecia de oito anos e não era em seu marido que estava pensando mas sim no que as pessoas em geral podiam pensar, pessoas a cujos olhos você queria dar o espetáculo de um belo luto, como uma atriz ou uma prostituta. E quantas vezes, com a mesma impudência de Judas, você traiu por trinta dinheiros sua melhor amiga, seu marido, seus filhos? Pense um pouco nisso! Perceberá que a existência humana, do começo ao fim, está repleta daquilo que nosso juízo mais equilibrado considera como o mais desprezível e terrível dos pecados, a traição. Mas também perceberá que essa traição quase nunca é sentida pelo consciente como um delito. Mas raspe essa fina camada de consciente que recobre o Isso e verá que o inconsciente não pára de fazer uma triagem dos atos de traição das últimas horas, rejeitando uns, preparando outros para serem usados amanhã, recalcando outros ainda nas profundezas para deles extrair os venenos de futuras doenças ou a poção milagrosa de atos que estão por vir. Examine atentamente com o olhar essas trevas curiosas, cara amiga. Há brechas através das quais você pode distinguir vagamente a massa nebulosa e escorregadia de uma força viva do Isso, o sentimento de culpa. O sentimento de culpa é um dos instrumentos com cuja ajuda o Isso, dotado de certeza infalível, sem hesitações ou fraquezas, trabalha o homem. O Isso precisa desse sentimento de culpa, mas cuida para que suas fontes não sejam devassadas pelo ser humano: sabe que no momento em que alguém descobrir o segredo da culpa, o mundo seria abalado em todas suas articulações. É por isso que ele amontoa terror e medo ao redor dos abismos da vida, fabrica fantasmas com as futilidades cotidianas, inventa a palavra traição e a pessoa de Judas, os Dez Mandamentos, e ofusca a visão do Eu através de mil atos que parecem culposos ao consciente apenas a fim de que o ser humano nunca possa acreditar na palavra consoladora: "Nada tema, estou a teu lado".

E Cristo? Se todo ato nobre do ser humano acarreta a traição, em tudo aquilo que consideramos como sendo o mal encontramos, de modo não menos firme, a própria substância de Cristo — ou seja lá qual for o nome que você dá a essa substância — a bondade, o amor. Para reconhecer isso, você não precisa fazer esse grande desvio que, através do punhal do assassino, leva à pulsão original do ser humano de procurar, por amor, introduzir-se no interior de seu próximo a fim de dar-lhe felicidade e recebê-la dele — porque o assassinato nada mais é que o símbolo de um arrebatamento amoroso recalcado. Você não precisa analisar primeiro o roubo, porque você se chocaria outra vez

CARTA 26 181

com esse Eros universal que, ao retirar, dá. Você não precisa meditar sobre o que disse Jesus à mulher adúltera: "Teus pecados serão perdoados porque amaste muito". Em todos seus atos cotidianos, você descobrirá um suficiente número de sacrifícios e infantilidades que lhe mostrarão o que eu lhe dizia: Cristo está ali onde está o ser humano.

Mas isto é conversa fiada, o que eu queria era simplesmente fazê-la entender que não existe antinomia, que tudo está unido no Isso. E que esse Isso utiliza à vontade a mesma ação como motivo de remorso ou de orgulho por ter realizado um gesto nobre. O Isso é ardiloso e não precisa ter muito trabalho para fazer esse cretino do consciente acreditar que o preto e o branco são antinomias e que uma cadeira é de fato uma cadeira, quando na verdade qualquer criança sabe muito bem que uma cadeira pode ser também um carro, uma casa, uma montanha, uma mãe. O consciente sua sangue na tentativa de descobrir sistemas e de enfiar a vida em compartimentos e gavetas certas, enquanto o Isso cria alegremente e sem parar aquilo que bem quer. E eu não estou muito longe de acreditar que de vez em quando ele ri do consciente.

Por que lhe digo tudo isto? Talvez porque esteja me divertindo às suas custas! Talvez eu quisesse apenas lhe mostrar que a partir de um ponto de partida qualquer é possível atravessar a vida toda — e esta é uma verdade básica que merece alguma reflexão. E daqui pulo de volta para minha história da caneta. Tenho mais alguma coisa a dizer sobre a bolha por cima do lábio. Talvez a coisa mais importante a respeito, ou pelo menos um detalhe curioso que lhe dirá mais sobre mim do que eu mesmo sabia há alguns anos.

Este botão na boca — já lhe expliquei uma vez — significa que eu gostaria de beijar alguém, mas vejo-me impedido por um receio forte o suficiente para levantar a camada superior da pele e preencher o espaço assim criado com um líquido. Isso não nos leva muito longe pois, como você sabe, gosto de beijar e se eu fosse pensar em todos aqueles que me parecem dignos de serem beijados e em relação aos quais ignoro se me devolveriam meus beijos, minha boca ficaria em carne viva. Mas a bolha está à direita e imagino que o lado direito representa o direito, a autoridade, o parentesco. A autoridade? Entre meus parentes próximos somente meu irmão mais velho pode ser levado em consideração. E de fato é a ele que se dirige esta bolha. Naquele dia, meus pensamentos haviam estado ocupados o tempo todo com um certo paciente. Como de modo geral considero um ponto de honra nunca me afastar do princípio fundamental que consiste em esquecer meus pacientes a partir do momento em que saem de meu consultório, aquela anomalia me chamou a atenção, mas logo descobri o motivo: aquele paciente, por seus traços e ainda mais por seu caráter, tinha grande semelhança com meu irmão. E com isso explico o desejo de beijar. Destinava-se ao paciente, para o qual havia transferido minha paixão por meu irmão. As circunstâncias fizeram, além disso, com que o aniversário de meu irmão fosse mais ou menos na mesma época e com que, pouco tempo antes, eu visse aquele paciente em estado de inconsciência. Em minha infância, freqüentemente presen-

182 O LIVRO dISSO

ciei desmaios prolongados aos quais meu irmão estava sujeito; desde aquela época, conservei uma lembrança muito precisa da forma de sua cabeça e tenho razões para crer que minha atitude para com aquele paciente se devia a essa visão. A semelhança entre os dois homens me foi revelada pela imobilidade de suas fisionomias.

Mas em relação àquela bolha, além do desejo de beijar é preciso considerar também a repulsão por ele inspirada. É fácil de explicar. Em nossa família, os sinais de ternura entre irmãos e irmãs eram severamente proibidos. Mesmo hoje me parece impensável que tenhamos um dia desejado nos beijar. Mas, nesta repugnância ao beijo não está em causa apenas uma tradição familiar e, sim, questão da homossexualidade. Vou me deter nisto um pouco.

Como você sabe, a partir dos doze anos fui criado num internato para meninos. Vivíamos ali completamente isolados do resto do mundo, no interior dos muros de um mosteiro, e toda nossa capacidade de amar, toda nossa necessidade de sermos amados concentravam-se em nossos colegas. Quando penso nos seis anos que passei ali, me surge a imagem de um amigo. Vejo a nós ambos abraçados, bem juntos, percorrendo o pátio do convento. De vez em quando, uma calorosa discussão sobre Deus e o mundo se interrompia e nos abraçávamos. Receio que seja impossível recriar na imaginação a força de uma paixão desaparecida, mas a julgar pelas inúmeras cenas de ciúmes, às quais freqüentemente se misturavam — pelo menos de minha parte — idéias de suicídio, minha afeição deve ter sido muito grande. Sei também que naquela época minhas fantasias masturbatórias diziam respeito de modo quase exclusivo ao amor por aquele amigo. Esse sentimento por aquele colega durara ainda algum tempo após minha saída daquela escola, até que eu os transferi para um colega da universidade e dele para minha irmã. Foi aí que se deteve minha homossexualidade, minha tendência a me apaixonar por amigos do mesmo sexo. Depois, só me apaixonei por mulheres.

Amei as mulheres de modo muito fiel e muito infiel; me lembro de vagar pelas ruas de Berlim durante horas à procura de uma criatura do sexo feminino entrevista por acaso, da qual nada sabia e nunca soube nada, mas que ocupava minha imaginação durante dias, semanas. A lista dessas amantes imaginárias é infinita e até recentemente era uma lista que aumentava quase cotidianamente com mais uma ou duas mulheres. O que há de característico nessa história é que minhas experiências realmente eróticas nunca tiveram relação alguma com essas bem-amadas de minha alma. Para minhas orgias onanistas, tanto quanto me lembro, nunca escolhi uma mulher de quem realmente gostei. Sempre estranhas, desconhecidas. Você sabe o que isso significa? Não? Significava que meu amor mais profundo pertencia a um ser que eu não tinha o direito de reconhecer, isto é, minha irmã e, por trás dela, minha mãe. Mas não se esqueça de que só sei disso há pouco tempo e que antigamente nunca pensei que pudesse desejar minha irmã ou minha mãe. A gente atravessa a vida sem saber nada do que se passa com a gente.

CARTA 26 183

Como complemento a essa vida amorosa com as estranhas, as desconhecidas, preciso acrescentar ainda uma coisa, embora isso só tenha uma relação bem distante com aquilo sobre que lhe queria falar, com a homossexualidade. Diz respeito a meu comportamento em relação a mulheres às quais estava ligado por um amor real. Não foi da boca de uma delas, mas de todas elas, que ouvi este surpreendente veredicto: "Quando estou perto de você, tenho a sensação de estar perto de você como nunca estive de qualquer outra pessoa. Mas quando você se afasta, parece que você ergue uma muralha e me sinto completamente estranha a você, mais estranha do que em relação a qualquer outra pessoa". Eu pessoalmente nunca senti isso, provavelmente porque nunca senti que alguém não fosse um estranho para mim. Mas agora entendo: para poder amar, eu precisava afastar para longe as personagens reais, aproximar artificialmente as "imagens" da mãe e da irmã. Isso deve ter sido bem difícil, mas era o único modo de manter viva minha paixão. Pode crer, as "imagens" têm muita força.

E isso me leva de volta a minhas experiências homossexuais. No que diz respeito aos homens, as coisas aconteceram de modo bastante parecido. Durante três décadas, me mantive afastado deles; como, não sei, mas a lista de meus pacientes está aí para provar que consegui fazê-lo, pois só nos últimos três anos é que ela começou a ter mais nomes masculinos. Eles voltaram a aparecer desde que deixei de me esconder da homossexualidade. É sem dúvida por causa de meu desejo de fugir dos homens que os pacientes do sexo masculino raramente se dirigiam a mim. Durante longos anos só tive olhos para o "belo sexo". Toda mulher que eu encontrava eu olhava com interesse e amava todas elas, umas mais outras menos, e no decorrer de todo esse tempo nunca realmente prestei atenção num homem, fosse na rua, em viagens ou menos em reuniões de homens. Nunca os "vi", mesmo quando ficava olhando para eles durante horas. Não chegavam a meu consciente, a minha percepção.

Tudo isso mudou. Hoje, olho tanto para um homem como para uma mulher, convivo com ambos com o mesmo prazer e não há mais diferença. E, particularmente, não sou mais tímido com os homens. Não preciso mais me ocultar dos seres humanos; o desejo de incesto profundamente recalcado, que atuava tão misteriosamente e de modo tão prodigioso, tornou-se consciente e não me perturba mais. Pelo menos, é assim que explico esse processo.

Num certo sentido, passei pelas mesmas fases com as crianças, os animais, as matemáticas e a filosofia. Mas isso faz parte de uma outra seqüência, embora ligado ao recalque da mãe, da irmã, do pai e do irmão.

Por mais justa que me pareça agora esta explicação de minha natureza através da fuga diante dos Troll, que representam para mim uma espécie em particular de humanos — há os bons humanos, os maus humanos e os Troll; por mais que ela tenha-se tornado para mim tão evidente que tive, por assim dizer, de olhar pelo outro lado do binóculo com o qual examinava meus semelhantes a fim de fazer com que se parecessem, através de um distanciamento falso, de uma

184 O LIVRO dISSO

espécie de estranhamento, a minhas "imagens" — mesmo assim essa explicação não basta para prestar contas de tudo. Isso é impossível. Mas ainda posso dizer o seguinte: preciso desses amores e desses "estranhamentos" artificiais porque sou um ser centrado sobre mim mesmo, porque amo a mim mesmo imoderadamente, porque estou contaminado por aquilo que os cientistas chamam de narcisismo. O narcisismo representa um grande papel na vida dos seres humanos. Se eu não possuísse essa particularidade num grau tão alto, nunca teria me tornado aquilo que sou. Também não teria entendido aquilo que Cristo disse: "Ama o próximo como a ti mesmo". *Como a ti mesmo*, e não *mais do que a ti mesmo*.

Entre nós, as crianças Troll, havia uma frase de que gostávamos muito: Primeiro eu, depois eu, depois nada, por muito tempo, e só depois os outros.

Veja como é engraçado! Quando eu era um menino de quatro anos, tinha um álbum onde meus amigos escreviam versos e seus nomes. Na última página está escrito, com minha letra, esta modificação de um velho ditado:

> Que aquele que me ame mais do que eu mesmo
> Se inscreva atrás de mim
>
> Teu eu

Era assim que eu era e receio não ter mudado.

Sempre seu

Patrik Troll

Carta 27

Obrigado por sua carta, minha cara amiga. Pelo menos desta vez vou me esforçar por atender seu pedido e manter a objetividade. O fenômeno da homossexualidade é suficientemente importante para ser examinado com método.

Sim, estou convencido de que todos os seres humanos são homossexuais; estou tão convencido disso que me é difícil entender que alguém possa ter outra opinião. O ser humano gosta primeiro de si mesmo; ama a si mesmo com todas as eventualidades da paixão, procura satisfazer todos os seus apetites segundo sua natureza e se vê desde logo submetido à paixão de seu próprio sexo. Não pode ser de outro modo, e todo exame imparcial de uma pessoa qualquer prova isso. Por conseguinte, a questão não é "A homossexualidade é uma exceção, uma perversão?" Não é isso o que está em discussão mas, antes, por que é tão difícil de considerar, de julgar, de discutir sem preconceitos esse fenômeno da paixão pelo próprio sexo? E a seguir, como é que, apesar de sua predisposição para a homossexualidade, o ser humano consegue sentir uma inclinação pelo outro sexo?

Encontrar uma resposta para a primeira questão não oferece problema algum. A pederastia, punida com a prisão, estigmatizada como crime, é há séculos considerada como um vício vergonhoso. O fato de a maioria das pessoas não praticá-la explica-se por esta proibição. Isso não é mais extraordinário do que ver tantas crianças que não percebem a gravidez da mãe, ou do que a incapacidade da maioria das mães em perceber as manifestações sexuais das crianças, ou do que a humanidade em geral não ter conseguido reconhecer a pulsão do incesto do menino em relação à mãe antes de Freud tê-la descoberto e descrito. Mesmo assim, por mais bem informados que este-

186 O LIVRO dISSO

jamos sobre a difusão da homossexualidade, não estamos necessariamente aptos a emitir um juízo imparcial sobre sua natureza. E se às vezes nos sentimos suficientemente capacitados a fazê-lo, preferimos calar a entrar em choque com a tolice.

Teríamos o direito de acreditar que uma época tão orgulhosa de sua cultura e que, por não pensar por si mesma, aprende de cor a geografia e a história, poderíamos acreditar que tal época deveria saber o seguinte: do outro lado do mar Egeu, a Ásia, começa o reino da livre pederastia e uma civilização tão desenvolvida como a grega não pode ser pensada sem a homossexualidade. Nosso tempo deveria pelo menos sentir-se tocado por esta curiosa passagem do Evangelho onde se fala sobre o jovem cristão "que Jesus amava" e cuja cabeça repousava no colo do Senhor. Se fosse só isso! Continuamos cegos diante de todas essas demonstrações. Não *devemos* ver o que está aí para ser visto.

Primeiro, porque é proibido pela Igreja. Aparentemente ela tomou emprestada essa proibição do Antigo Testamento, cujo espírito consiste em considerar todo ato sexual sob o ângulo da procriação e que, em virtude da avidez de poder dos padres, inventou, não sem premeditação, transformar as pulsões originais dos homens em pecados, a fim de dominar as consciências pesadas. Isso foi particularmente cômodo para a igreja cristã; anatematizando o amor entre os homens, foi-lhe fácil atingir a civilização grega em seus princípios. Você sabe que todo dia novas vozes se erguem para protestar contra a condenação à pederastia, pois todos sentem que com isso se causou um grande mal contra um direito hereditário.

Apesar dessa compreensão cada vez maior, não podemos esperar, nesta parte do mundo, uma mudança rápida da opinião sobre a homossexualidade. Há razões bem simples para tanto. Todos nós passamos pelo menos quinze ou dezesseis anos de nossa existência, se não toda nossa vida, com a sensação consciente ou, pelo menos, semiconsciente, de que somos homossexuais, que freqüentemente agimos como homossexuais e continuamos a agir assim. Para todos, para mim mesmo, houve uma época de nossas vidas em que realizamos esforços sobre-humanos a fim de sufocar essa homossexualidade tão desprezada em palavra. Não conseguimos nem recalcá-la e a fim de poder sustentar essa mentira incessante, cotidiana, apoiamos a condenação pública da homossexualidade, aliviando com isso nosso conflito íntimo. Passando em revista nossa vida e nossas experiências, refazemos constantemente a mesma descoberta: por termos a impressão de sermos ladrões, assassinos, adúlteros, pederastas, mentirosos, combatemos com zelo o roubo, o assassinato e a mentira a fim de que ninguém, e nós menos que os outros, se dê conta de nossa depravação. Acredite: aquilo que o homem, o ser humano detesta, despreza, censura, é a base original de sua própria natureza. E se você quiser levar a vida e o amor a sério, com a nobreza de uma convicção, observe esta máxima:

Não me culpe a mim
Culpe antes a si mesmo

CARTA 27   187

E se eu enfraquecer
Faça de si uma pessoa melhor

Conheço ainda outra razão que explica por que recuamos diante
da confissão franca de nossa homossexualidade: nossa atitude diante do
onanismo. A fonte da homossexualidade é o narcisismo, o amor a
si, a auto-satisfação. O homem que enfrentará sem preconceito o
fenômeno da auto-satisfação está por nascer, ainda.

Você sem dúvida deve ter percebido que até aqui só falei do
amor pelo próprio sexo entre os homens. É compreensível, pois a
minha foi uma época onde as pessoas fingiam – ou será que acredi-
tavam nisso, de fato? – que a sensualidade feminina não existia, ou
só existia nas mulheres perdidas. Nesse sentido, quase se poderia dizer
que o século passado foi engraçado: infelizmente, as seqüelas dessa
"brincadeira" são graves. Parece que as pessoas começam outra vez
a se dar conta da existência dos seios, da vagina e do clitóris e que
elas se permitem mesmo pensar que existe um traseiro feminino, com
tudo o que isso comporta de cocô, peidos e volúpia. Mas, no momento,
trata-se ainda de uma ciência misteriosa reservada às mulheres e uns
poucos homens. A grande massa do público parece derivar a palavra
homossexual de homo-homem. Mal se observa que o amor entre mulheres é banal e quase sempre se exibe aos olhos de todos. É fato
que uma mulher pode, sem sentir-se incomodada, e seja qual for sua
idade, beijar e acariciar outra mulher. Nem por isso dizem que se
trata de uma homossexual, assim como não dizem que a masturbação feminina é "masturbação". Isso nem mesmo existe.

Posso lembrar-lhe uma pequena aventura que vivemos juntos?
Deve ter sido em 1912. A luta pela condenação moral da homossexualidade atravessava uma época particularmente intensa porque
reformava-se na Alemanha o código penal; haviam proposto a submissão também do sexo feminino ao parágrafo 175. Eu estava em
sua casa e como havíamos discutido um pouco, desejando porém
logo fazer as pazes, eu me havia posto a ler distraidamente uma revista.
Era a *Kunstwart*, onde havia um ensaio de uma das mulheres mais
apreciadas da Alemanha a respeito da homossexualidade feminina.
Ela se insurgia com energia contra o projeto de punir o amor entre
as mulheres; acreditava que as bases da sociedade seriam abaladas e
que, se se pretendesse estender o parágrafo 175 às mulheres, seria
preciso multiplicar o número de prisões por mil. Com a esperança de
ter descoberto nisso um assunto inofensivo, que nos faria esquecer
nosso mútuo ressentimento, eu lhe passei a revista. Mas você recusou
aquela tentativa de aproximação com um seco "Já li". Nossa recon-
ciliação aconteceu de outro modo, mas naquela mesma noite você
me contou uma história de seus tempos de mocinha. Sua prima Lola
havia beijado seus seios. Deduzi que você compartilhava da opinião
daquela que defendia a imunidade dos amores sáficos.

Foi naquele momento que para mim se resolveu o problema
da homossexualidade: aquele assalto a seu peito me fez entender de
repente que o erotismo entre as mulheres é um dos imperativos da

188 O LIVRO dISSO

natureza. Afinal de contas, são as mães que amamentam as filhas e não os pais; além disso, todas as mulheres sabem que chupar a mama é um ato voluptuoso — e os homens também sabem disso. O fato de serem lábios infantis e não lábios adultos a provocar essa volúpia só estabelece uma diferença na medida em que a criança acaricia de modo mais suave o seio. A autora daquele artigo me parece ter razão num outro sentido ainda quando diz que as bases da existência humana seriam abaladas com a punição da homossexualidade: o mundo repousa de fato sobre as relações sexuais da mãe com a filha e do pai com o filho.

Evidentemente, seria possível dizer apressadamente — como de fato se diz — que os seres humanos, até a puberdade, portanto durante a infância, são todos sem exceção bissexuais para depois, em relação à grande maioria, renunciar ao amor pelo mesmo sexo em benefício do amor pelo sexo oposto. Mas não é verdade. O ser humano é bissexual ao longo de toda sua vida e assim permanece durante toda sua existência. O que acontece é que uma ou outra época consegue — fazendo concessões à moral em moda — recalcar a homossexualidade, com o que a homossexualidade não é aniquilada mas apenas reprimida. E assim como não há pessoas puramente heterossexuais, também não há homossexuais puros. O mais apaixonado dos uranianos não resiste ao destino que o aloja durante nove meses no ventre de uma mulher.

As expressões homossexual e heterossexual são apenas palavras, títulos de capítulos sob os quais cada um pode escrever o que quiser. Não têm um sentido fixo. É um pretexto para conversa fiada.

O que me parece bem mais curioso do que o amor pelo mesmo sexo, que é uma decorrência inevitável do amor por si mesmo, é a maneira pela qual se forma o amor pelo sexo oposto.

No menino, a coisa me parece bem simples. A estada no ventre materno, a longa dependência dos cuidados femininos, todas as carícias, as alegrias, os prazeres e a satisfação de desejos que só lhe pode conceder a mãe são tamanho contrapeso ao narcisismo que não é necessário ir procurar mais longe. Mas como é que a mulher chega às relações com o sexo masculino? A resposta que darei irá satisfazê-la tão pouco quanto satisfaz a mim, receio. Ou melhor, para falar mais claramente, sou incapaz de encontrar uma razão suficiente. E como tenho uma antipatia, que tem suas razões, pelo uso da palavra hereditariedade, como não sei nada sobre a hereditariedade a não ser que ela existe, e isso de um modo bem diferente do que corre por aí, sou obrigado a me calar. No entanto, gostaria de dar algumas indicações. Primeiro, é incontestável que a predileção da menininha pelo pai se declara bem cedo. A admiração pela força superior e pela altura maior do homem, se é uma das forças originais da heterossexualidade feminina, deveria ser considerada como um signo do poder de julgamento original da criança. Mas quem dirá se esta admiração é espontânea ou só se dá ao final de algum tempo? A mesma falta de clareza me perturba no que diz respeito ao segundo fator que, mais tarde, terá tamanha influência sobre as relações da mulher com o

CARTA 27 189

homem, o complexo de castração. Chega um momento em que a menina descobre aquilo de que a natureza a privou e chega um momento — sem dúvida bem cedo — em que se declara o desejo de tomar emprestado esse membro através.do amor, uma vez que ele se obstina em não querer crescer. Se era admissível fazer a heterossexualidade feminina derivar do desenvolvimento dos primeiros anos de vida, seria fácil encontrar para isso motivos suficientes. Mas os signos da predileção pelo homem, a predileção sexual, manifestam-se tão cedo que não iríamos muito longe nessa ordem de idéias.

Percebo que começo a me perder porque em vez de ciência prefiro lhe falar de mim mesmo e do número oitenta e três. Foi em 83 que me fizeram aquela observação de mau augúrio sobre o onanismo, que lhe contei outro dia. Logo depois, peguei escarlatina e, quando me curei, fui tomado pela paixão por aquele colega com o qual passeava no pátio do convento e que eu beijava. Tenho razões para conservar o ano de 83 no meu inconsciente.

Preciso reparar ainda um pequeno esquecimento. Eu lhe falei dos desmaios de meu irmão mais velho, e eu os considero como tendo um papel particularmente importante no desenvolvimento de minha homossexualidade. Um desses desmaios, de que me lembro distintamente, aconteceu no banheiro. Foi preciso arrombar a porta e o perfil de meu pai, de machado na mão, bem como o de meu irmão, sentado ali, caído para trás, com a barriga a descoberto, ficaram gravados em minha memória. Se você acha que o arrombamento da porta contém um símbolo da penetração sexual no corpo de um ser humano, que em conseqüência se realizava assim para meu sentimento dos símbolos o ato entre homens; que, além disso, o machado despertou meu complexo de castração, você terá aí um ponto de partida para todo tipo de reflexão. Para terminar, apresento a sua consideração o paralelismo entre o parto e a defecação e o fato de que o banheiro é o lugar onde a criança faz suas observações sobre as partes sexuais de seus pais e irmãos e irmãs, especialmente do pai e dos irmãos mais velhos. A criança está acostumada a ser acompanhada nesse lugar por uma "pessoa maior" e, muitas vezes, vê seu acompanhante satisfazer suas necessidades próprias no mesmo momento. Com isso, ela acostuma seu inconsciente a identificar o banheiro com a visão das partes sexuais, assim como mais tarde colocará o banheiro e a masturbação nas gavetas do recalque. Você sem dúvida sabe que os homossexuais procuram particularmente os banheiros públicos. Todos os complexos sexuais têm relações estreitas com a evacuação das fezes e da urina.

Percebo que interrompi minhas reflexões sobre o nascimento da heterossexualidade com lembranças de meu irmão e do meu complexo do traseiro. É por causa da data de hoje. É 18 de agosto. Há quatro semanas, esse paciente que me lembra meu irmão vem me dizendo que a partir de 18 de agosto seu tratamento não progredirá mais. E hoje com efeito houve uma certa agravação de seu estado. Infelizmente, ele é incapaz de me dizer as idéias de seu inconsciente que fazem com que 18 de agosto seja uma data crítica para e. E eu,

190 O LIVRO dISSO

de meu lado, me sinto mal por ignorar o motivo de sua resistência
e por prever todo tipo de dificuldade pela frente.

De onde se origina o gosto das menininhas pelos homens? Para
mim essa é uma questão que permanece sem resposta e deixo a você
o trabalho de tentar respondê-la. Quanto a mim, não estou longe de
supor que a mulher, em seu erotismo, tem em relação aos dois sexos
uma atitude mais livre. Tenho a impressão que ela possui uma quantidade sensivelmente igual de capacidade de amar o próprio sexo e
o sexo oposto, e que ela dispõe disso à sua vontade. Em outras palavras, me parece que nela nem a homossexualidade nem a heterossexualidade estão profundamente recalcadas, que esse recalque é bastante superficial.

É sempre espinhoso admitir oposições de qualidade entre a
mulher e o homem; fazendo isso, não devemos nos esquecer de que
na verdade não há nem mulher, nem homem, mas que cada ser humano
é uma mistura de homem e mulher. Feitas estas reservas, estaria
inclinado a afirmar que o problema da homossexualidade ou da heterossexualidade não representa um grande papel na vida da mulher.

Acrescento outra suposição: o fato de o apego a seu próprio
sexo ser mais forte na mulher do que no homem — o que me foi provado — é explicável porque o amor por si mesma e o amor pela mãe
a impele na direção do próprio sexo. Em oposição a isso, tanto quanto
sei, só há um fator importante que a leva na direção do homem: o
complexo de castração, a decepção por ser uma mulher e o ódio pela
mãe que daí decorre, bem como o desejo de tornar-se homem ou,
pelo menos, de conceber um filho.

No homem, acontece de modo diferente. Nele, não se trata
apenas — é minha convicção — da questão da homossexualidade ou
da heterossexualidade: a essa questão vem se misturar de modo inextricável o problema do incesto com a mãe. A pulsão por ele recalcada
é a pulsão pela mãe e esse recalque, segundo as circunstâncias, arrasta
consigo para o abismo o gosto pelas mulheres. Talvez lhe interesse que
eu volte a falar mais sobre isso, mais tarde. O que tenho são apenas,
infelizmente, suposições.

Patrik

Carta 28

De fato não seria uma má idéia publicar estas cartas. Obrigado pela sugestão, cara amiga. Para falar a verdade, você me tirou metade da vontade de fazê-lo. Se você está falando sério quando sugere que eu as remaneje, me decido já a não fazer nada: já tenho bastante trabalho no exercício de minha profissão. Escrevo estas cartas por prazer e o trabalho não é um prazer para mim.

Mas espero que você esteja brincando. Imagino perfeitamente que você estava falando sério quando me escreveu para me advertir sobre meus erros e exageros, contradições e "tiradas" supérfluas, encantadoras na relação de amizade mas impossíveis para o público; essa sua atitude é uma espécie de recaída do tempo em que você passou em seus exames para professora. Sempre me diverti muito ao vê-la ficar de repente muito séria. Tinha a impressão o tempo todo que você ia levantar um dedo ameaçador. Animado por idéias irreverentes, eu imaginariamente punha sua mão atrás de suas costas, enfiava uma varinha nela e punha um óculos em seu nariz. E essa imagem de uma mestre-escola encantadora me parecia tão irresistível que eu a deixava falar por algum tempo só pelo prazer do contraste entre sua natureza e sua aparência. Mas hoje, vou levar a sério suas advertências sérias.

Por que devo privar meus semelhantes da alegria de encontrar erros em minhas cartas? Sei quão insuportáveis podem ser as pessoas imaculadas — entre nós, os Troll, os chamávamos de anjos opressores —, conheço o prazer que me dá a descoberta de uma tolice e não sou tão egoísta a ponto de negá-lo aos outros. Além disso, espero oferecer tanta coisa útil que ninguém se incomodará com a parte que não presta. Quero ou sou obrigado a pensar assim, caso contrário a adoração de si desapareceria e sem ela não posso viver. É um processo

192 O LIVRO dISSO

semelhante ao que eu tentava explicar-lhe quando falávamos sobre as erupções no rosto, e sobre o mau hálito. Não sabemos se um certo sentimento é recíproco, gostaríamos de saber e por isso produzimos algo que repele. "Se agrado a meu amado apesar de meu resfriado ou de meus pés que transpiram, é porque ele me ama de verdade", diz o Isso. É o que pensa a noiva quando tem seus caprichos, é aquilo de que está convencido o noivo quando bebe antes de encontrar sua noiva, é o que pensa a criança quando não se comporta bem e é o que pensa meu Isso quando enfia um erro em meus trabalhos. Portanto, não tocarei nos erros deste trabalho assim como não toquei nos das publicações anteriores, apesar das advertências amistosas e hostis.

Há alguns anos, enviei um manuscrito a um grande amigo, cuja opinião eu respeitava muito. Ele me respondeu com uma carta encantadora, cheia de grandes elogios, mas achava que a coisa era comprida demais e muito crua. Parecia um embrião com instrumentos sexuais fantasticamente desenvolvidos. Eu deveria cortar, cortar e cortar ainda mais, e com isso a coisa se tornaria uma criança bonita. A fim de ter uma idéia do que deveria ser suprimido, eu deveria me comportar como aquele homem com vontade de se casar. Quando ele percebia que ia se apaixonar, dava um jeito de ir ao banheiro logo depois de ali ter estado a suposta rainha de seu coração. "Se o cheiro for para mim tão agradável quanto o de biscoitinhos saídos do forno, eu me apaixono por ela. Se feder, saio de lado." Apliquei a receita de meu amigo, mas tudo que eu havia escrito cheirava para mim a bolo fresco e não tirei nada.

Faço uma proposta. Vamos deixar as tolices onde elas estão, mas você me escreverá toda vez que encontrar uma. Eu a corrigirei nas cartas posteriores. Com isso, o leitor consciencioso se divertirá como qualquer mestre-escola. Algumas páginas depois, se irritará com a correção e será nossa vez de rir. Combinado?

Vamos ver então os erros que eu deveria suprimir. Primeiro, a história da criação de Eva. Essa história a chocou. E agora você está chamando em seu auxílio a artilharia pesada da ciência e me demonstra que essa lenda não se originou da alma popular, devendo sua existência a uma adaptação deliberada do Antigo Testamento pelos padres. É provável que você tenha razão; pelo menos, eu também li isso em algum lugar. Mas isso me deixou indiferente, como muitas outras coisas. Para mim, a Bíblia é um livro para pássatempo, adequado para a meditação e cheio de belas histórias, tanto mais notáveis quanto muita gente acreditou nelas durante milênios e também porque representaram um papel preponderante no desenvolvimento da Europa e representam para cada um de nós um pouco de nossa infância. O fato de saber quem inventou essas histórias não interessa ao homem que existe em mim.

Reconheço que os padres inventaram essas histórias. Nisso, você tem razão. Mas agora, tire a conclusão: essa saga da criação não pode, como tentei, ser utilizada como prova da teoria infantil segundo a qual a mulher é o resultado da castração do homem. E nisso, você está errada. Não me atreveria a afirmar que a criança tem desde

CARTA 28

o começo essa concepção da criação da mulher através da castração. Acho muito mais provável que na origem ela conheça pelo menos o mecanismo do nascimento com tanta precisão quanto possível e isso por experiência própria. Sobre esse conhecimento original se enxerta depois, exatamente como aconteceu com o Antigo Testamento, a idéia da castração sugerida pelos padres que lidavam com a juventude, pelos pais e por outras sábias pessoas. E assim como a humanidade judeu-cristã acreditou durante milênios nos contos mágicos dos sacerdotes, a criança acredita nos contos mágicos de suas próprias observações e nas mentiras educativas. E como a crença no nascimento de Eva a partir da costela de Adão contribuiu e ainda contribui para o milenar desprezo pela mulher, com tudo o que isso comporta de bom e de ruim, do mesmo modo a crença na castração molda incessantemente nossa alma até o fim de nossas vidas. Em outras palavras, é mais ou menos indiferente que uma idéia cresça por si mesma ou seja imposta a partir do exterior. O que importa é que ela se espalhe até os abismos do inconsciente.

Nesta ocasião, quero lhe contar sobre uma outra idéia deste Troll sobre a criação de Adão. Como você sabe, Adão foi animado pelo hálito que Jeová soprou em seu nariz. Esse curioso uso do nariz sempre me surpreendeu. Achei que, em virtude dessa escolha, algo de cheiroso foi que deu vida a Adão. Aquilo que podia ser essa coisa cheirosa ficou claro para mim quando li o texto de Freud sobre o pequeno Hans. A coisa me pareceu clara, mas você não é obrigada a aceitar minha explicação. Hans – à sua maneira infantil – acredita que o cocô, a salsicha das fezes, é mais ou menos parecida com uma criança. Este seu dedicado Troll acha que aquela velha divindade criou o homem de seu "cocô", que a palavra "terra" foi posta no lugar da palavra "cocô" apenas por decência. O hálito e seu cheiro vivificante deve ter sido "soprado" pela mesma abertura de onde saiu o cocô. Afinal de contas, a raça humana bem vale um peido!

Que acha você, minha cara amiga? Fui eu que tirei da lenda de Adão a teoria infantil do nascimento pelo traseiro ou essa lenda saiu do alívio inefável que os autores da Bíblia, nisto iguais aos outros homens, sentiam após cada evacuação?

O segundo erro para o qual você me chama a atenção me fez pensar. Seria um erro fácil de corrigir, mas não o farei. Digo por quê. Quando da discussão sobre o complexo de castração, contei um episódio de Reineke Fuchs e atribuí a Ysengrim, o lobo, o papel que na verdade é de Tibert, o gato. As origens dessa confusão são confusas, acho. Duvido que possa esclarecê-la.

Em todo caso, uma coisa é certa: o complexo do lobo é algo tão forte em mim que atrai para si coisas que nada têm a ver com ele. Para completar o que já disse a respeito, vou contar-lhe uma aventura de minha infância. Lina e eu – devíamos ter dez e onze anos – havíamos feito com alguns amigos uma encenação do Chapeuzinho Vermelho, de Tieck. O papel do lobo ficou comigo e o representei com especial paixão. Entre os espectadores havia uma menininha de cinco anos, chamada Paula. Eu detestava essa Paula, uma favorita de minha irmã, e senti o maior prazer ao vê-la desatar em soluços no meio da representação, com medo do lobo. Tivemos de interromper a peça e fui perto dela, tirei a máscara de lobo e procurei acalmá-la. Era a primeira vez que alguém tinha medo de mim e, que eu saiba, a primeira vez que senti um perverso prazer com a desgraça de outrem. E era o lobo que causava aquele medo. Esse acontecimento ficou em minha memória, talvez também porque entre os "atores" estivesse Alma, de que já falei várias vezes, e um meu homônimo, Patrik, em cuja casa presenciei a primeira ereção.

Esse homônimo na verdade era um amigo de meu irmão Wolf, tinha portanto um ano mais do que eu. No entanto, e não sei por que razões, ele estava na mesma escola preparatória que eu, enquanto Wolf já entrara para o ginásio. Nós, meninos, nadávamos muito durante o verão e tínhamos uma cabina comum para trocar a roupa. Foi ali que meu homônimo me proporcionou o espetáculo de uma ereção; deve ter feito alguns movimentos de masturbação; pelo menos chamou nossa atenção para uma secreção clara e filamentosa que formava uma gota no fim da uretra e dizia que aquilo era o sinal precursor da ejaculação para a qual logo estaria maduro. Esse incidente permaneceu de modo obscuro em minha lembrança, tenho a impressão de não ter compreendido bem a coisa e de ter olhado, sem com isso sentir-me chocado, uma coisa que me era desconhecida. Em compensação, tenho bem viva na memória uma outra coisa. Meu homônimo pôs o membro e os testículos para trás, escondendo-os com as coxas, e disse que havia virado mulher. Freqüentemente repeti esses gestos diante do espelho e toda vez senti uma estranha volúpia. Considero esse incidente particularmente importante porque mostra claramente o desejo de castração sem a presença do medo. Para mim pessoalmente nunca duvidei desse desejo de castração; isso me foi confirmado aqui e ali por certos fantasmas, no decorrer dos quais tento representar as sensações de uma mulher durante o ato amoroso: como o membro é introduzido no orifício e se mexe ali, os efeitos que isso deve produzir. Mas desde aquele dia em que meu homônimo "virou mulher" observei outros homens e pude estabelecer que esse desejo sem angústias de tornar-se mulher é comum a todos os homens. Para perceber isso, é bobagem promover demoradas pesquisas. Basta examinar as brincadeiras amorosas entre homem e mulher; sabe-se que a variação em que o homem aparece deitado sob a mulher é praticada por toda parte; casal algum fica restrito às normas do ato sexual dito normal, em cujo favor todo o resto foi chamado de perversão. Por mais que achemos não valer muito a pena olhar essas coisas de perto — e pelo menos o médico deveria ter a curiosidade profissional de fazê-lo — facilmente descobriríamos nos amigos e nos conhecidos "fantasias" conscientes como essa de que falei. E se acontecer de serem esses desejos femininos completamente recalcados para fora do consciente, basta submeter esses "sexuais normais" a uma análise de sua atitude enquanto comem, mais ainda enquanto bebem, escovam os dentes, limpam as orelhas. As associações aparecem à vista de todo tipo de hábito, fumar, montar a cavalo, enfiar o dedo no nariz e outras

CARTA 28

coisas. E onde a observação fracassar porque a resistência oriunda da vontade de ser viril foi muito forte, sobra a forma banal das doenças, a constipação, com a satisfação do desejo através da expulsão das fezes pelo orifício traseiro, pelas hemorróidas, que localizam a excitação nessa porta do corpo, o inchaço da barriga com sua "simbolização" da gravidez, o clister, a injeção de morfina e as mil utilizações da vacinação, que virou moda em nossa era de recalque acentuado, as dores de cabeça, com seu parentesco com as dores do parto, o trabalho, a criação de uma obra, esse "filho espiritual" do homem. Ponha minha afirmação à prova, açule a resistência de uma pessoa: um dia — na maioria das vezes, bem depressa — vem à tona a lembrança, repentinamente consciente, do que havia sido recalcado e então você ouvirá que, como nós, que somos menos "normais", "Sim, eu chupei o seio de uma mulher e se não o fiz de verdade, imaginei isso. Sim, introduzi o dedo em meu traseiro e não foi apenas porque estava querendo me coçar. Sim, sei que o desejo de ser mulher pode despertar em mim."

Mas estou falando demais sem informá-la sobre a razão pela qual fiz o lobo, e não o gato, ser o castrador; não lhe disse também porque o padre que, nessa cena de *Reineke Fuchs*, viu suas partes sexuais subtraídas transformou-se em um camponês.

Quando à segunda confusão, é fácil adivinhar a razão. De "padre" a Pater, pai, que deve ser castrado, há apenas um passo; e a palavra Pater assimila-se a Patrik, por causa da analogia sonora. A ameaça exercida sobre minha própria pessoa pelos dentes do animal me impeliu ao recalque e ao erro de memória. É possível ver aí o singular senso de humor do Isso. Ele permite que meu medo afaste o Pater--Patrik, mas me obriga a pôr no lugar um camponês (e Georg — camponês — é, como você sabe, meu segundo nome). É assim que zombamos de nós mesmos.

Mas, por que transformei o inocente gato e caçador de ratos nesse lobo infinitamente mais perigoso? *Pater* e *Kater* (gato macho) são palavras que rimam e para alguém como você, que gosta de rimas, a palavra *Vater* (pai, em alemão) logo vem à mente; também o inconsciente gosta de rimas. Portanto, "Vater" — o pai — foi recalcado. Sem dúvida ele é mais terrível que o lobo. Não eram as facas que lhe faltavam para tanto, porque ele era médico, e enquanto o irmão Wolf — lobo — tinha no máximo um canivete, aos domingos um variado sortimento de facas era disposto ao lado do prato de meu pai, durante o almoço — facas que tinham, algumas, uma perturbadora semelhança com a faca do Ogre. Ele poderia ter a idéia de querer experimentar em meu pintinho o fio daquelas facas; quando ele as afiava na beira do prato voltado para cima, a coisa assumia um aspecto perigoso. É por isso que eu o comparava a um gato. Uma de suas admiradoras havia elogiado suas belas pernas e, a fim de agradá-la, ele caminhava, cambaleante, sobre altas botas. O Gato de Botas, era o que ele era e, naquela época, essa leitura me deliciava; além do que, eu havia conseguido, de modo mais ou menos fraudulento, uma série de imagens que ilustravam o conto "em cores".

196   O LIVRO dISSO

Agora, tudo está claro: para os que sentem medo da castração, o pai é mais perigoso do que o irmão; o "gato", que a criança vê todo dia, mais temível do que o lobo, que ela só conhece por ouvir falar e através dos contos. E, além disso, o lobo só devora carneirinhos, e eu não me achava mais idiota naquela época do que me acho agora. Em compensação, o gato come os ratos — mesmo na história de *Reineke Fuchs* — e a parte ameaçada por castração, o pinto, é um rato que entra no buraco; o medo que as mulheres sentem dos ratos é prova disso; o rato entra debaixo da saia, querendo se esconder no buraco existente debaixo dela.

Por trás do medo de que o Pai de Botas comesse meu "rato" esconde-se outra coisa, algo de demoníaco, horrível. O Gato de Botas obriga o bruxo, que se transforma em elefante, a assumir também ele o aspecto de um rato. Os símbolos da ereção e do relaxamento são evidentes e como na idade em que eu lia aquele conto e olhava as ilustrações de Kaulbach para *Reineke Fuchs* eu ainda não conhecia esses fenômenos por experiência pessoal, não me seria difícil concluir que o bruxo que se torna sucessivamente um animal de tromba e um rato era meu pai; seu castelo e seu reino, minha mãe; e o Gato de Botas, eu mesmo, assim como era o proprietário do Gato, o filho mais jovem do moleiro. Como eu percebia que não poderia nunca eliminar aquele homem do porte de um elefante, me pareceu adequado pelo menos engolir aquele paizinho simbólico, o rato, membro do pai. E tenho a impressão de que naquela época usei meu primeiro par de botas. No conto e nas ilustrações eu percebia vagamente minha própria castração e, ainda mais terrível, o desejo criminoso de engolir o rato do pai para poder possuir a mãe; ambas as coisas foram recalcadas e sobrou-me apenas a rivalidade sem perigo com o irmão Wolf-lobo. Desse modo, a transformação do padre Pater em camponês Georg pode ser vista sob este ângulo. O desejo de castrar o pai é certamente punido pela castração do culpado. Meu Isso que, parece, se vê às voltas com uma consciência pesada muito vulnerável, reprimiu o crime e deixou subsistir apenas a penitência, de modo que o desejo não teve, por assim dizer, existência alguma.

Posso ainda chamar sua atenção para as botas? Elas existem também no conto do Pequeno Polegar e provavelmente devem ser consideradas como símbolos da ereção. Dito isto, você é livre para escolher a interpretação que melhor lhe convier. Primeiro, as botas poderiam ser a mãe, coisa que a meu ver elas são. A mãe, portanto a mulher que, com os orifícios do traseiro e da vagina, possui dois canos de botas. Também poderiam ser os testículos, os olhos, as orelhas, talvez as mãos que, através das preliminares, preparam o pulo de sete léguas da ereção e do onanismo.

E com isso chego ao terceiro motivo do recalque, o onanismo, um pretexto para o recalque que me é muito pessoal; não é algo baseado no conto, mas talvez em experiências íntimas. Naquela época, fiquei sabendo que de vez em quando o gato devora seus filhotes. Se eu sou um gato, meu filhote terá sido meu pinto, que o jogo das botas das duas mãos do onanismo faz desaparecer. Mau hábito.

CARTA 28

Como vê, é só me esforçar um pouco e consigo encontrar razões passíveis para meus erros. Mas não gosto desse procedimento. Eu me concedo o direito de errar, quanto mais não fosse porque considero a verdade e a realidade como bens de valor duvidoso.

Tudo de bom para você e os seus

Patrik

Carta 29

Você não escreve, cara amiga, e tateio nas trevas sem saber se você está aborrecida ou, segundo a expressão consagrada, porque você "não tem tempo". Vou assim tentar a sorte e continuar lhe contando minhas histórias de animais, sem estar certo se você autorizará a publicação das cartas com seus erros.

Eu lhe falei sobre o que sentem as mulheres ao ver um camundongo, mas disse apenas as coisas pela metade. Se o camundongo representasse apenas o perigo de entrar embaixo da saia, o medo não seria tão grande quanto é. O camundongo, com seus guinchos, é o ser-símbolo do onanismo e, por conseguinte, da castração. Em outras palavras, a moça tem a seguinte idéia: quem está andando ali naquelas quatro patas é meu membro; ele me foi retirado por punição e, ainda por punição, foi dotado de vida própria.

É uma espécie de crença em fantasias, de superstição. Quando se remonta às origens de uma história de assombração, sempre se encontra bem depressa o problema do erotismo e do Pecado.

Esta singular "simbolização" do camundongo em membro deslizando daqui pra lá, em cima de quatro patas, me lembra que este animal, o rato, ao lado do lobo e do gato, aparece como símbolo castrador. De modo curioso, esta forma de símbolo é a mais terrível e a mais repugnante das três. Para falar a verdade, o rato é menos perigoso do que o lobo e o gato. Mas reúne em si as duas intenções da castração: a da criança e a do pai. Por roer tudo que está à mostra, a criança o considera como um perigo para o nariz e o membro; mas pela forma e pela natureza, é o membro personificado do pai, cortado, espectro do desejo criminoso de atentar contra a virilidade do pai.

200 O LIVRO dISSO

E por enfiar-se em toda parte e penetrar nos lugares obscuros, é ao mesmo tempo o pecado simbólico e a curiosidade insistente dos pais. Vive na toca, nas tubulações, na mulher. Terrível, terrível.

Nas trevas da toca existe ainda o sapo, flácido e úmido, quando se toca nele. E quer a crendice popular que ele é venenoso. Sapinhos, sapinhos gentis é algo que não foi feito para a luz do dia, animal de estimação de meninas, que não têm ainda o calor constante do amor, sendo apenas úmido de concupiscência oculta. A ele vem se juntar, como contrapartida do camundongo guinchante, com sua pelugem aveludada, a menina precoce à cata de toucinho. E de repente surge, em muitas línguas, a palavra *chana* (em português, possivelmente uma corruptela de *bichana*), para designar os pêlos do sexo feminino, as próprias partes e também a mulher lânguida, a gata, a gatinha que pega o rato, exatamente como a mulher engole com o sexo o "rato" do homem.

Já viu os desenhos infantis que representam as partes sexuais femininas que os meninos fazem nos muros com uma lascívia idiota? Esses desenhos explicam a expressão "mein Kafer" (besouro, equivalente a *gatinha*) aplicada à moça enamorada; e de repente o sentido da palavra "aranha" — usada pejorativamente para designar a mulher — torna-se claro: a aranha tece sua teia, constrói armadilhas e suga o sangue das moscas. O famoso provérbio sobre as aranhas, "Matin chagrin, soir espoir" (em francês no texto; literalmente, "de manhã a tristeza, de noite a esperança") retrata a posição da mulher diante de sua sexualidade; quanto mais quente foi a noite de amor, mais ela se mostrará abatida de manhã ao acordar e tentar perceber no rosto do homem o que ele pode estar pensando sobre seus transportamentos noturnos. A vida moderna impõe cada vez mais à mulher uma nobreza de espírito que parece lhe proibir toda volúpia.

Os símbolos têm uma significação dupla: a árvore, quando você examina o tronco, é um símbolo fálico, particularmente decente, autorizado pelos usos; a mais pudica das senhoritas não receia olhar para a árvore genealógica da família, quando deveria estar sabendo que os cem órgãos de reprodução de seus ancestrais estão pulando para fora do desenho com todas suas forças turgescentes. No entanto, a árvore se transforma em símbolo feminino quando se apresenta a idéia do fruto*. Antes que me esqueça: há algumas semanas eu me divirto perguntando a todos os moradores de minha clínica o nome das árvores que estão na entrada. Até agora, não recebi nenhuma resposta certa. São bétulas; dão os galhos com que fazemos varas; tão temidas e ainda mais desejadas: em todas as traquinagens infantis e das pessoas adultas existe a nostalgia do vermelhão ardido nos golpes de varas. E no portão de entrada, colocado de modo que todos tropeçam nele, há um marco de pedra, arredondado e saliente como um falo; ninguém o vê também. É a pedra do tropeço e da irritação.

---

* Em alemão, a maioria das frutas é do gênero feminino.

Desculpe por esta interrupção. Outros símbolos também têm uma dupla significação, o olho por exemplo, que recebe e envia raios; o sol, que em fecundidade é a mãe e por seus raios de um amarelo dourado é homem e herói. O mesmo acontece com os animais, sobretudo o cavalo: ora o cavalgamos como se fosse mulher; também como a mulher, que durante a gravidez transporta o fruto de seu corpo, ele carrega um ser vivo; ora, como o homem, ele arrasta atrás de si o fardo da família e "galopa" com uma criança feliz sobre seus ombros ou joelhos.

Esta dupla utilização dos animais vem em apoio de um singular processo de meu inconsciente, oriundo do complexo de castração. Quando encontro uma charrete atrelada a animais com chifres, nunca sei se são bois ou vacas que a estão puxando. Procuro por algum tempo antes de encontrar os sinais diferenciais. Não é só comigo que isso acontece; muitas pessoas estão em meu caso e aqueles capazes de reconhecer se estão diante de um canário macho ou fêmea são realmente raros. Em mim, essa tendência vai um pouco longe. Num quintal, sei reconhecer entre um galo e as galinhas; se entre elas há galinhos novos já é mais difícil e quando encontro uma dessas aves sozinhas só o acaso me diz o sexo dela. Não me lembro de ter visto conscientemente um garanhão, um touro ou um bode; para mim, um cavalo é um cavalo, um boi, um boi, um carneiro, um carneiro, e embora saiba teoricamente o que é um jumento ou um cavalo castrado, um carneiro ou uma ovelha, praticamente não posso me servir, assim sem mais, desses conhecimentos, e também não sei quando e onde os adquiri. Isso talvez se deva à ação prolongada de uma velha proibição, mesclada com a fobia inconsciente de minha própria emasculação. Com a imponente idade de cinqüenta e quatro anos, tornei-me proprietário de um belo gato. Pena que você não tenha presenciado minha estupefação quando percebi a existência, nele, de testículos.

De volta à castração. Mas gostaria de dizer ainda duas palavras sobre os animais utilizados como símbolos e que levam, nas trevas obscuras da alma humana, uma vida estranha. Você ainda se lembra da visita que fizemos juntos ao túmulo de Kleist, em Wannsee? Faz tempo; ainda éramos jovens e cheios de entusiasmo e esperávamos dessa peregrinação ao mausoléu de nosso poeta preferido só Deus sabe que exaltação. E enquanto, penetrada de veneração, você se inclinava sobre o lugar sagrado e eu colhia uma folha de hera, uma pobre lagarta caiu em sua nuca. Você deu um grito, ficou pálida, começou a tremer e Kleist e o resto foram esquecidos. Eu ri, tirei a lagarta e dei uma de homem forte. Mas se você não estivesse tão absorta em seu medo, talvez tivesse percebido que tirei a lagarta com a folha que tinha na mão, porque sentia nojo do contato com aquele animal. O que podem a força e a coragem contra o símbolo? Quando, à vista desse "pintinho" de mil patas, rastejante, nos sentimos esmagados pela sombra do incesto com a mãe, pelo onanismo, pela castração do pai e de si mesmo, voltamos a ser crianças de quatro anos e não há nada que possamos fazer a respeito.

202 — O LIVRO dISSO

Ontem eu cruzava o Rondell, onde existe aquela linda vista e onde se encontram normalmente os carrinhos de bebês, as crianças e suas babás. Uma menininha bochechuda de três anos trazia, radiante, uma minhoca para a mãe. O animal se contorcia entre os dedinhos gordos, mas a mãe deu um grito e um tapa na mão da criança: "Buá, que nojo buá. . .", exclamou ela e .com a ponta da sombrinha empurrou ¨o verme para longe dela. E continuou, pálida de medo, a ralhar com a criança; depois, limpou cuidadosamente a mão da criança que chorava. Eu teria me aborrecido com a mãe, mas a entendo muito bem. Um verme vermelho que desliza para dentro de um buraco: o que pode contra isso toda a sabedoria darwiniana sobre o trabalho profícuo da minhoca?

"Ugh buá, puá. . ." Os conhecimentos de educação da mãe não vão muito longe. É desse modo que se faz a criança desgostar de tudo aquilo que gosta. E não se pode fazer nada contra isso. O prazer que a criança sente urinando ou defecando não pode ser tolerado, pois, do contrário, pensa-se — não sei se é verdade — o ser humano seria um sujo. Mas vou pedir-lhe, em nome da pesquisa científica, que deixe a urina escorrer sobre os braços e as coxas; sem isso você não poderá acreditar que a criança tem prazer com isso, e continuará achando que são uns pervertidos os adultos que de vez em quando se entregam a esse prazer, continuará achando que são "contra a natureza", cheios de luxúria, doentes. Doente, é disso que temos medo. Tente. O difícil é fazê-lo sem preconceitos. É uma dificuldade quase insuperável. Deram-me dessa experiência — você não é a única a quem recomendo isso — descrições variadas; de um modo geral, porém, começaram sempre por afastar da casa todos que se encontravam ali; depois se fecharam no banheiro e puseram-se nus na banheira, para poderem se limpar logo depois. E dizer que carregamos o tempo todo conosco esse líquido que nos parece tão sujo em contato com a pele! As pessoas não são estranhas? Enfim, apesar de todos esses preparativos, apesar do receio de estar cometendo um ato proibido, sentiram prazer. Não houve um só que negasse ter sentido volúpia. Que fantástica quantidade de forças recalcadas não foi necessária para que um medo tão grande pesasse sobre um gesto realizado pela criança com tanta ingenuidade? E o que dizer da tentativa de defecar sobre si mesmo e rolar por cima? Só para encontrar um modo de fazer isso as pessoas passam dias quebrando a cabeça, e só uns dois ou três daqueles que, desejosos de conhecer os movimentos do inconsciente, estudam sob minha direção, tiveram a coragem de fazê-lo. Ah, minha amiga, quando você lê algum texto de filosofia, aja como fazíamos com as lições de Karlchen Miessnick e faça o mesmo com minhas cartas. Diante do absurdo, a seriedade não tem razão nenhuma de existir. Somente a própria vida, o Isso, tem uma noção do que é a psicologia e os únicos intermediários desse conhecimento através da palavra são os poucos grandes poetas que existiram.

Mas não era disso que eu queria falar e sim do efeito que aquelas "ugh buá puá" exercem sobre nossa atitude no que diz respeito à minhoca, efeito que você poderá depois observar em relação a outros

CARTA 29

animais, plantas, pessoas, idéias, atos e objetos, que foram colocados no índex. Deixo isso a seu cuidado. E não se esqueça, ao fazer isso, de dar-se conta da exata dificuldade que todo estudo das ciências naturais apresenta. Freud escreveu um livro sobre os interditos que caem sobre os homens; chamou-os de tabus. Leia esse livro. Depois, ponha de lado uns bons quinze minutos e percorra, na imaginação, tudo aquilo que é "tabu". Você ficará espantada. E ficará também surpresa com o que a genialidade humana conseguiu realizar. E ao final você se perguntará: qual pode ser o motivo para o Isso do homem brincar de modo tão curioso consigo mesmo, criando-se obstáculos apenas para superá-los a seguir com muito trabalho? Você se sentirá muito contente, com uma alegria... não imagina a imensidade dessa alegria. De minha parte, penso que a sensação de veneração deve parecer-se com isso.

Como sabe, a educação não suprime nada, apenas recalca. Até mesmo o prazer proporcionado pela minhoca que não se deixa matar! Ele reaparece sob uma forma singular, a da ascáride. Os germes desse hóspede de nosso intestino estão por toda parte, pelo menos penso assim. Introduzem-se no ventre de todos os humanos com uma repetida freqüência. Mas o Isso não tem utilidade para eles e os extermina. Um belo dia, o Isso desta ou daquela pessoa de repente volta a ser criança e, retomado por suas paixões infantis, vê-se às voltas com a saudosa recordação da minhoca. E logo constrói para si uma cópia da minhoca com ovos de ascáride. Ri do "ugh ugh" da governanta, lhe prega uma peça e ao mesmo tempo se lembra de que o verme também é uma criança. Então, ri ainda mais fortemente e, graças ao verme intestinal, "brinca de gravidez"; uma outra vez, "brinca de castração" ou de "parto". Enfim, expele a ascáride — a menos que se trate daqueles vermes brancos, quando surge o pretexto para enfiar o dedo no ânus e praticar à larga o onanismo por trás — e expulsa esses vermes pelo traseiro.

Peço-lhe que leia esta passagem ao senhor Secretário da Saúde. Você vai se divertir com a cara dele diante desta teoria da predisposição para as doenças enunciada de modo sério por um colega sério.

Deixe-me contar mais uma história de lesmas. Diz respeito a uma de nossas conhecidas comuns; não vou dizer o nome, pois sei que você é bem capaz de ir zombar dela. Estávamos ambos passeando quando, de repente, ela se pôs a tremer, o rosto ficou branco, o coração batendo depressa e desordenadamente ao ponto de ser possível contar suas pulsações pela veia jugular. Um suor de angústia apareceu em sua testa e ela sentiu enjôo. O que estava acontecendo? Uma lesma aparecera no caminho. Acabávamos de discutir sobre a fidelidade e ela tinha-se queixado do marido, de quem suspeitava que não estava andando direito. Fazia tempo, disse ela, que começara a ter a idéia de arrancar o membro do culpado e pisar nele. A lesma seria o membro arrancado. A explicação parecia suficiente mas, não sei por que, eu não estava satisfeito; disse, de modo audacioso, que aquilo deveria ocultar outra coisa. Para poder sentir um ciúme tão furioso assim era necessário que a própria pessoa não estivesse inteiramente inocente. Esta hipótese se confirmou logo depois, mesmo porque é fato que o ciúme só existe por causa da infidelidade do ciumento. Não era no membro do marido que nossa amiga havia pensado, mas no meu. Rimos de tudo aquilo, nós dois. Como não consigo resistir ao prazer de bancar o mestre-escola, eu disse: "Você é prisioneira de um círculo infernal. Se me amar, estará enganando seu marido; se permanecer fiel a ele, é a mim que estará traindo e ao grande amor que tem por mim. Se é assim, não há porque surpreender-se pelo fato de você não saber o que fazer e se ver na obrigação de esmagar a lesma, o membro de um ou outro de nós dois". Não se trata de um caso raro. Muitos são os que, namorados na juventude, conservam desse primeiro amor uma imagem ideal, mas casam-se com outra pessoa. Quando se sentem de mau humor, isto é, quando se comportaram mal em relação ao esposo e, por isso, sentem raiva dele, vão procurar no fundo da memória os vestígios do amor ideal, lamentam-se após compará-lo com o atual, por estarem mal casados e, aos poucos, encontram mil razões para convencerem-se da indignidade do esposo que ofenderam. É hábil mas, infelizmente, hábil demais. É que sobrevém a reflexão de que se foi infiel ao primeiro amor, abandonado por um segundo, e que se traiu o segundo para continuar ligado ao primeiro... Não cometerás adultério!

Processos assim, cujo alcance pode ser muito grande, são difíceis de explicitar. Durante muito tempo procurei a razão que impelia essas pessoas — esse tipo não é raro — a se colocarem em constante estado de infidelidade. Nossa amiga me deu a solução do problema e é em suma por causa disso que lhe contei a história da lesma. Na parte interior e mais alta da coxa, na prega com o corpo, ela tinha uma pequena excrescência do tamanho de um dedo e que se parecia com um membro. Aquilo a incomodava muito. De vez em quando, aquilo ficava irritado. Um curioso acaso quis que aquela irritação surgisse algumas vezes durante os períodos em que eu a estava tratando, e desaparecia toda vez que uma onda de homossexualidade recalcada vinha à tona. Há tempos vinha aconselhando-a a tirar aquilo, mas ela nunca havia se resolvido. Debrucei-me sobre sua alma até que, fragmentada em mil pedaços, jorrou a noção de que ela trazia aquele pequeno membro por amor à mãe. Ela nunca havia parado de dizer que detestara a mãe a vida toda. Eu nunca acreditara naquilo, mesmo quando ela se dava ao trabalho de ilustrar aquele ódio com várias histórias. Eu não acreditava nela porque seus sentimentos por mim, sem dúvida muito fortes, tinham todas as características de uma transferência do amor pela mãe. Isso levou tempo mas afinal acabou formando-se um mosaico, sem dúvida incompleto, onde tudo estava anotado: o amor ardente pelo peito, pela mãe, pelos braços da mãe, o recalque em benefício do pai em conexão com uma gravidez, o nascimento do ódio com seus restos homossexuais. Não posso lhe falar sobre os detalhes, mas o resultado foi que essa mulher, quando voltou a me ver no ano seguinte, tinha sido operada e não receava mais nem a infidelidade, nem a lesma. Você pode acreditar no que quiser; quanto a mim, estou convencido que ela havia feito aquele membro crescer

CARTA 29

por amor à mãe. E agora, me permito acrescentar que a lesma é um símbolo de dupla significação: é falo quando visto e tocado, e órgão feminino por causa da gosma. No plano científico, a lesma é bissexual.

Preciso contar-lhe também, o melhor que posso, uma história sobre o axolotle; você deve ter visto esse pequeno animal no Aquário de Berlim e não ignora a que ponto ele se parece com um embrião. Foi no Aquário, diante do recipiente do axolotle, que uma mulher desmaiou em minha presença. Ela também dizia detestar a mãe, como sempre. Gostava muito de crianças, também havia começado a odiar a mãe por ocasião de um parto e nunca teve filhos apesar de seu grande desejo em tê-los. Observe com atenção as mulheres sem filhos quando elas gostam realmente de crianças. Há nisso uma tragédia da vida que pode ser corrigida, muitas vezes. Essas mulheres — me atrevo a dizer: todas elas — alimentam no coração um ódio pela mãe, mas lá no fundo, num canto, bem pequenino, está o amor recalcado. Ajude-as a sair desse recalque e a mulher procurará, descobrirá um marido que com ela prociará um filho.

Poderia ainda discutir sobre este assunto por muito tempo, mas me deixei fascinar por um espetáculo sobre o qual tenho de lhe falar. O melhor vem no fim. É preciso que você saiba que, enquanto lhe escrevo, estou sentado neste terraço cheio de carrinhos de bebês de que já lhe falei. À minha frente, duas crianças, uma menina e um menino, estão brincando com um cachorro. O cão está deitado de costas e os dois lhe coçam a barriga. Toda vez que fazem um movimento mais violento, aparece o pênis vermelho do cão, e as crianças riem. Enfim, tanto fazem que o cão deixa escapar seu sêmen. Isso fez as crianças pensarem. Vão procurar a mãe e não se preocupam mais com o cachorro. Já reparou como os adultos coçam seus cães com a ponta do sapato? Recordações da infância. E como os cães não falam, somos obrigados a observá-los para conhecer suas reações. Muito deles reagem ao odor da menstruação e um grande número se masturba esfregando-se nas pernas das pessoas. Quando os cães silenciam, dirija-se aos humanos. É preciso perguntar com ousadia, senão não haverá resposta. É que a sodomia passa por ser uma perversão, ela também. E aquilo que presenciamos entre os cães é profundamente recalcado. É que ele não é apenas um animal, mas um símbolo do pai, do pênis.

Quer saber mais sobre os animais? Bem, vá montar guarda diante da jaula dos macacos no zoológico e veja como as crianças se comportam. Pode dar uma olhada nos adultos também. Se nesse período você não aprender mais sobre a alma humana do que leu em mil livros, você não é digna dos olhos que carrega no meio da cabeça.

Melhores votos de seu sempre

Troll

Carta 30

Era essa a razão de seu silêncio! Estava considerando as possibilidades de publicação! E concede seu *imprimatur* a minhas cartas e recusa-o às suas. Assim seja! E que Deus a abençoe.

Você tem razão, já é tempo de analisar seriamente o Isso. Mas as palavras às vezes são inexpressivas e por isso eu lhe agradeceria se de vez em quando você pegasse uma delas e a examinasse de todos os lados. Terá uma opinião diferente sobre ela; isso é o importante, e não a pertinência ou a falsidade dessa opinião. Vou me esforçar por ser objetivo.

Para começar, vou dizer-lhe algo aflitivo: a meu ver, não há o Isso como o imaginei; tal como está, eu o inventei inteiramente. Mas pelo fato de me ocupar essencial e exclusivamente dos seres humanos, da humanidade, sou obrigado a agir como se existissem, separados da Natureza Universal de Deus, indivíduos chamados homens. Devo proceder como se este indivíduo estivesse isolado do mundo por um espaço vazio, de modo que ele assuma, em relação às coisas situadas fora dos limites que ele mesmo se impôs, uma posição independente. Sei que isso é falso; nem por isso deixarei de me agarrar firmemente à hipótese de que cada ser humano é um Isso individual, com limites definidos, um começo e um fim. Insisto nesse ponto, minha cara amiga, porque você várias vezes já quis me arrastar para discussões sobre a Alma Universal, o panteísmo, a Natureza Divina etc. Não quero ouvir falar disso e declaro solenemente que só me ocuparei do que chamo o Isso do ser humano. Em virtude de minha qualidade epistolar, faço com que o Isso principie com a fecundação. O instante exato do processo extremamente complicado da fecundação, que deverá funcionar como ponto de partida, me é indiferente, assim

208 O LIVRO dISSO

como deixo que você escolha, na massa de fenômenos que acompanha a
morte, aquele momento que você quiser considerar como o fim.

Uma vez que reconheci desde logo ter conscientemente introduzido um erro em minha hipótese, lhe será fácil descobrir em minhas
análises o engano consciente ou inconsciente que mais lhe agradar.
Mas não se esqueça que essa primeira falha, que consiste em ter des-
tacado indivíduos sem vida ou vivos do universo dos objetos, faz parte
integrante do pensamento humano e que não há nada que não ostente
sua marca.

Mas surge uma dificuldade. Com efeito, essa hipotética mônada
do Isso, cujo origem decidimos que seria determinada pela fecundação, contém duas unidades-Isso: uma unidade feminina e outra
masculina, sem falar no fato bastante perturbador de que essas duas
unidades, oriundas do óvulo e dos espermatozóides, por sua vez não
são únicas, mas multidões que remontam no tempo até Adão e aos
protozoários, formadas também por uma mistura inextricável entre
masculino e feminino que existem um ao lado do outro sem se misturar. Peço que não se esqueça de que esses dois princípios não se
confundem: co-existem. Segue-se que cada Isso humano contém pelo
menos dois Issos, unidos não se sabe como numa única mônada e no
entanto independentes um do outro.

Não se deve supor a existência em você, como nas outras mulheres – e também entre os homens, claro – de uma completa ignorância
do pouco que acreditamos saber sobre o desenvolvimento do destino
do óvulo fecundado. Para meus objetivos, bastará dizer-lhe que após
a fecundação, o óvulo divide-se em duas metades, duas células, conforme o nome que a ciência quis dar a esses seres. Essas duas partes
subdividem-se em quatro, oito, dezesseis células etc. até que enfim
se realiza aquilo que normalmente chamamos de ser humano. Graças
a Deus não preciso entrar em detalhes sobre esses diversos processos.
Portanto, me contento com chamar sua atenção para um fato a meu
ver muito importante, embora me pareça incompreensível. Nesse ser
minúsculo que é o óvulo fecundado existe um não sei o quê, um Isso
capaz de empreender sua divisão e suas subdivisões em uma miríade
de células, de dar-lhes aspectos e funções variadas, de agrupá-las em
pele, ossos, olhos, orelhas, cérebro etc. Que diabos pode acontecer
com o Isso no momento de sua divisão? É evidente que ele também
se divide, pois sabemos que cada uma das células traz em si suas possibilidades de vida independente e de subdivisão. Mas ao mesmo tempo,
subsiste algo em comum às duas células, um Isso que as liga uma à
outra, que influi de um modo ou de outro sobre seus destinos e é
influenciado por eles. Estas reflexões me levaram a admitir que fora
do Isso individual de cada ser humano existe um número incalculável de seres-Isso que fazem parte de cada célula. Não se esqueça,
além disso, que o Isso-indivíduo do homem integral, assim como
os Issos de cada célula, escondem, cada um, um Isso masculino e um
Isso feminino, sem contar os minúsculos seres-Isso da cadeia ancestral.

Peço que não perca a paciência. Não é minha culpa se sou obrigado a semear a desordem nas coisas aparentemente tão simples para

CARTA 30 209

o pensamento e a linguagem cotidianos. Espero que um deus benevolente venha nos tirar dos labirintos em que nos debatemos.

Provisoriamente, vou fazer com que você penetre mais profundamente nesse mato sem saída. Tenho a impressão de que deve haver ainda outros seres-Isso. No decorrer da evolução, as células se unem para formar todo tipo de tecido — epiteliais, conjuntivos, substância nervosa etc. E cada uma* dessas formações parece ser um novo Isso individual, que exerce uma ação sobre o Isso-coletivo, as unidades--Isso das células e os outros tecidos, ao mesmo tempo em que lhes atribui a tarefa de se dirigirem a si mesmas nas manifestações da vida. Mas isso ainda não basta. Novas formas-Isso se apresentam, agrupadas sob o aspecto de órgãos:. baço, fígado, coração, rins, osso, músculos, cérebro, medula. E outras forças-Isso se comprimem dentro do sistema dos órgãos. Seria mesmo possível dizer que se formam também falsos Issos, levando uma misteriosa existência, embora a respeito deles se pudesse dizer que são apenas aparência e nome, nada mais. Por isso sou obrigado, por exemplo, a dizer que há um Isso da metade superior e outro da metade inferior do corpo, um outro da direita e da esquerda, um do pescoço e da mão, um dos espaços vazios do ser humano e um da superfície de seu corpo. Esses são entidades; quase seria possível imaginar que surgem de pensamentos, conversas, atos e, mesmo, que são criações dessa nossa inteligência tão gabada. Mas não acredite nisso. Esse modo de ver as coisas surge dos esforços inúteis e desesperados de compreender alguma coisa sobre o Universo. Quando tentamos isso, um Isso particularmente malicioso, oculto num canto qualquer, nos prega peças memoráveis e quase morre de rir de nossa pretensão, de nossos desejos de sermos poderosos.

Peço que não se esqueça de que nosso cérebro e, com ele, nossa razão são uma criação do Isso:· sem dúvida uma criação que por sua vez atuará como criador mas que só tardiamente entra em ação e cujo campo de criação é limitado. O Isso do ser humano "pensa" bem antes do cérebro existir; pensa sem cérebro, ele constrói o cérebro. Essa é uma noção fundamental, que o ser humano deveria ter presente na memória e que ele não pára de esquecer. A hipótese de que pensamos com o cérebro — certamente falsa — foi a origem de mil besteiras; ela foi também, sem dúvida, a fonte de muitas descobertas e invenções extremamente preciosas e, numa palavra, de tudo que embeleza e enfeia a vida.

Está satisfeita com a confusão em que mergulhamos? Ou devo lhe dizer ainda que, o tempo todo e numa confusão de mudanças, vemos os seres-Isso aparecerem, como se cada um criasse novos Issos? Ou que há seres-Isso das funções corporais, da alimentação, das bebidas, do sono, da respiração, do andar? Ou que um Isso da pneumonia pode aparecer, ou da gravidez? Ou que essas estranhas entidades podem resultar da profissão, da idade, do lugar onde se está, do banheiro ou do urinol, da cama, da escola, da Crisma e do casamento? Confusão, eterna confusão. Nada é claro, tudo é obscuro, inevitavelmente misturado.

210   O LIVRO dISSO

No entanto, no entanto... Dominamos tudo isso, penetramos em cheio nessa magma borbulhante e o represamos. Apoderamo-nos dessas forças e as levamos para um lado ou outro. É que somos seres humanos e nosso modo de fazer as coisas não é de todo impotente. Classificamos, organizamos, criamos e realizamos. Ao Isso opõe-se o Eu e, seja como for ou seja o que for que se diga, para os homens permanece em pé a afirmação: Eu sou Eu.

Não podemos deixar de imaginar que somos os senhores de nosso Isso, das inúmeras unidades-Isso e do único Isso-coletivo, e mesmo senhores do caráter e do comportamento de nossos semelhantes, senhores de suas vidas, de sua saúde, de sua morte. Claro, não somos, mas acreditar nisso é uma necessidade de nossa organização, de nossa qualidade de ser humano. Vivemos e porque vivemos não podemos deixar de acreditar que somos capazes de criar nossos filhos, que há causas e efeitos, que temos a liberdade de pensar e de prejudicar ou ajudar. Na verdade, não sabemos nada da relação entre as coisas, não podemos prever com 24 horas de antecedência o que vamos fazer e não temos o poder de fazer seja o que for voluntariamente. Mas somos coagidos pelo Isso a considerar seus atos, suas idéias, seus sentimentos como se fossem eventos que se passam em nossa consciência, com a concordância de nossa vontade, de nosso Eu. É apenas por sermos presas de um erro eterno, por sermos cegos, porque não sabemos nada de nada, que podemos ser médicos e curar os doentes.

Não tenho muita certeza sobre os motivos que me levam a escrever-lhe isto. Provavelmente é para me desculpar por continuar a ser um médico apesar de minha crença firme no poderio do Isso, e porque, apesar da convicção de que todos meus pensamentos e atos são regidos por uma necessidade situada fora de minha consciência, volto sempre a me ocupar dos doentes e a fazer, tanto em relação a mim quanto aos outros, como se eu fosse responsável pelo sucesso ou fracasso do tratamento. A vaidade e uma boa opinião de si mesmo são os traços de caráter essenciais do ser humano. Não posso me alienar dessa propriedade, preciso crer em mim e no que faço.

Em princípio, tudo que acontece no Homem é obra do Isso. E é bom que seja assim. Também não é mau conceder-se uma pausa para refletir sobre o modo pelo qual as coisas se passam completamente fora de nosso conhecimento e de nosso poder. Isso é particularmente necessário para nós, médicos. Não para nos ensinar a modéstia. Que faríamos com essa virtude tão desumana, para não dizer sobre-humana? Só pode ser farisaica. Não, seria antes porque, caso contrário, correríamos o perigo de nos tornarmos parciais, de mentir a nós mesmos e a nossos doentes afirmando que este ou aquele tratamento é o único que convém. Isso parece absurdo, mas não é menos verdadeiro que todo tratamento que um doente recebe é exatamente aquele de que precisa, que ele está sempre entregue aos melhores cuidados, quer segundo as regras da ciência ou do curandeirismo. O resultado não é obtido porque receitamos segundo nosso saber, mas sim por aquilo que o Isso faz de nosso doente com nossas receitas. Se não fosse assim, qualquer fratura óssea regularmente reduzida e enges-

CARTA 30

sada deveria sarar. Mas não é assim que acontece. Existe mesmo uma diferença tão grande entre a habilidade de um cirurgião e de um interno, a de um neurologista e um medicastro, para termos o direito de vangloriar suas curas e de sentir vergonha de seus insucessos? Não temos esse direito. Fazemos assim, mas não temos esse direito.

Esta carta, me parece, está sendo escrita num curioso estado de espírito. E se continuo nesse caminho, vou dizer muita coisa que a deixará triste, a menos que a faça morrer de rir. Nem uma coisa nem outra correspondem a minha intenção. Prefiro contar como cheguei à psicanálise. Assim você entenderá melhor o que quero dizer com todas estas paráfrases, entenderá melhor minhas singulares concepções sobre minha profissão e seu exercício.

Devo primeiro dizer-lhe qual meu estado de espírito naquela época, e que pode resumir-se numa frase: eu me sentia mentalmente falido. Sentia-me velho, não sentia mais prazer na companhia de mulheres ou homens, minhas piadas me aborreciam e meu trabalho como médico me desgostava. Só o exercia para ganhar dinheiro. Estava doente, eu não duvidava disso; só não sabia o que podia ser. Só alguns anos mais tarde é que um de meus críticos médicos me disse o que eu tinha: eu estava histérico, diagnóstico de cuja exatidão eu estava tanto mais convencido quanto havia sido estabelecido sem contato pessoal, unicamente pela impressão que meus escritos davam: os sintomas deviam ser muito claros. Foi naquele momento que iniciei o tratamento de uma mulher gravemente doente: foi ela que me obrigou a tornar-me psicanalista.

Espero que você me dispense de entrar em detalhes sobre a longa história dos sofrimentos dessa mulher. Isso me seria desagradável porque não consegui, infelizmente, curá-la completamente, mesmo que, no decorrer dos catorze anos de nosso conhecimento e de tratamento, sua saúde tenha melhorado a um ponto que ela nunca poderia esperar. Mas, para lhe assegurar que a dela era uma sólida doença "orgânica", portanto real, e não um mal "imaginário", uma histeria, como a minha, digo-lhe que nos anos imediatamente anteriores a nosso encontro ela havia sofrido duas operações sérias e me havia sido enviada por seu último orientador médico na qualidade de candidata à cova, num estado de aniquilação por um arsenal de digitalinas, escopolaminas e outras imundícies.

No começo, nossas relações não foram fáceis. O fato de ela ter reagido a meu exame um pouco imperioso com abundantes hemorragias uterinas e intestinais não me surpreendeu: já havia visto coisas assim na minha clientela. Mas o que me chocou foi que, apesar de uma notável inteligência, ela dispunha de um vocabulário ridiculamente restrito. Para a maioria dos objetos, ela usava perífrases, de modo que por exemplo dizia, no lugar de armário, "aquela coisa de roupa" ou, no lugar do cano do aquecedor, "aparelho para a fumaça". E dizia não suportar certos gestos, por exemplo, morder os lábios ou brincar com essas bolotas que decoram as cadeiras. Vários objetos, que nos parecem indispensáveis à vida cotidiana, estavam banidos do quarto da paciente.

212 O LIVRO dISSO

Quando me lembro do aspecto clínico tal como se apresentava então, é difícil acreditar que houve um tempo em que eu não tinha a menor idéia dessas coisas. No entanto, assim foi. Eu percebia que em minha paciente havia uma mistura estreita do que se convencionou chamar de manifestações físicas e psíquicas, mas a maneira pela qual isso havia se produzido e o modo de auxiliá-la eu não sabia. Só uma coisa me parece clara desde o começo: havia entre eu e a paciente misteriosas relações que a preparavam para ter confiança em mim. Naquela época eu ainda não conhecia a noção de transferência, mas me sentia contente com a aparente "sugestibilidade" do objeto do tratamento e me apressei a servir-me disso, conforme meu hábito. Tive um grande sucesso desde a primeira consulta. Até ali, aquela mulher havia se recusado a consultar-se sozinha com o médico; exigia que a irmã mais velha estivesse presente, em conseqüência do que todas as tentativas de explicação eram feitas através da irmã. De modo bem curioso, ela logo aceitou a proposta de me ver sozinha, na primeira vez. Só mais tarde é que percebi a verdade: aquilo era fruto da transferência, e ela, a Srta. G, via em mim sua mãe.

Devo aqui fazer uma observação sobre o Isso do médico. Eu tinha então o costume de impor com uma severidade absoluta, e — devo usar esta expressão — sem receios, minhas raras receitas. Eu usava a seguinte expressão: "Morra mas não transgrida minhas prescrições". E eu não estava brincando. Tive doentes do estômago que sentiam náuseas ou dores após a ingestão de certos alimentos e eu os alimentava apenas com esses alimentos até que aprendessem a suportá-los. Forcei outros, de cama por causa de uma inflamação das veias ou das juntas, a levantar e andar; tratei de apopléticos obrigando-os a se curvar em dois todo dia e vesti pessoas que sabia que iriam morrer dentro de horas e levei-as a passear. Até assisti à morte de uma delas diante da porta de minha casa. Esse modo de praticar como se fosse um pai zeloso, poderoso, autoritário, infalível, paternal, me vinha de meu pai. Era também algo que eu havia aprendido com o maior mestre dessa arte do médico-pai, Schweninger, e é provável que eu já tivesse esse dom desde o nascimento. No caso da Srta. G., a coisa aconteceu de outro modo, desde o começo. A atitude infantil — e, como se verificou mais tarde, de uma criança de três anos — que ela havia adotado diante de mim me obrigou a representar o papel da mãe. Certas forças maternas de meu Isso foram despertadas por essa paciente e orientaram meu modo de proceder. Mais tarde, quando examinei de mais perto meu próprio comportamento como médico, descobri que influências misteriosas do mesmo tipo já me haviam muitas vezes obrigado a assumir para com meus pacientes uma atitude diferente da paternal, embora eu estivesse consciente e teoricamente convencido de que o médico deveria ser um amigo e um pai, devia dominar.

E de repente me via numa situação singular: não era eu quem tratava da paciente, era ela que me tratava. Colocando as coisas na minha linguagem: o Isso de meu próximo procura transformar meu Isso, consegue de fato transformá-lo de modo a poder utilizá-lo em seus objetivos.

CARTA 30 213

Tomar consciência desse estado de coisas era algo que apresentava grandes dificuldades; é que desse modo minhas relações com a paciente ficavam alteradas. Não se tratava mais de lhe prescrever cuidados que eu considerava que lhe deviam ser benéficos, mas de me apresentar tal como a paciente precisava que eu fosse. Mas da tomada de consciência à execução das conseqüências havia uma distância enorme! Você sabe como é esse "caminho", você já me viu mudar do médico ativo e empreendedor que sou para um instrumento passivo; você mesma já me censurou muitas vezes e ainda o faz, você me induz a aconselhar isto ou aquilo, a intervir deste ou daquele modo, a receitar assim ou assado. Se pelo menos você se abstivesse de fazê-lo... Estou irremediavelmente perdido no que diz respeito às atividades de guia e salvador; evito dar conselhos, esforço-me por suprimir toda resistência de meu inconsciente ao Isso dos doentes e a seus desejos; sinto-me feliz fazendo assim, consigo algumas curas e eu mesmo estou muito bem. Se lamento alguma coisa é que o caminho que escolhi é cômodo demais, de modo que me afasto dele por curiosidade e por excesso de exuberância, me perco em abismos e pantanais, causando com isso aos que estão sob minha guarda algumas dificuldades e danos. Tenho a impressão de que o mais difícil na vida é deixar-se ir, observar e seguir a voz dos Issos, tanto em relação ao próximo quanto em relação a si mesmo. Mas vale a pena. Aos poucos, voltamos a ser crianças e você sabe: aqueles que não se tornaram criancinhas não entrarão no reino dos céus. A gente deveria renunciar a "ser adulto" desde os vinte e cinco anos; até aí, precisamos disso para crescer, mas depois disso a coisa só é útil para os raros casos de ereção. Não lutar contra o amolecimento, não esconder mais de si do que aos outros esse relaxamento, essa flacidez, esse estado de avacalhação, é isso que precisava ser feito. Mas somos como aqueles soldados de falo de madeira de que lhe falei outro dia.

Por hoje basta. Faz tempo que estou impaciente por saber sua opinião sobre o grau que alcancei nesse retorno à infância e nesse processo de "des-Eumesmamento". Pessoalmente, tenho a impressão de estar apenas nas preliminares do processo dito de envelhecimento, que me surge como um retorno à infância. Mas posso estar enganado: a exclamação de raiva de um paciente ao me rever após dois anos de separação: "Você engordou espiritualmente..." me deixou mais otimista. Peço que comunique sua opinião a seu fiel

Patrik Troll

Carta 31

Eu não pensava que você pudesse ficar tão brava assim, minha cara. Você exige clareza, só clareza. Clareza? Se o problema do Isso me parecesse claro eu me acharia Deus-pai! Permita que eu seja mais modesto comigo mesmo.

Mas voltemos ao modo pelo qual me tornei discípulo de Freud. Após a Srta. G. me haver elevado ao grau de médico-mãe, ela se tornou mais confiante. Ela consentia em entregar-se a todo tipo de "ocupações", como ela chamava minhas atividades de massagista, mas continuavam as dificuldades na hora da conversa. Aos poucos me acostumei — por brincadeira, eu dizia — a suas circunlocuções e perífrases. E depois de algum tempo, para minha grande surpresa, comecei a perceber que via coisas que não conseguia ver antes. Travei conhecimento com os símbolos. Isso deve ter acontecido de modo insensível, pois não me lembro de quando percebi que uma cadeira não era apenas uma cadeira mas podia ser um mundo, que o polegar é o pai, que ele pode calçar botas de sete léguas e tornar-se depois, na forma de um índice esticado, símbolo da ereção; que um forno aquecido é uma mulher ardente e que o tubo da caldeira é o homem; que a cor negra desse tubo causa um medo inefável porque é o negro da morte, porque esse inocente aquecedor representa as relações sexuais de um homem morto com uma mulher viva.

O que dizer mais? Uma embriaguez tomou conta de mim, como nunca havia sentido antes e nunca voltei a sentir. O que primeiro aprendi sobre a psicanálise foi o símbolo, e ele não me abandonou mais. Quinze longos anos se passaram e quando olho para trás, vejo esse tempo todo cheio de apaixonantes descobertas no reino do simbólico; anos cheios até a borda, anos perturbadores, maravilhosamente

216   O LIVRO dISSO

variados e resplandescentes de cores. A força com que essa incursão no mundo dos símbolos me transformou deve ter sido inaudita, pois desde as primeiras semanas de meu aprendizado ela já me levava a procurar símbolos nas transformações orgânicas da aparência humana produzidas pelo que se convencionou chamar de doença orgânica física. O fato de a vida psíquica ser uma constante simbolização era tão evidente a meus olhos que eu afastava com impaciência a inoportuna massa de idéias e sentimentos novos — pelo menos no que me dizia respeito — para me lançar com uma pressa frenética na pista do efeito produzido pela revelação dos símbolos sobre os órgãos doentes. E para mim esse feito era algo mágico.

Lembre-se que eu tinha atrás de mim vinte anos de prática médica, inteiramente consagrada ao tratamento de casos crônicos desesperados — uma herança de Schweninger. Eu sabia exatamente o que poderia conseguir com o antigo sistema e não hesitava em creditar as curas suplementares ao meu conhecimento dos símbolos, que eu desatava sobre os pacientes como se fosse um furacão. Foi uma bela época.

Junto com os símbolos, minha paciente me ensinou a me familiarizar praticamente com uma outra singularidade do pensamento humano: a obsessão com as associações. É provável que aí outros fatores tiveram seu papel: revistas, relatórios, conversas etc. Mas o essencial vinha da Srta. G. Logo fiz meus pacientes se aproveitarem das associações; muita coisa de meus hábitos médicos permaneceu em mim e me fez cometer erros, mas naquele momento tudo me parecia perfeito.

Enquanto durou. Logo surgiram os contragolpes. Misteriosos forças vieram opor-se, coisas que, mais tarde, sob a influência de Freud, aprendi a designar pelo nome de resistência. Por um certo tempo voltei a usar o método da imposição, e fui castigado com vários fracassos, e acabei me retirando do negócio. Afinal de contas, a coisa havia dado certo além de minhas expectativas e quando a guerra estourou, eu havia estabelecido um procedimento que convinha às exigências de minha clientela. Durante os meses que passei no hospital militar, experimentei meu método de análise, embora bárbaro e marcado pelo diletantismo — que eu aliás conservo — nos feridos e constatei que uma ferida ou fratura reagia à análise do Isso tanto quanto uma infecção renal, um coração doente ou uma neurose.

Até aqui, tudo vai bem e foi muito agradável de escrever, e parece verossímil. Mas nesse desenvolvimento há um incidente curioso: uma ofensiva oficial contra Freud e a psicanálise. Você ainda pode lê-la publicada num livro sobre a pessoa sadia e a pessoa enferma, *Nasamecu*. Sempre imaginei que foi através da Srta. G. que aprendi a análise; ainda creio nisso. Mas não pode ser verdade: como é que numa época em que supostamente ignorava tudo de Freud eu conhecia o nome dele? Dele eu não sabia nada de certo, isso é algo que fica claro na leitura do ataque. Não sei de nada mais idiota no mundo do que esse texto. Mas que um raio me parta se sei de onde fiquei sabendo dele. Isso só me voltou à memória bem recentemente. A primeira idéia que

CARTA 31

tive remontava a uma época em que eu ainda não havia encontrado a Srta. G.; era de um artigo da *Tägliche Rundschau*. A segunda vez que ouvi o nome de Freud e a palavra psicanálise foi através de uma paciente muito falante, que havia tirado seus conhecimentos não sei de onde.

A vaidade me impediu durante muito tempo de me interessar pela psicanálise científica. Mais tarde, tentei reparar esse erro; espero que o tenha conseguido, apesar das enraizadas ervas daninhas que ficaram em meu pensamento e em meu tratamento psicanalítico. Mas esta obstinação em não querer aprender teve suas vantagens. Em minhas apalpadelas cegas, livres do peso do conhecimento, dei por acaso com a idéia de que além do inconsciente do pensamento cerebral existem inconscientes análogos em outros órgãos, células, tecidos etc. e que, graças à união íntima entre esses inconscientes e o organismo, obtém-se uma influência curativa sobre cada um deles ao se analisar o inconsciente cerebral.

Não pense que me sinto à vontade escrevendo isto. Tenho a impressão de que estas frases não resistirão nem mesmo a sua crítica afetuosa, sem falar no exame sério dos especialistas. Como me é cada vez mais fácil afirmar do que provar, mais uma vez vou recorrer à afirmação e direi: não há doenças do organismo, físicas ou psíquicas, capazes de resistir à influência da análise. O fato de, num certo caso, proceder-se através da psicanálise, da cirurgia, no plano físico, pela dietética ou pelos medicamentos, é apenas uma questão de oportunidade. Não há domínio da medicina em que a descoberta de Freud não tenha sua utilidade.

Sua alusão ao fato de que sou médico praticante e me faço chamar de doutor foi tão enérgica, cara amiga, que me sinto obrigado a falar um pouco mais da doença, e dizer como imagino que ela nasça e como imagino que ela pode ser curada. Mas antes vamos entrar num acordo sobre aquilo a que chamaremos de doença. Penso que não levaremos em conta aquilo que outras pessoas consideram sob esse nome, e que exporemos nossa concepção pessoal da coisa. E proponho que falemos claramente: a doença é uma manifestação de vida do organismo humano. Reflita antes de dizer se aceita ou não esta fórmula. E me permita, enquanto espero, fazer como se você aprovasse esta redação.

Talvez você ache que esta questão não é particularmente importante. Mas se, como eu, você vem se esforçando há trinta anos, dia após dia, por tornar essa frase, no entanto simples, acessível a um número incalculável de pessoas e que, há trinta anos, dia após dia, você vem percebendo que ela não entra na cabeça dessas pessoas, você compartilharia de minha opinião quando insisto que pelo menos você a entenda.

Para quem, como eu, vê na doença uma manifestação de vida do organismo, a doença não é mais uma inimiga. Essa pessoa não pensará mais em combater a doença, não tentará curá-la; vou mais longe, nem mesmo a tratará. Para mim, seria tão absurdo tratar uma doença quanto tentar responder a suas provocações apontando as traquinagens em suas cartas de modo gentil e delicado, sem respondê-las.

218   O LIVRO dISSO

Desde que constato que a doença é uma criação do paciente, ela se torna para mim a mesma coisa que seu modo de andar, sua maneira de falar, o jogo fisionômico de seu rosto, seus gestos com as mãos, o desenho que faz, a casa que constrói, o negócio que concluiu ou o curso de suas idéias: um símbolo significativo dos poderes que o dominam e que eu procurarei influenciar se considerar necessário. Nesse caso, a doença não é mais uma anomalia, mas algo determinado pela natureza mesma desse paciente que decidiu ser tratado por mim. Mesmo assim, resta o fato de que essas criações do Isso, que nos habituamos a chamar de doenças, são, conforme as circunstâncias, tão pouco cômodas para seu próprio criador quanto para os que o cercam. Mas, pensando bem, uma voz estridente ou uma letra ilegível podem ser igualmente insuportáveis para o ser humano e seu próximo, e uma casa mal concebida precisa tanto ser modificada quanto um pulmão inflamado, por exemplo, de modo que, definitivamente, não há diferença entre a doença e a maneira de falar, escrever ou construir. Em outras palavras, não posso utilizar, em relação a um paciente, procedimentos diversos dos que utilizo em relação a quem escreve, fala ou constrói mal. Tentarei descobrir por que e com que objetivo seu Isso recorreu ao meio de falar mal, escrever mal, construir mal; em síntese, porque ele recorre à doença e o que pretende exprimir com isso. Tratarei de me informar a respeito junto a ele, junto ao Isso, sobre os motivos que o levaram a usar esse procedimento, tão desagradável para ele quanto para mim; conversarei com ele e depois verei o que fazer. E se uma conversa não bastar, recomeçarei dez vezes, vinte vezes, cem vezes, tanto quanto necessário para que o Isso, cansado dessas discussões, mude de procedimento ou obrigue sua criatura, a doença, a se separar de mim, seja interrompendo o tratamento, seja através da morte.

Reconheço, claro, que talvez seja necessário, que na maioria das vezes é mesmo indispensável modificar e até demolir uma casa mal concebida, ou pôr na cama um ser humano acometido de pneumonia, ou aliviar um hidrópico de sua água supérflua com a digital, reduzir uma fratura e imobilizá-la, cortar um membro gangrenado. Tenho mesmo a esperança, bem fundada, que um arquiteto cujo edifício recente foi modificado ou demolido logo após ser entregue ao proprietário, cairá em si mesmo, reconhecerá seus erros, evitando-os no futuro, a menos que renuncie de todo a sua profissão; que um Isso, quando deteriorou seus próprios produtos, pulmões ou ossos, sentiu dores e mal-estar, se tornará razoável e dará por aprendida a lição. Em outras palavras, o Isso pode perceber, ele mesmo, por experiência própria, que é bobagem demonstrar seu poder através da produção de doenças ao invés de utilizá-lo na criação de uma melodia, no esclarecimento de um problema, no esvaziamento de uma bexiga ou num ato sexual. Mas tudo isso não me desobriga, eu cujo Isso me fez médico, da obrigação, quando ainda há tempo, de tomar conhecimento dos pretextos do Isso desejoso de doenças de meu próximo, de considerar esses pretextos e, onde for necessário e possível, refutá-los.

CARTA 31 219

A coisa é suficientemente importante para considerá-la sob outro ângulo. Estamos normalmente habituados a procurar as razões do que nos acontece no mundo exterior ou em nosso universo íntimo, conforme o caso. Quando escorregamos na rua, procuramos e descobrimos uma casca de banana, uma pedra, a origem exterior de nosso tombo. Em compensação, quando pegamos um revólver e damos um tiro na cabeça, partimos do princípio de que o estamos fazendo conscientemente e por razões interiores. Quando alguém é atacado de pneumonia, atribuímos as causas aos pneumococos; mas quando nos levantamos da cadeira, atravessamos o quarto e pegamos morfina no armário dos remédios para injetá-la em nós, acreditamos estar agindo assim em virtude de razões íntimas. Sou, sempre fui, como você não pode ignorar, alguém que a respeito disso sabe mais do que todo mundo, e quando alguém me opôs a famosa casca de banana que, a despeito de todas as prescrições da polícia, estava na calçada e havia sido a causa do tombo e do braço quebrado da Sra. Lange, fui até a casa dela e lhe perguntei: "Por que você foi quebrar o braço assim?" E quando alguém me disse que o Sr. Treiner havia tomado morfina ontem porque não conseguia dormir, perguntei ao Sr. Treiner: "Como e por que a idéia da morfina tornou-se ontem tão forte que você achou por bem provocar uma insônia para poder tomá-la?" Até aqui, sempre tive respostas para essas perguntas, o que não tem nada de extraordinário. Todas as coisas têm duas caras, portanto é possível examiná-las dos dois lados e sempre, se nos dermos o trabalho, será possível encontrar para os incidentes da vida uma origem exterior·e uma razão íntima.

Esse esporte de querer-saber-mais-que-todo-mundo teve curiosas conseqüências. Entregando-me a ele, fui cada vez mais solicitado pela procura da causa íntima, em parte porque nasci numa época onde o que estava sempre em causa eram os bacilos, e apenas os bacilos, quando as pessoas não se inclinavam reverentemente diante das palavras "resfriado" e "indigestão"; em parte porque formou-se desde cedo em mim — manifestação de orgulho dos Troll — o desejo de descobrir em mim um Isso, um deus, que eu pudesse tornar responsável por tudo. Mas como não sou tão mal-educado a ponto de querer que apenas eu seja todo-poderoso, reivindiquei esse poder também para os outros, inventei também para uso deles este Isso que tanto a choca e me permite afirmar: "A doença não provém do exterior, o próprio ser humano a produz; o homem só se serve do mundo exterior como instrumento para ficar doente, escolhendo em seu inesgotável arsenal de acessórios ora a espiroqueta da sífilis, ora uma casca de banana, depois uma bala de fuzil ou um resfriado para proporcionar a si mesmo uma dor. Faz isso sempre com a intenção de sentir prazer, pois, em sua qualidade de ser humano, faz parte de sua natureza sentir prazer com o sofrimento; porque em sua qualidade de ser humano, está em sua natureza sentir-se culpado e querer afastar essa sensação de culpa através da autopunição; porque quer evitar só deus sabe que incômodo. Na maior parte do tempo, ele não tem consciência alguma dessas singularidades; para falar a verdade, tudo isso é

220   O LIVRO dISSO

decidido e realizado nas profundezas do Isso, aonde não temos acesso; mas entre as insondáveis camadas do Isso e nosso bom senso, há camadas do inconsciente que o consciente pode alcançar e que Freud assinala como tendo capacidade de tornar-se conscientes; e nelas pode-se descobrir todo tipo de coisas gentis. O mais curioso é que quando se fuça nisso, não é raro que de repente surja aquilo que chamamos de cura. Sem que compreendamos coisa alguma do modo pelo qual a cura se produz, fortuitamente, sem que participemos do processo por nada neste mundo, nunca me cansarei de repetir isso.

Para encerrar, e segundo meu velho hábito, uma história. Ou melhor, duas. A primeira é bem simples e você sem dúvida dirá que é bobagem minha atribuir-lhe tanta importância. Dois oficiais conversam nas trincheiras de seu país sobre a agradável perspectiva que um ferimento lhes abriria em relação a uma licença de algumas semanas, ou meses. Um deles diz que não se contentaria com tão pouco; deseja uma invalidez que o mandasse definitivamente para casa e fala de um camarada que tivera um cotovelo estourado por uma bala, o que lhe havia valido a reforma. "Algo assim resolveria minha situação...", acrescenta. Meia hora mais tarde, estava com o cotovelo direito estourado por uma bala. Foi ferido no momento em que levantava a mão para bater continência para alguém. Se não tivesse feito isso, a bala teria passado ao lado dele. E ele não precisava fazê-lo, pois já havia encontrado três vezes nas últimas horas o camarada a quem a continência se dirigia. Você não precisa atribuir importância a essa história; basta que, para mim, ela rime com alguma coisa. E como eu tinha a firme decisão de encontrar o mais freqüentemente possível as relações entre os ferimentos e o desejo do Isso de ser ferido, não me foi difícil convencer disso as pessoas. Basta.

Um outro homem veio se tratar comigo bem depois da guerra, não importa a razão. Entre outras coisas, sofria de breves crises de epilepsia e, ao descrevê-las, contou-me a seguinte história: ele também se sentira farto do serviço militar e imaginava um meio de escapar de todo aquele desperdício sem muitas perdas. Veio-lhe de repente a idéia — e não era por acaso que aquela reminiscência reaparecia, seu ressurgimento havia sido determinado por impressões passageiras demasiado extensas para citar aqui — repetindo, ele se recordou de repente que na adolescência seu pai, homem severo, o havia obrigado a esquiar, coisa que ele detestava, e de como ele havia invejado um colega que fraturara a rótula esquiando, faltando por isso às aulas durante vários meses. Dois dias mais tarde, estava em seu posto de observação na qualidade de chefe de bateria. Suas peças foram submetidas ao fogo de três baterias francesas: uma leve, que atirava curto demais; uma semipesada, que visava longe demais, à esquerda, e um canhão pesado, cujas granadas explodiam a intervalos regulares de cinco minutos exatamente contra seu posto de observação e sua bateria. Se o Sr. von X. abandonasse seu posto imediatamente após o estouro de uma granada, teria tempo para chegar até a bateria e voltar, o que ele fez duas vezes. Depois veio a ordem de um cavalheiro mais bem abrigado: a bateria de X. deveria mudar de lugar. X. irritou-se

CARTA 31

extremamente contra essa ordem, por um momento teve saudades do ferimento salvador e abandonou seu posto — claro, sou obrigado a ater-me ao que ele me contou, e é o que faço — e deixou seu abrigo exatamente no momento em que a famosa pausa entre as granadas estava acabando. O resultado foi satisfatório: dois segundos mais tarde, estava no chão com a rótula quebrada, teve uma crise e, ao voltar a si, foi evacuado para a retaguarda. Claro, foi o acaso. Quem poderia duvidar? Mas esta história tem uma seqüência, e é por isso que a estou contando para você. O Sr. X. guardara desse ferimento uma anquilose; a perna não estava completamente rígida, mas, por flexão passiva da junta, verificava-se mais ou menos 20% de resistência devida, a crer nas declarações de pessoas qualificadas para dizê-lo, por serem cirurgiões e radiologistas de renome, aos tecidos e excrescências cicatriciais da rótula. Um dia após o Sr. X. me haver contado sua história, a flexão alcançou 26%, no outro dia mais ainda e ao fim de uma semana o Sr. von X. estava andando de bicicleta. No entanto, nada havia acontecido com o joelho, exceto que ele havia falado sobre aquilo e havia sido informado sobre as estranhas curas do Isso. Mas não aprendeu a se ajoelhar. Foi pena. Sua mãe era muito devota e gostaria que ele voltasse a rezar; na infância, ele rezava com ardor. Mas parece que ainda está muito aborrecido com o pai — ele havia criado seu deus segundo a imagem desse pai — para dobrar os joelhos diante dele.

Mais uma coisa para lhe contar: um jovem veio me ver outro dia. Faz um ano, dia-a-dia, que cuido dele. Sofria de uma angústia terrível que o perseguia dia e noite. Quando chegou em meu consultório, já sabia que se tratava de uma fobia de castração e me contou em seguida um sonho que tivera na infância: dois ladrões entravam na estrebaria e castravam o garanhão favorito do pai, um cavalo preto — ao contrário de seus dois irmãos, meu cliente tem os cabelos bem escuros. Ainda criança, com uns nove anos, ele contraíra um resfriado crônico e logo lhe retiraram um pedaço do *septum* nasal. Conheço isso: é um truque do Isso para castrar simbolicamente o pai. Dez anos mais tarde, sem o menor pretexto plausível, o jovem mandou fazer a ablação dos dois dedões do pé: havia simbolicamente castrado os dois irmãos. Nem com isso ficou livre de sua angústia. Acaba de vê-la desaparecer após um ano de penosa análise. O engraçado nessa história é que esse jovem sente de modo muito vivo o desejo de gozar como mulher, mas não quer saber disso e, numa certa medida, se comporta como heterossexual. Preferiu o desejo de ser castrado, de tornar-se mulher — tal como se apresenta em seus sonhos — para poder voltar isso contra o pai e os irmãos, e pagou esse mau desejo com as operações do nariz, dos artelhos e com sua angústia.

O Isso prega peças extraordinárias; cura, torna doente, consegue a amputação de membros sadios e faz as pessoas andarem às cegas. Em suma, um fenômeno caprichoso, desconcertante e divertido.

Com afeto

Patrik

Carta 32

Não, minha cara, os artelhos daquele paciente não voltaram á crescer, apesar do Isso e da análise. Mas isso não exclui a descoberta eventual de um método com cuja ajuda o Isso provocará a reconstituição de membros amputados. As experiências feitas sobre o crescimento de partes de órgãos eliminadas pelo organismo provam a possibilidade de um grande número de coisas que teríamos considerado irrealizáveis há trinta anos. Mas me proponho exigir ainda mais de sua boa fé e fazê-la aceitar coisas mais extraordinárias.

O que você pensa, por exemplo, do Eu? Eu sou Eu, lei fundamental de nossa vida. Se eu afirmar que essa lei — através da qual se manifesta o sentimento do Eu do ser humano — é um erro, o mundo não seria abalado, como aconteceria se levássemos essa afirmação a sério. Não a levaremos a sério; não podemos levá-la a sério; eu mesmo não acredito nela e no entanto é a verdade.

O Eu não é absolutamente o Eu; é uma forma constantemente mutante através da qual se manifesta o Isso e o sentimento do Eu é uma artimanha do Isso para desorientar o ser humano no que diz respeito ao conhecimento de si mesmo, para facilitar-lhe as mentiras que conta a si mesmo e fazer dele um instrumento mais dócil da vida.

Eu! Com a estupidez que aumenta com nosso crescimento, acostumamo-nos de tal modo à idéia de auto-importância inspirada pelo Isso que nos esquecemos completamente do tempo em que enfrentávamos essa noção sem compreendê-la e quando falávamos de nós na terceira pessoa. "Emmy foi malvada, precisa bater Emmy." "Patrik bonzinho, chocolate." Que adulto poderia reivindicar tamanha objetividade?

224   O LIVRO dISSO

Não quero dizer que essa noção do Eu, esta noção da própria personalidade, começa apenas no momento em que a criança aprende a usar o pronome Eu, este símbolo do empobrecimento mental. Mas pelo menos é possível afirmar que a consciência do Eu, a maneira pela qual nós, adultos, utilizamos a noção do Eu, não nasce com o homem, mas cresce aos poucos nele; numa palavra, ele a aprende.

Você precisa me autorizar a não entrar muito nos detalhes destas coisas. Ningúem consegue se orientar no labirinto do Eu e ninguém nunca conseguirá isso, nem mesmo no futuro mais distante.

É de propósito que falo da consciência do Eu tal como nós adultos a experimentamos. Não é certo que a criança recém-nascida seja desprovida da consciência de ser uma individualidade. Mais ainda: não estaria longe de pensar que ela tem esta consciência, sendo porém incapaz de expressá-la com palavras. Chego até a acreditar que essa consciência da individualidade está também presente no embrião, até no óvulo fecundado e no não fecundado, bem como no espermatozóide. Daí resulta, para mim, que cada célula possui esta consciência da individualidade, como os tecidos, os órgãos e os sistemas de órgãos. Em outras palavras, cada unidade-Isso, se tiver vontade, pode levar-se a acreditar que é uma individualidade, uma pessoa, um Eu.

Sei que este modo de ver altera todas as noções adquiridas, e se você puser de lado esta carta sem lê-la, não me surpreenderia. Mas é preciso que eu diga: creio que a mão humana tem um Eu que lhe é próprio; ela sabe o que faz e também é consciente desse conhecimento. Cada uma das células renais, cada célula da unha também tem seu consciente e seus comportamentos conscientes, a consciência de seu Eu. Não posso prová-lo, mas creio nisso porque sou médico e porque vi o estômago reagir de um modo determinado a uma certa quantidade de comida, proceder com circunspecção no que diz respeito ao tipo e quantidade de suas secreções, avaliar o que se exige dele e tomar suas medidas em conformidade, utilizar os olhos, o nariz, as orelhas, a boca etc. como órgãos seus a fim de estabelecer as decisões que tomará. Creio que é por causa disso que um lábio, que não quer beijar, enquanto o Eu do ser humano assim deseja, se parte, faz nascer uma pústula, se deforma, expressando com isso, com muito sucesso e sem confusão possível, sua vontade contrária. Creio nisso porque um pênis protesta contra o ato sexual desejado pelo Eu-coletivo através de erupções herpéticas ou se vinga de uma árdua vitória conseguida pela cobiça da pulsão sexual deixando-se infeccionar pelas toxinas da blenorragia ou da sífilis; porque um útero recusa obstinadamente a gravidez, embora o Eu consciente da mulher a deseje tão ardentemente que ela segue tratamentos com essa finalidade ou se submete a operações; porque um rim recusa seus serviços quando acha que o Eu do ser humano está com exigências não razoáveis; e porque, se conseguirmos convencer um pouco o consciente do lábio, do estômago, do rim, do pênis, do útero, a conformar-se à vontade do Eu-coletivo, todas essas manifestações hostis, todos os sintomas da doença desaparecem.

CARTA 32

Para que você não se engane sobre o sentido de minhas declarações mais obscuras do que claras, preciso insistir num ponto: esse Eu que reivindico para as células, órgãos etc. não é o mesmo Eu do Isso. De modo algum. Esse Eu é antes um produto do Isso, um pouco como os gestos ou o som, os movimentos, o pensamento, o construir, o andar na vertical, o ficar doente, dançar ou andar de bicicleta são produtos do Isso. A unidade-Isso evidencia sua existência uma vez desse modo, outra vez de outro modo: transformando-se em célula urinária, contribuindo para formar uma unha, tornando-se um glóbulo sangüíneo, uma célula cancerosa, a menos que se deixe envenenar ou não evite uma pedra pontuda ou não se torne consciente de um fenômeno qualquer. A saúde, a doença, o talento, os atos e o pensamento e sobretudo a percepção, o querer e a tomada de consciência são apenas feitos do Isso, manifestações de sua existência. Do próprio Isso, nada sabemos.

Tudo isso é muito confuso. Quando você pensa no modo pelo qual as Isso-unidades e os Isso-coletivos operam, seja em acordo, seja em oposição, como eles se reúnem e se separam, ora de um lado, ora de outro, a fim de permitir a tomada de consciência de uma coisa ou outra, enquanto recalcam uma certa quantidade de coisas no inconsciente na mesma ocasião; quando você imagina de que modo eles conduzem certos fatos até o consciente coletivo enquanto outros, pelo contrário, chegam apenas ao Eu-parcial; como encerram essas coisas em jaulas, das quais as tiramos através da recordação e de reflexões de modo a que afluam para o consciente-coletivo, enquanto a maior parte, de longe, da vida, do pensamento, das sensações, das percepções, do querer, dos comportamentos se desenvolve nas profundezas insondáveis... Quando você pensa em tudo isso, você concebe uma vaga noção da presunção existente em querer compreender alguma coisa. Mas graças a Deus a compreensão não é necessária e a vontade de compreender é um verdadeiro obstáculo. O organismo humano está disposto de modo tão singular que, se for sua vontade, reagirá a um sorriso amistoso, a um aperto de mão, ao fio de uma navalha, a uma colher na boca ou a uma xícara de chá através de *performances* das quais não nos surpreendemos, apenas porque são banais. Experimentei e utilizei todo tipo de tratamento médico, de um modo ou de outro, e descobri que *todos os caminhos* levam a Roma, os da ciência e os da charlatanice; por isso, não considero como particularmente importante a escolha do *caminho a seguir*, contanto que tenhamos tempo e não sejamos ambiciosos. Agindo assim, formaram-se em mim certos hábitos diante dos quais sou impotente, que tenho de seguir porque me parecem elogiáveis. Entre esses hábitos está, em primeiro lugar, a psicanálise, isto é, a tentativa de tornar consciente o que é inconsciente. Outros agem de outro modo. Quanto a mim, estou contente com meus resultados.

Mas eu queria falar do Eu e de sua diversidade. Temos a mania, em princípio, de subentender através da expressão Eu aquilo que ainda há pouco eu chamava de Eu-coletivo, de que me sirvo como ponto de partida para minhas experiências psicanalíticas e que é a

226   O LIVRO dISSO

única coisa que posso usar. Mas esse Eu-coletivo possui, também ele, suas singularidades conhecidas por todos e que no entanto, sem dúvida por causa de sua própria evidência, raramente levamos em conta. Não é fácil fazer do Eu-coletivo – que doravante chamaremos simplesmente de Eu – uma idéia de conjunto. Em poucos minutos, ele vira e revira em nossa direção as diversas faces de sua superfície profundamente dividida e cintilante. Ora é um Eu surgido da infância; ora, um Eu dos vinte anos; às vezes é moral; às vezes, sexual e, outras vezes, é o Eu de um assassino. Num momento é cândido, no momento seguinte, impertinente; de manhã, é o Eu de um oficial ou de um funcionário, um Eu profissional; ao meio-dia, pode ser um Eu conjugal e à noite, o de um jogador, um sádico, um pensador. Se você levar em consideração que todos esses Eus – e poderíamos citar uma quantidade incalculável deles – coexistem no ser humano, pode ter uma idéia do poderio que o inconsciente representa no Eu; pode imaginar também como é apaixonante observá-lo, que alegria indizível podemos ter ao conseguir influenciar esse Eu – quer ele nos surja sob sua forma consciente ou inconsciente. Veja, minha cara, foi só depois de lidar com a psicanálise que sei como a vida é bela: E ela se torna cada dia mais bela.

Posso lhe dizer algo que não pára de me surpreender? O pensamento do ser humano – o pensamento do Isso ou, pelo menos, a vida inconsciente do Eu – parece agitar-se sob o aspecto de uma bola. É como o concebo. Vejo uma quantidade de bolinhas redondas. Quando escrevemos um certo número de palavras, tal como vêm à mente, e as contemplamos, elas se agrupam na forma de uma fantasia esférica, em uma composição na forma de uma bola. E quando deixamos o próximo fazer a mesma coisa, isso também aparece como bola. E essas bolas rolam, giram menos ou mais rápido e cintilam com mil cores. Cores tão belas quanto as que vemos de olhos fechados. É esplendoroso. Ou, usando outras palavras, o Isso nos obriga a associar em figuras geométricas que se confundem – em relação às cores – mais ou menos como nesse delicado instrumento de ótica, o caleidoscópio, em que fragmentos de vidro colorido formam o tempo todo novas figuras quando lhe é imprimido um movimento rotativo.

Deveria agora falar-lhe sobre a origem das doenças, mas não sei nada a respeito disso. E segundo você, eu deveria falar também da cura. Mas este é um assunto no qual sou ainda mais ignorante. Aceito as duas coisas como dados. Poderia apenas falar-lhe sobre os tratamentos. É o que farei.

O objetivo de um tratamento, de todo tratamento médico, é conseguir alguma influência sobre o Isso. Em geral, costuma-se, com esse objetivo, tratar diretamente certos grupos de unidades-Isso; nos entregamos a essa operação com uma faca ou com substâncias químicas, com a luz e o ar, o calor e o frio, a corrente elétrica ou os raios. Ninguém pode tentar mais do que um método ou outro, cujas decorrências ninguém pode prever. A maneira pela qual o Isso reagirá a vários desses ataques pode ser predita com alguma certeza. Freqüentemente pensamos, em conseqüência de não sei bem qual vaga espe-

CARTA 32

rança, que o Isso se comportará direitinho, aprovará nossas ações e, de seu lado, acionará as forças benéficas; mas na maioria das vezes, o que fazemos é golpear às cegas, coisa a que a crítica mais indulgente não se atreveria a atribuir algum sentido. Mesmo assim, é um caminho praticável e experiências feitas durante milênios demonstraram que assim foram conseguidos alguns resultados. Até mesmo resultados favoráveis. Mesmo assim, não deveríamos nos esquecer que não é o médico que derrota a doença, mas o doente. O doente cura a si mesmo, com suas próprias forças, assim como é através de suas próprias forças que ele caminha, come, pensa, respira, dorme.

De um modo geral, contentamo-nos com esse tipo de tratamento das doenças, chamado, por basear-se na observação das manifestações da doença, de seus sintomas, de tratamento sintomático. E ninguém dirá que não tivemos razão ao agir assim. Mas nós, médicos, que nossa profissão condenou a bancar Deus-pai e que, por isso, estamos inclinados a uma certa presunção em nossos *desiderata*, sonhamos descobrir um tratamento que, ao invés dos sintomas, fará desaparecer a causa da doença. Gostaríamos de aplicar uma terapêutica causal, como a chamamos em nosso latim-grego de médicos. Para responder a essas aspirações, nos pusemos à busca das causas das doenças. Primeiro estabelecemos teoricamente, e com o grande reforço das palavras, que há duas causas *soi-disant* inteiramente estranhas uma à outra: uma interna, que o ser humano extrai de si mesmo, a *causa interna*, e uma externa, a *causa externa*, que provém, como se diz, do meio ambiente. E após nos termos colocado de acordo sobre uma divisão assim tão nítida, nos jogamos com verdadeira fúria sobre as causas externas, isto é: os bacilos, os resfriamentos, o excesso de comida, de bebida, os acidentes, o trabalho e sabe-se lá mais o quê! E a causa interna foi completamente esquecida! Por quê? Porque é muito desagradável olhar para dentro de si mesmo — e é apenas em si mesmo, em nós mesmos que encontramos as poucas fagulhas que iluminam as trevas da *causa interna*, a disposição — porque existe alguma coisa que o analista freudiano chama de resistência dos complexos, o complexo de Édipo, o complexo da impotência, o complexo do onanismo etc. E porque esses complexos são terríveis. Para falar a verdade, sempre existiram médicos que levantaram a voz para dizer: o homem fabrica ele mesmo suas doenças, nele repousam as *causae internae*, ele é a casa da doença e não é necessário procurar fora daí. Diante dessas palavras, muitos ergueram a cabeça, elas foram repetidas mas logo voltaram para as *causas externas*, atacadas com a profilaxia, a desinfecção e todo o resto. Mas então apareceram pessoas de vozes grossas que gritaram sem parar: é preciso imunizar, imunizar! Trata-se apenas de uma acentuação da verdade, a saber, que o próprio doente produz sua doença. Mas quando se passou à parte prática da imunização, novamente se apegaram aos sintomas e o aparente tratamento causal viu-se inopinadamente transformado em tratamento sintomático. O mesmo aconteceu com a sugestão e, vamos dizer desde logo, com a psicanálise. Também esta utiliza os sintomas embora saiba que o ser humano é a única origem da doença.

228 O LIVRO dISSO

Com isso chego ao ponto delicado. Não é possível tratar a não ser sintomaticamente e não é possível tratar a não ser causalmente. É que ambas as coisas são uma só. Não há diferença entre as duas noções. Quando se cura, trata-se a *causa interna*, o ser humano que extrai a doença de seu Isso; e para poder curar, o médico é obrigado a levar em conta os sintomas, que ele trabalha com o estetoscópio ou com o aparelho de radiologia, verificando se a língua está escura ou a urina turva, examinando uma camisa suja ou alguns fios de cabelo cortados. No fundo, pouco importa se fuçamos com cuidado entre os signos da doença ou se nos contentamos com ler uma carta do paciente, a menos que a carta esteja nas linhas de sua mão ou que se trate de agir com ele como sonâmbolo. Sempre será um tratamento do ser humano e, ao mesmo tempo, de seus sintomas.O próprio aparecimento do homem é um sintoma do Isso, este objeto de todos os tratamentos, sua orelha é um sintoma dele tanto quanto o chiado nos pulmões; o olho é um sintoma, uma manifestação do Isso exatamente como o exantema da escarlatina; sua perna é um sintoma no mesmo sentido que a fragmentação dos ossos revela a fratura dessa perna.

Se tudo isso é uma única coisa, você perguntará, por que razão Patrik Troll escreve livros tão longos, cujas frases ressoam como se pretendessem expressar idéias novas? Não, minha cara, minhas frases não têm essa pretensão, é apenas impressão. Na verdade, estou convencido que não faço nada além, com a psicanálise, do que fazia antes, quando receitava banhos quentes, indicava regimes, massagens e mandava com autoridade, coisas de que continuo me servindo. A novidade é apenas o ponto de partida do tratamento, o sintoma, que está aí em todas as circunstâncias, o Eu. Meu tratamento, naquilo que tem de diferente do que era, consiste em tentar tornar conscientes os complexos inconscientes do Eu, metodicamente, e com toda a manha e força de que disponho. Isso, sem dúvida, é novo, mas não provém de mim; Freud é o inventor disso; meu papel limita-se a aplicar esse método também aos males orgânicos. Como parto do princípio de que o Isso é o objeto da profissão médica; como sou da opinião de que o Isso, através de sua força soberana, constitui o nariz, provoca a inflamação do pulmão, torna o homem nervoso, impõe-lhe sua respiração, seu modo de andar, sua profissão; como creio, além disso, que o Isso se deixa influenciar tanto pelo fato de tornar conscientes os complexos inconscientes do Eu quanto pelo ato de abrir uma barriga, não compreendo — ou não compreendo mais — como é possível imaginar que a psicanálise só é utilizável para os neuróticos e que as doenças orgânicas devem ser tratadas com outros métodos.

Permita que eu ria.

Sempre seu

Patrik Troll

Carta 33

Suas palavras me soaram como um hino de libertação! "Já estou cheia de ler suas cartas", você escreveu, e eu respondo: "Já estou cheio de escrevê-las". Infelizmente, apesar disso você manifesta o desejo — e seus desejos são ordens para mim — de que eu lhe explique brevemente e de modo preciso o que representa para mim a palavra "Isso". Não posso fazê-lo de modo melhor do que já fiz antes: "O Isso *vive* o homem; é a força que o faz agir, pensar, crescer, sentir-se bem ou doente, numa palavra, que o *vive*".

Mas esta definição não a ajuda em nada. Portanto, recorrerei ao meio cuja eficácia já comprovei várias vezes: contar-lhe histórias. Lembre-se porém que meus relatos são extraídos de vastos relatórios, que se trata de incidentes ocorridos ao longo de demorados e penosos tratamentos. Caso contrário você seria capaz de imaginar que eu me tomo por um fazedor de milagres. Não é nada disso, pelo contrário: quanto mais trato de doentes, mais se enraíza em mim a convicção de que o médico só contribui com uma ínfima parte na cura de seus pacientes; é o doente que cura a si mesmo e o dever do médico, do psicanalista como dos outros, consiste em adivinhar a artimanha momentaneamente utilizada pelo Isso para continuar doente.

É um erro acreditar que o doente vai ao médico para se tratar. Há apenas uma parte de seu Isso disposta a sarar, a outra se obstina na doença e espreita ardilosamente a ocasião para obrigar o médico a prejudicá-lo. A lei segundo a qual a regra primordial de um tratamento é não prejudicar foi se gravando cada vez mais profundamente em mim, com o passar dos anos. Eu estaria mesmo inclinado a pensar que, na verdade, todos os casos de morte ocorridos durante os tratamentos, todo agravamento do estado do paciente podem ser atri-

230   O LIVRO dISSO

buídos a um erro do médico, sob o aspecto de que ele se deixou levar pela vilania do Isso doente. Ah, não há nada de divino em nosso comportamento, e o desejo de ser semelhante a Deus que, definitivamente, nos leva a sermos médicos, tem sua revanche sobre nós assim como sobre nossos antepassados paradisíacos. A punição, a maldição e a morte fazem parte de sua corte.

Um exemplo recente da posição assumida pelo Isso profundamente dissimulado de um paciente em relação a mim, enquanto seu Eu consciente me considerava com admiração e reconhecimento: dois sonhos de uma mesma noite, cheios de lições. Primeiro, o doente afirma não mais se lembrar do primeiro sonho. Mas como ele pensava muito nesse sonho esquecido, era possível concluir que ele possuía a chave do mistério. Esperei pacientemente um longo tempo para ver se não aparecia uma reminiscência. Mas ela não apareceu e, para encerrar, pedi ao paciente para dizer a primeira palavra que lhe passasse pela cabeça; esses truques às vezes funcionam. Uma vez me aconteceu, numa situação análoga, de ouvir a palavra Amsterdam, ao redor da qual se desenvolveu durante todo um ano um tratamento coroado de sucesso e, mesmo, um sucesso surpreendente. Portanto, aquele paciente pronunciou a palavra *casa* e me contou que, na véspera, havia observado meu sanatório do lado de fora, e que nele havia uma torre que não tinha a menor razão de estar ali, necessária apenas porque o edifício havia sido construído num lugar mal escolhido e que o teto era muito feio. Eu não podia negar — como você conhece a casa, você concordará comigo — que ele tinha razão. No entanto, suas reflexões se relacionavam a objetos inteiramente diferentes, infinitamente mais importantes, objetos decisivos para ele e para meu tratamento. Foi o que mostrou o segundo sonho. O paciente contou: "É um sonho bobo". E começou a rir. "Eu queria visitar uma casa que pertencia a um sapateiro. Dois meninos estavam brigando à entrada, e um deles saiu correndo, berrando. O sapateiro chamava-se Akeley. Não havia ninguém à vista; aos poucos surgiram alguns empregados, mas o sapateiro que eu queria visitar não apareceu. Em compensação, ao fim de um instante vi aparecer um velho amigo de minha mãe, curiosamente provido de abundante cabeleira negra quando na verdade era completamente calvo." Se o paciente não tivesse rido durante o relato e não tivesse precedido sua história por uma crítica do lado de fora de meu sanatório, talvez se tivessem passado semanas antes que fosse possível qualquer interpretação. Mas daquele modo, as coisas aconteceram depressa. A palavra Akeley deu a primeira explicação. Tinha sido extraída de uma obra de Arno Holz, publicada pouco antes sob o título *Die Blechschmiede* (O Funileiro), um livro com tolices extremamente espirituosas e eróticas.

O sarcasmo relativo a minha pessoa saltava aos olhos, uma vez que o paciente havia lido recentemente meu *Fuçador de Almas (Der Seelensucher)*, publicado por nosso amigo comum Groddeck. Era isso, o livro *Die Blechschmiede* e o sapateiro Akeley era eu, a casa do sapateiro, meu sanatório. Isso derivava também de que, quando de sua chegada ao sanatório, o paciente havia sido obrigado a esperar

CARTA 33 231

durante muito tempo no corredor antes de alguém lhe indicar seu quarto. Quanto a mim, só me viu no dia seguinte. Este tipo de opinião sobre o médico existe em todos os pacientes; e a constância da sentença desfavorável, portanto recalcada, demonstra que a merecemos. Eu não teria contado esse sonho se ele não contivesse a razão pela qual o doente me desprezava. No lugar do sapateiro apareceu no sonho um velho amigo da mãe morta que, coisa, estranha, tinha cabelos pretos. Esse amigo da mãe representa o pai; tem os cabelos pretos porque ele também está morto. A raiva contra o médico portanto não se dirige a mim, mas primeiro a esse amigo da mãe e, por trás dele, ao pai. É a contração de três pessoas; reflete com evidência a extensão da resistência que meu paciente havia transferido para mim. Mas o amigo da mãe também é o próprio paciente, que tem uma soberba cabeleira preta. Seu inconsciente lhe diz em sonho que tudo seria diferente se, no lugar do sapateiro Troll, fosse ele mesmo que se encarregasse do tratamento. Ele não está tão errado assim, o paciente sempre sabe mais do que o médico o que pode ser proveitoso. Mas infelizmente ele não se atreve a pensar em seu saber, limita-se a expressá-lo no sonho, em seus movimentos, suas roupas, sua natureza, seus sintomas da doença; em suma, numa linguagem que ele mesmo não entende. E de fato, esta identificação dele mesmo com o amigo da mãe e com o pai mostra mais do que o próprio paciente pode pensar. Ela encerra o desejo do incesto, o desejo infantil, esse desejo da criança de ser o amante da mãe. E as coisas assumem um aspecto singular. Com um sorriso alegre, sem qualquer zombaria, o paciente diz: "O amigo de minha mãe chamava-se Lameer, era flamengo, seu nome não tem nada em comum com minha mãe. . ."

Não, realmente? Creio que sim. E é consolador no que diz respeito ao tratamento, pois se o paciente não me identifica apenas com o amigo e o esposo da mãe, mas também com a própria mãe, é que transportou para mim seu sentimento por ela, um sentimento que não.pode ter-se sensivelmente alterado desde que tinha seis anos de idade, quando perdeu a mãe. Talvez seja algo favorável, contanto que a opinião que tinha da mãe fosse favorável, que ela o tenha socorrido. Mas quem pode saber? Pode ser também que ele a tenha mais detestado do que amado.

Mas preciso voltar ao começo do sonho, aos dois meninos que brigavam diante da casa do sapateiro. São de fácil interpretação. Representam a mesma coisa em dois momentos diferentes e consecutivos: o primeiro, o falo em estado de ereção; o segundo, que foge chorando, o membro em estado de ejaculação. Por trás dessa primeira interpretação há uma segunda, segundo a qual um desses meninos é o sonhador e o outro, com suas lágrimas, o irmão do sonhador, que ele afastou das boas graças dos pais. E a terceira interpretação, a mais profundamente recalcada, nos revela que um dos meninos é o próprio sonhador e o outro, seu pênis masturbado. Esta auto-satisfação ocorre diante da casa do sapateiro, os fantasmas eróticos do sonhador não se aplicam apenas ao sapateiro, como mostra a seqüência do sonho, mas também ao amigo da mãe, isto é, ao pai e por trás dele, bem oculta, a própria mãe, a mãe, *la mère*, Lameer.

Conto-lhe esse sonho porque o sonhador nos revela, sem saber, o ponto de partida do tratamento. Primeiro, ele anuncia ao ouvinte atento, e isto bem antes que o próprio paciente saiba claramente do que se trata, que existe uma forte resistência dirigida contra o médico, em conseqüência do que se atinge mais uma vez o ponto — que eu diria ser o único — a ser considerado para o tratamento. É no reconhecimento e na supressão conscientes ou inconscientes da resistência que reside essencialmente a ação do médico; ela será tanto mais proveitosa quanto o médico tiver visto de modo bem claro a situação. Além disso, o sonho conta qual foi o ponto do qual a resistência foi transferida. Ela emana na atitude hostil para com o amigo e esposo da mãe bem-amada e, anteriormente, da rivalidade entre os dois irmãos diante da entrada que leva à mãe que, oculta atrás de véus, nem por isso deixa de ser a verdadeira proprietária da casa, do sanatório, onde se cura as pessoas, do ventre materno onde nos refugiamos. Enfim, o paciente trai igualmente os complexos que são seus problemas: o complexo de Édipo e o complexo do onanismo.

Você tem aí um exemplo da maneira pela qual o inconsciente tenta tornar compreensível o que foi recalcado. Mas estou chovendo no molhado: você já não me escreveu que leu *A Interpretação dos Sonhos* de Freud? Releia-o mais uma vez, várias vezes; será recompensada mais do que pode pensar. Em todo caso, é desnecessário que eu me detenha mais num setor que o próprio Mestre, e com ele seus milhares de discípulos, exibiu a todos os que quisessem percorrê-lo sob formas sempre novas. A história que se segue move-se por cenários que lhe são ou deveriam ser conhecidos.

Trata-se de uma menina de oito anos que, há algum tempo, estava com medo da escola, embora antes tivesse prazer em freqüentá-la. A aritmética e as lições de tricô lhe faziam mal. Eu lhe perguntei que número lhe era mais desagradável e ela logo disse *dois*. Pedi que escrevesse um dois e ela me disse: "O ganchinho de baixo não é fácil; quando escrevo depressa, eu o suprimo". Perguntei então no que aquele ganchinho a fazia pensar e sem pensar ela me disse: "Um gancho de pendurar carne", e acrescentou, "para presunto e salsicha". E como se estivesse querendo apagar a impressão dessa estranha resposta, ou elucidá-la, continuou depressa: "Quando tricoto, deixo os pontos cair e aparece um buraco". Se você partir desse "aparece um buraco", compreenderá que o "gancho de carne" é realmente um gancho *de* carne, feito de carne e portanto que a criança está atravessando uma fase em que tenta explicar racionalmente o fato de existirem dois sexos. Numa forma muito condensada, por sua fobia, a ação que consiste em suprimir o ganchinho e deixar cair os pontos, ela nos revela sua teoria: a mulher, o dois da família, não tem gancho de carne ou melhor, perdeu-o por ter escrito muito depressa; pelo onanismo, os rápidos movimentos da agulha de tricotar, a ação de entrar e sair, provocam um grande buraco pelo qual a menininha, precocemente lasciva, expulsa sua urina, enquanto o menino a faz

CARTA 33

jorrar num jato da estreita abertura do pênis. É na verdade um problema difícil para um cérebro de menininha e não há nada de extraordinário no fato de ela não fazer progresso na aritmética e no tricô. No dia seguinte, a criança fez nova demonstração de seus conhecimentos, desta vez mais confortadora. Queixou-se de sentir terríveis dores quando defecava, insistindo assim no fato de que a menina, como compensação à supressão do ganchinho, põe crianças no mundo, mesmo que sob grande sofrimento. E novamente com o obscuro desejo de fazer-se entender melhor, para grande surpresa da mãe, que acreditava na inocência da filha, ela começou a contar que estivera presente no momento em que um bezerro havia sido tirado do ventre de uma vaca e como três lindos gatinhos tinham nascido da mãe gata. É estranho ouvir isso brotar de uma alma infantil quando a camada que recobre os recalques apresenta falhas.

É por comportamentos como esse e através de atos falhos simbólicos que o inconsciente se expressa freqüentemente. Assim, outro dia encontrei um de meus pacientes − faz parte dos que chamamos de homossexuais. Estava de mau humor porque havia quebrado seu *pince-nez*, sem o qual não pode gozar a vida. O óculos acabara de cair do nariz no momento em que ele quis pegar um vaso que estava sobre uma mesa. Quando lhe perguntei sobre os outros objetos sobre a mesa, falou-me da fotografia de um amigo. Na verdade, essa foto estava enfiada sob um monte de almofadas e cobertas, o verso para cima, de modo que a imagem estava invisível. Acontece que aquele amigo lhe havia sido infiel com uma moça. Como não estava em seu poder afastar o rapaz da moça, ele quis pelo menos separá-los simbolicamente e tirou o vaso que representava a moça. Seguiram-se automaticamente a virada da foto, sua colocação sob as almofadas e a quebra do *pince-nez*. Traduzido na linguagem do consciente, isso significa: "Não quero mais ver esse traidor". "Mas resta-me seu verso, já que uma moça não saberá apreciá-lo. Portanto, que a foto fique ao contrário." "Mesmo assim, talvez fosse mais seguro proteger também este outro lado, as costas. Vamos cobri-lo com almofadas." "Assim está bem, agora já não o vejo mais. Mas e se eu acrescentasse também uma manta?" "Isso não basta. Sofro demais. Melhor que eu me cegasse. Não precisaria mais perceber sua deslealdade e poderia continuar gostando dele." E com isso, o coitado quebrou o *pince-nez*.

O inconsciente faz curiosas experiências com os olhos. Ele elimina do consciente as impressões da retina quando elas são insuportáveis. Um dia, mandei que uma de minhas pacientes examinasse atentamente os objetos que estavam em sua escrivaninha e os guardasse na memória: Quando lhe pedi que me dissesse o que havia na mesa, ela enumerou tudo, menos as fotos de seus dois filhos, que ela persistia em não enumerar, apesar das várias alusões ao fato de que estava omitindo dois objetos. Quando a interroguei sobre a razão desse esquecimento, ela se espantou. "Eu não vi que estavam ali", disse. "Isso é tanto mais estranho quanto tiro o pó delas todo dia, eu mesma, e hoje também fiz isso. Mas, sabe, os pobres rapazes estão no exército. Um já caiu no campo de honra, o outro está bem no

234 O LIVRO dISSO

meio dos combates de Varsóvia. Se posso evitar, por que vou despertar minha dor através dos olhos?"

Um outro queixava-se de que um véu negro subitamente o privara da visão: é muito freqüente. Eu lhe pedi que retornasse, em pensamento, ao lugar onde aquele nevoeiro o havia cegado e me dissesse o que via. "Pedras!", ele responde. "Subia por uma escada e via degraus de pedra." Não era possível extrair muito disso. Mas como eu me obstinava em acreditar que a visão das pedras devia ter provocado aquela vertigem, ele me prometeu que pensaria no assunto. Com efeito, voltou no dia seguinte para me dizer que no decorrer de um novo acesso, vira pedras outra vez. Talvez não devesse rejeitar essa hipótese, pois ele sabia agora que tinha experimentado o mesmo tipo de mal-estar em Ostende; sempre havia considerado aquela cidade como um lamentável amontoado de pedras e de pessoas de coração frio. Quando lhe perguntei o que significava aquele amontoado de pedras e pessoas, respondeu: "Um cemitério". Como eu sabia que ele havia sido educado na Bélgica, tratei de dirigi-lo para a semelhança fonética entre Pedro e pedra. Mas ele me explicou que nunca um Peter ou um Pedro havia representado algum papel em sua vida. No dia seguinte, ele mesmo voltou a falar do assunto. Eu poderia ter razão. A casa de seus pais, onde havia perdido a mãe com a idade de seis anos e que havia sido vendida pouco após sua porte porque o pai emigrou para Ostende, estava na Rua São Pedro. Se sua mãe não tivesse sido inumada no cemitério de São Pedro, as janelas de seu quarto de criança davam para a praça, bem diante do imenso amontoado de pedras da igreja de São Pedro. Muitas vezes acompanhara a mãe àquela igreja e a massa de pedras do interior, bem como a multidão de fiéis que se comprimiam, sempre o haviam perturbado. A palavra Ostende lhe fez vir ao espírito a Rússia, em alemão Russland, país dos russos; e *russ* em alemão significa fuligem; portanto, país da fuligem, o país negro, o país da morte. Desde o dia em que esses complexos recalcados afloraram ao consciente, não mais sentiu a sensação de véu negro diante dos olhos; em compensação, seu Isso não retirou uma outra de suas medidas de recalque. O paciente, que sua mãe havia severamente criado na religião católica, havia renunciado a sua fé sob a pressão do desejo de recalque; e apesar da supressão do recalque, nunca mais voltou à igreja.

Você se lembra da Sra. von Wessels? De sua paixão pelas crianças e de seu sofrimento por não poder ter uma criança? Um dia, eu estava sentado com ela à beira do bosque: a conversa estava se arrastando há alguns minutos e acabou parando completamente. De repente, ela me diz: "O que está acontecendo comigo? Não consigo ver o que está à direita mas à esquerda tudo está bem claro e distinto". Perguntei desde quando acontecia aquilo e ela respondeu: "Percebi faz pouco, no bosque". Pedi que me mostrasse o ponto de nosso passeio em que aquilo acontecera; ela indicou uma encruzilhada pela qual havíamos passado. "O que havia à sua direita naquele lugar?" perguntei. "Cruzamos com uma senhora e seu filho. Para falar a verdade, já estou vendo bem outra vez." E ela se lembrou rindo que durante todo o

CARTA 33

trajeto que havia antecedido aquele cruzamento, ela me havia falado sobre um sonho de olhos abertos: tinha uma casinha longe de tudo, com galinhas, passarinhos, todo tipo de animal e morava ali com seu filhinho, enquanto o pai aparecia apenas de vez em quando para visitá-los. "Se eu não estivesse convencida faz tempo de que você tem razão ao dizer que todas as doenças são criações do Isso, por motivos bem razoáveis, eu me convenceria disso agora. Minha semicegueira só pode ter sido provocada porque eu não podia suportar a visão daquela mãe com seu filho."

Histeria? Sem dúvida, médico algum, pessoa culta alguma duvidaria desse diagnóstico. Mas você e eu aprendemos a desprezar essas designações, ambos conhecemos a Sra. von Wessels e no máximo, apenas por respeito pela erudição de óculos, podemos admitir que essa mulher esteve histérica por alguns momentos. Mas por que nos preocuparmos com uma palavra tão tola e demoníaca quanto a palavra histeria? Deixe-me contar-lhe o que aconteceu alguns anos depois.

Uma noite, encontrei a Sra. von Wessels após o teatro. Ela me disse que havia ido ao teatro para encontrar-se com um velho amigo cujo nome havia visto num jornal estrangeiro alguns dias antes. Observei que sua pálpebra superior esquerda estava vermelha e inchada. Ela ainda não tinha percebido isso, examinou o olho e disse: "Eu não me surpreenderia se o Isso estivesse tentando outra vez me enganar com uma semicegueira!" Depois, recomeçou a falar da chegada imprevista daquele antigo amigo, mas se interrompeu para exclamar: "Agora sei por que meu olho está inchado. Isso aconteceu quando li o nome de meu antigo admirador naquela lista de estrangeiros". E ela me disse como, durante a longa doença que devia levar à morte seu primeiro marido, ela havia flertado com aquele cavalheiro. Contou-me todo tipo de detalhe daquela época e mergulhou cada vez mais na convicção de que seu olho havia inchado para que ela não tivesse necessidade de ver aquele nome que provocaria nela um sentimento de vergonha, mas aceitou mesmo assim minha contra-hipótese segundo a qual seu Isso ainda estava punindo o órgão com o qual havia pecado. O resultado pareceu nos dar razão, pois quando nossa amiga se despediu, o inchaço havia desaparecido. No dia seguinte, ela teve uma discussão violenta com seu segundo marido a respeito de sua enteada. Eu estava na casa dela na hora do chá e percebi que ela desviava obstinadamente o olhar de sua enteada, sentada à esquerda, e percebi que a pálpebra recomeçava a inchar. Falei disso para ela um pouco mais tarde e ela concordou que, mulher sem filho, não podia suportar a vista da enteada e que essa era sem dúvida a razão do inchaço. Isso lhe sugeriu uma nova idéia que ela desenvolveu durante algum tempo. Era possível, enfim, que a enteada tivesse sido a causa também do inchaço da véspera. Mas logo voltou à idéia de que a causa daquilo era o nome de seu antigo flerte. "O aniversário da morte de meu primeiro marido está próximo", disse. "Há anos percebi que geralmente fico doente nessa época e acho que fomentei essa disputa com Karl — prenome do Sr. von Wessels — para ter uma razão para chorar meu primeiro marido. Isso me parece tanto mais verossímil

236 O LIVRO dISSO

quando me lembro de uma visita que fiz na véspera do dia em que
minha pálpebra inchou. Era uma casa de saúde e ali vi um doente
dos rins, exolando o mesmo cheiro característico dos urêmicos de
meu marido, coçando a língua com uma espátula, exatamente como
meu falecido esposo. Na mesma noite, a visão de um molho de rabanete me deu um enjôo que passou quando percebi a semelhança entre
aquele molho e aquela língua que vira no hospital. A presença de
minha enteada era insuportável porque me lembrava a infidelidade
cometida contra meu primeiro marido. Você pode imaginar que durante
meu luto fiz o juramento, mil vezes, de que não voltaria a me casar." E
outra vez o inchaço da pálpebra desapareceu enquanto conversávamos.

E não houve mais inchaços na pálpebra. Em compensação, a
Sra. von Wessels apareceu alguns dias depois em minha casa com o
lábio superior bem grosso, mais de um centímetro maior que o normal.
Uma mancha vermelho-vivo se formara perto do canto da boca, na
beira do lábio, de modo que o vermelho do lábio parecia duas vezes
maior. Meio rindo, meio aborrecida, ela me mostrou uma carta que
uma conhecida distante havia escrito a uma de suas amigas e que
esta amiga, indignada, lhe havia transmitido, como as amigas costu-
mam fazer. Ali vinha escrito, ao lado de outras gentilezas, que a Sra.
von Wessels, com sua grosseira sensualidade, evidente para todos,
era uma verdadeira bruxa. "Veja minha boca", disse ela, zombeteira,
"pode haver melhor prova de minha natureza grosseira e sensual do
que estes lábios inchados e este vermelho-vivo? A Srta. H. tem toda
razão em me chamar de feiticeira, eu não poderia acusá-la de estar
mentindo." A coisa me interessava por várias razões, das quais voltarei a falar — pelo menos de uma delas — daqui a pouco, e durante
alguns dias dediquei algum tempo a uma séria análise, de que lhe
faço um resumo.

Na verdade, toda a história não dizia respeito nem à morte do
marido nem à enteada e tampouco ao antigo admirador; o pivô era
aquela Srta. H., cuja carta havia provocado na Sra. von Wessels aquele
lábio inchado. Aquela Srta., há muito em maus termos com a Sra.
von Wessels — vamos chamá-la de Paula — estava no teatro, quinta,
16 de agosto, quando se manifestara pela primeira vez o inchaço da
pálpebra esquerda; ela estava à esquerda da Sra. von Wessels. Exatamente oito dias antes, quinta 9 de agosto, a Sra. von Wessels também
havia ido ao teatro; como você sabe, essas idas ao teatro são bem
raras nela. Seu segundo marido a acompanhava; à esquerda, a Sra. von
Wessels tinha visto Paula e não ignorava que outrora Paula havia dado
em cima do Sr. von Wessels. E naquela primeira quinta-feira, 9 de agosto, a Sra. von Wessels havia interceptado o olhar furibundo dos surpreendentes olhos cinzas de Paula que, naquela circunstância, haviam assu-
mido uma expressão curiosamente dura e penetrante. Eram os mesmos olhos cinzentos da mulher daquele doente dos rins, cuja língua
grossa, ela achava, havia provocado naquela noite o enjôo quando
viu o molho de rabanete. A visita que ela fizera àquele doente — você
se lembra que o cheiro de urina lhe havia lembrado a morte do marido
— ocorrera a 15 de agosto e que a esposa de olhos cinzentos estava

CARTA 33 237

presente. O nome dessa mulher é Anna; Anna também é o nome da irmã mais velha de Sra. von Wessels. Esta irmã a fez sofrer muito na infância. E aquela irmã Anna tinha os mesmos olhos cinzentos, duros e penetrantes de Paula. E chegamos ao aspecto curioso do caso: Anna, a irmã, fazia aniversário a 21 de agosto. No dia 15, a Sra. von Wessels, tendo consultado o calendário, decidiu escrever à irmã; queria fazê-lo a 16, mas foi ao teatro ver um balé, isto é, lindas pernas. A 17, adiou outra vez a carta de aniversário, só a escrevendo a 18, dia do lábio inchado e a 21, dia do aniversário, o inchaço do lábio desapareceu milagrosamente. A análise, até então estacionária, assumiu um desenrolar rápido e todo um emaranhado de fios se desfez.

A Sra. von Wessels me contou: "Quando, por volta dos 14 anos, me informei um pouco mais sobre a gravidez, comparei o aniversário de minha irmã, na época cordialmente detestada por mim, com o aniversário de casamento de meus pais e me convenci que ela devia ter nascido antes do casamento. Daí eu tirava duas conclusões: primeiro, que minha irmã não era legítima, o que ressurge em minha antipatia, caso contrário inexistente, por minha enteada nesse mesmo 17 de agosto, pois aquela enteada não era minha filha, portanto não é legítima, nasceu fora dos laços do casamento. Segundo, que minha mãe, que eu detestava não menos cordialmente naquela época, era uma mulher grosseira e sensual, opinião que eu achava tanto mais justificada quanto minha mãe havia dado à luz, seis meses antes, a uma criança. Como psicanalista, você sabe que ciúme pode nascer no coração da filha mais velha em virtude de uma gravidez tão tardia. Sempre considerei esse cálculo das datas do nascimento de Anna como o ato mais deplorável de minha vida; esta confissão ainda hoje me é penosa. Como você viu em meu lábio, ainda me puno pela minha infame ação contra minha mãe exibindo a todo mundo minha própria sensualidade, após a censura que me fez a Srta. Paula. Vamos em frente: sei que minha irmã Anna espera encontrar em minha carta de aniversário um convite para o mês de outubro. Mas não quero que ela venha, embora reconheça que fiz mal em me abandonar à minha hostilidade. A boca que não quer fazer esse convite deve ser punida. Mas esta mesma boca também deve ser punida pelo motivo de que, na época daquele cálculo das datas do casamento e do nascimento, ela me fez pronunciar o juramento sacrílego de que eu nunca teria filhos. Fiz esse juramento quando ouvi, por acaso, os gritos de uma mulher no momento do parto. A ligação com minha boca se revelou através de uma de minhas conhecidas; estéril durante longo tempo, ela ficou grávida e seus lábios, antes finos, se tornaram cheios e vermelhos. Vi essa conhecida a 15 de agosto e longamente lhe falei da criança que estava vindo. É o que posso dar como explicação para a inflamação da boca. Em relação ao olho, é bem simples. Das inúmeras vezes em que minha mãe ficou grávida, não reconheci nenhuma; nem a última, embora eu tivesse 13 anos e soubesse perfeitamente como as crianças vinham ao mundo. Portanto, minhas tentativas para não ver os estados de gravidez remontam bem longe. Como me espantar então se recorro ao meio comprovado de "desligar" meu bom

238 O LIVRO dISSO

olho esquerdo — o direito não vale muito — quando o complexo de gravidez de minha mãe entra em cena? Mas há outra coisa. Sei, por exemplo, que durante minha visita ao urêmico não era o cheiro de urina que me incomodava, mas o das fezes; isso significa que por trás da lembrança da morte de meu marido oculta-se a lembrança — que me faz corar de vergonha — de um momento em que minha mãe me acariciou o rosto; e eu, ao invés de me alegrar com aquela carícia, atribuí àquela mão afetuosa um cheiro de dejetos. Em outras palavras, eu imaginava nela a prática de atos aos quais sem dúvida eu mesma me entreguei em minha infância. Deixo à sua perspicácia o trabalho de descobrir se o rabanete tem algo a ver com minha mãe." Faço uso dessa autorização. Rabanete, em alemão *Meerrettich*, me parece, através da sílaba *Meer*, ligar-se a *mãe*, e o rabanete é um símbolo viril bem conhecido. A expressão popular 'enfiar um rabanete no rabo' (deixar alguém com a pulga atrás da orelha) leva ao cheiro de privada. — Esta impressão olfativa me leva de volta à mulher do urêmico, com seus olhos cinzentos, aos olhos duros de Paula e aos de minha irmã Anna. A fobia de Paula, que sem dúvida existe em mim, repousa nestes olhos, que em suma são os temidos olhos de Anna. Mas se eu disse que detestava Anna, preciso amenizar um pouco essa declaração. Havia em Anna algo de que eu gostava acima de tudo, eram suas pernas e suas calcinhas. Tenho ainda hoje uma coleção de pernas de Anna em calcinhas rendadas, por mim desenhadas na escola à margem dos cadernos. Suas pernas representam um papel importante em minha predileção pelo balé e você sabe que no dia 16 de agosto eu havia ido ao teatro para admirar aquelas pernas bonitas. E vejo também de repente outra relação que nos leva para épocas mais recuadas de minha infância, para além do que tudo seria imaginação. Minha fobia do olhar duro na verdade remonta a minha avó, que eu temia como a peste. Seu primeiro gesto, quando íamos vê-la, era levantar nossas saias para ver se nossas calcinhas estavam limpas. Já naquela época eu entendia que aquilo não se dirigia a mim, mas à minha mãe e era por causa daquela hostilidade para com minha mãe que eu detestava a velha. Mas considero possível que essa inspeção das calcinhas era para mim motivo de volúpia. Mas você pode prever que aquela suspeita, aquela acusação de sujeira que eu censurava na velha foi por mim retomada mais tarde quando da carícia que minha mãe fez em meu rosto. É sério. E mais outra coisa. Uma de minhas tias — ouvi falar dela durante toda minha infância — havia sido renegada por meus avós porque ficou grávida do noivo antes do casamento. Era essa acusação que eu fazia contra minha mãe. Minha avó era para mim, simplesmente, uma feiticeira. E essa palavra, feiti-ceira, nos remete a Paula e aos acontecimentos dos últimos dias. Eu não ignorava que Paula, cuja mente brinca com todo tipo de fantasias ocultas, me atribuía poderes telepáticos e me chamava de feiticeira. Muitas vezes usei essa expressão em relação à mãe de minha enteada que, claro, só conheço de vista ou melhor, de ver e de ouvir falar. Quando ouvi a voz dela pela primeira vez, fiquei gelada de terror; eu sentia que havia por trás daquela voz algo de horrível, proveniente

CARTA 33   239

de minha infância. Quando vi aquela mulher, percebi desde logo que
ela tinha os olhos duros de minha irmã Anna e agora sabia que sua
voz era a voz da avó-feiticeira. A singular repugnância que eu sentia
ao olhar minha enteada, dia 17 de agosto, provinha da identificação
entre a mãe dela e minha avó, minha irmã e minha inimiga Paula;
em outras palavras, porque ela ressuscitava em mim lembranças profundamente recalcadas. Se é que compreendo bem as coisas, é preciso
ir procurar a origem dos incidentes com meu olho e meu lábio em
meus conflitos com minha irmã mais velha, despertados de seu sono
recalcado pela data do aniversário e pelo encontro com Paula, enquanto
que o luto anualmente evocado por motivo da morte de meu primeiro
marido é uma tentativa para recobrir esses complexos inoportunos.
A dificuldade de ver resultante do inchaço da pálpebra é, sob outra
forma, a mesma tentativa de recalcar tudo isso através de sintomas
de uma doença: eu não quero ver. E como a vista dos complexos
não pode mais ser evitada por causa do amontoado dos fenômenos,
segue-se logicamente o desejo de não falar disso, o que é expresso pelo
inchaço do lábio e pela dificuldade de falar decorrente. Estas duas
manifestações são ao mesmo tempo outras tantas punições por ter
olhado aquelas lindas pernas e pela abstenção de engravidar.''
    Resta saber, minha cara, se a Sra. von Wessels tem razão em
suas considerações. Ela certamente deixou em silêncio um monte de
material e a metade do que chegou até nós já estava interpretado.
Conto-lhe essa história porque aqui você pode ver uma mulher que
não é boba descrever claramente o modo pelo qual o Isso se expressa
através de sintomas de doença, pelo menos tal como vejo as coisas.
No entanto, como dizia ainda há pouco, tenho outra razão para
relatar isto com tantos detalhes. Na época em que a Sra. von Wessels
teve esses incidentes oculares e buco-labiais e me falava do cheiro
dos urêmicos, em minha casa de saúde encontrava-se um doente dos
rins que tinha esse cheiro característico. Quando ele me foi mandado
para tratamento, já estava no último estádio e me pus a observar e
aliviar sua agonia·tanto quanto era possível, porque a forma de sua
boca, com seus lábios finos e apertados, me pareciam uma confirmação de minha opinião, segundo a qual o Isso expressa pela retenção
das toxinas urinárias a mesma coisa que através de uma boca de lábios
finos. Para mim, a uremia é o resultado do combate mortalmente
perigoso da vontade de recalcar contra o que foi recalcado e que procura constantemente se manifestar, contra os poderosos complexos
de secreção de urina que emanam da mais tenra infância e que estão
ocultos nas camadas mais profundas da constituição da pessoa. Este
caso não contribuiu muito para o progresso de minhas pesquisas,
aliás bastante fantasiosas e bem pouco científicas, para as quais no
entanto sou instigado por um interesse bem pessoal em virtude de
minha própria doença dos rins. Eu tinha então de me decidir a ver
uma relação entre algumas singulares manifestações, percebidas no
decorrer dessa tragédia, com uma tentativa do Isso para se fazer compreender. Eu precisaria então mencionar que após o primeiro dia de
análise, a antiga constipação de que o paciente sofria há mais de dez

240   O LIVRO dISSO

anos se transformou em uma diarréia com um fedor atroz. Se fôssemos bastante loucos, poderíamos ver nisso uma sarcástica exclamação
do Isso: Quero me livrar da sujeira corporal, que eu tinha o costume
de reter, mas me recuso a liberar as imundícies psíquicas. Seria possível interpretar os vômitos do mesmo modo — de fato, são manifestações que surgem freqüentemente na uremia, tanto quanto a diarréia — enquanto que por outro lado seria possível dizer com um pouco
de temeridade que as convulsões urêmicas — e, enfim, a morte —
são meios de coação do Isso, efetuando o recalque a fim de impedir
a tomada de consciência dos complexos. Enfim, um curioso fenômeno
que eu ainda não havia observado, uma tumescência dos lábios que
lhes faz perder o aspecto comprimido, poderia traduzir-se por uma
irônica concessão do Isso no sentido de devolver à boca sua liberdade, quando na realidade o edema a impede de falar. Mas tudo isso
são *tiradas* não garantidas por coisa alguma. Em compensação, acon-
teceu-me nessa época uma estranha aventura que posso interpretar
com uma certa segurança pelo fato de tê-la vivido pessoalmente. Naqueles dias em que, após o incidente do lábio, eu me ocupei seriamente
com a análise da Sra. von Wessels, as primeiras convulsões urêmicas
apareceram em meu paciente. Passei a noite no sanatório e, como
estivesse frio, levei para a cama uma bolsa de água quente. Antes de
dormir, abri com um corta-papéis ponteagudo as páginas de um exem-
plar da revista psicanalítica de Freud e a folheei. Descobri ali, entre
outras coisas, a notícia de que Felix Deutsch fizera em Viena uma
conferência sobre a psicanálise e as doenças orgânicas. Você sabe que
se trata de um assunto que me interessa faz tempo e que deixei nosso
amigo comum Groddeck cuidar disso. Enfiei a revista e o corta-papéis
sob o travesseiro, devaneei um pouco sobre o assunto e não demorei
para, através desse desvio, voltar a meu paciente urêmico e a minha
interpretação da retenção da urina como signo de recalque. Com isso
adormeci e acordei pela manhã com uma curiosa sensação de umidade,
que me levou a acreditar que havia urinado na cama. Mas durante o
sono eu havia furado a bolsa de água quente com o corta-papéis, e a
água havia se escoado lentamente. Na noite seguinte, também fiquei
no sanatório; e como gosto sempre de comer alguma coisa, levei comigo
alguns chocolates, coisa que faço sempre. E o que você acha que aconteceu? Quando acordei, na manhã seguinte, meu pijama e meus lençóis
estavam inteiramente manchados de chocolate. A coisa parecia tão
terrivelmente com cocô e estava com tanta vergonha que eu mesmo
tirei os lençóis para que a criada não fosse pensar que eu havia feito
cocô na cama. Foi exatamente essa idéia de desfazer a cama, porque
senão pensariam que eu me havia aliviado ali, que me encorajou a analisar aquilo um pouco. Tive a idéia de que, já em relação à bolsa de
água quente, tivera a impressão de que aquilo podia ser interpretado como um "acidente". E como não estava pensando no urêmico, foi assim que expliquei a coisa: "Seu Isso está lhe dizendo que,
apesar do estado relativamente precário de seus rins, você não precisa
temer a uremia; veja como você evacua facilmente a urina e as fezes;
você não as retém, não recalca, você é como um bebê, inocente e

CARTA 33

aberto de coração e de ventre". Se eu não soubesse como o Isso é manhoso, sem dúvida me teria contentado com isso. Mas não me dei por satisfeito e de repente o nome de Felix me passou pela cabeça. Felix era o nome da pessoa que havia falado da psicanálise e das doenças orgânicas. Felix Schwartz também era o nome de um de meus amigos de escola, e aquele amigo morrera de uremia, seqüela de uma escarlatina. *Schwarz* (preto) é a morte. E em Felix está a felicidade; a relação entre Felix e Schwarz, entre a felicidade e a morte só pode ser o momento da suprema volúpia sexual ligada ao medo de ser punido pela morte. Em outras palavras, é o complexo do onanismo, este velho complexo que não pára de se manifestar de modo abafado, mesmo quando penso em minha doença dos rins. Assim, a interpretação que havia dado dos dois incidentes me pareceu confirmada. Meu Isso me dizia: "Seja honesto, não recalque as coisas e nada lhe acontecerá". Duas horas mais tarde, eu estava sabendo mais: ao me aproximar do leito de meu urêmico, uma idéia me ocorreu: "Ele se parece com meu irmão Wolf". Nunca havia percebido aquela semelhança mas agora podia vê-la claramente. E de modo obscuro me fiz esta pergunta: "Que relação existe entre seu irmão Wolf ou a palavra *Wolf* e seus recalques? Isso é coisa que sempre reaparece, seja qual for a análise que você tenta, e você nunca encontra a solução. A que está em sua mente agora não é nem a última, nem a mais profunda".

Apesar disso, não vou ocultá-la de você. Quando eu era pequeno — mas velho bastante para ter guardado a lembrança — me acontecia muito de "ofender" o períneo, entre as nádegas, o que me provocava uma eritema intertrigo perineal — que em alemão chama-se *Wolf*. Eu ia então para casa e minha mãe me passava pomada no períneo. Não há dúvida de que isso impulsionou um futuro onanismo; sem dúvida já era uma forma de onanismo infantil para o qual, com uma artimanha meio consciente e digna de uma raposa, eu utilizava a mão de minha mãe para fins culposos, provavelmente em lembrança das delícias sentidas pelos bebês quando dos cuidados que lhes dedica a mãe ou a ama. E como eu estivesse nesse ponto de minha análise, lembrei-me de repente que, na véspera, andando de bicileta, mais uma vez eu havia "ofendido" o períneo e estava com um intertrigo (ou Wolf). "Está aí o Wolf que você procurou por tanto tempo", exclamei mentalmente. Estava encantado e confortei a esposa de meu paciente numa hora difícil. Mas ao atravessar a soleira da porta eu sabia: "Essa também não é a solução! Você está recalcando. Apesar dos elogios de seu Isso e de seus amigos no que diz respeito a sua franqueza, você é exatamente como os outros. E só é honesto aquele que disser como aquele dono de botequim: Que Deus me tenha! Mas você não acha que mesmo isso é farisaico?

Adieu, minha cara,

Seu

Patrik.

PSICANÁLISE E PSICOLOGIA NA PERSPECTIVA

Distúrbios Emocionais e Anti-semitismo – N. W. Ackerman e M. Jahoda (D010)

LSD – John Cashman (D023)

Psiquiatria e Antipsiquiatria – David Cooper (D076)

Manicômios, Prisões e Conventos – Erving Goffman (D091)

Psicanalisar – Serge Leclaire (D125)

Escritos – Jacques Lacan (D132)

Lacan: Operadores da Leitura – Américo Vallejo e Ligia C. Magalhães (D169)

A Criança e a Febem – Marlene Guirado (D172)

O Pensamento Psicológico – Anatol Rosenfeld (D184)

Comportamento – Donald Broadbent (E007)

A Inteligência Humana – H. J. Butcher (E010)

Estampagem e Aprendizagem Inicial – W. Sluckin (E017)

Percepção e Experiência – M. D. Vernon (E028)

A Estrutura da Teoria Psicanalítica – David Rapaport (E075)

Freud: A Trama dos Conceitos – Renato Mezan (E081)

O Livro dIsso – Georg Groddeck (E083)

Melanie Klein I – Jean-Michel Petot (E095)

Melanie Klein II – Jean-Michel Petot (E096)

O Homem e seu Isso – Georg Groddeck (E099)

Um Outro Mundo: A Infância – Marie-José Chombart de Lauwe (E105)

A Imagem Inconsciente do Corpo – Françoise Dolto (E109)

A Revolução Psicanalítica – Marthe Robert (E116)

Estudos Psicanalíticos sobre Psicossomática – Georg Groddeck (E120)

Psicanálise, Estética e Ética do Desejo – Maria Inês França (E153)

O Freudismo – Mikhail Bakhtin (E169)

Psicanálise em Nova Chave – Isaias Melsohn (E174)

Freud e Édipo – Peter L. Rudnytsky (E178)

Os Símbolos do Centro – Raïssa Cavalcanti (E251)

Violência ou Diálogo? – Sverre Varvin e Vamik D. Volkan (orgs.) (E255)

Cartas a uma Jovem Psicanalista – Heitor O'Dwyer de Macedo (E285)

O Terceiro Tempo do Trauma – Eugênio Canesin Dal Molin (E346)

A "Batedora" de Lacan – Maria Pierrakos (EL56)

Memória e Cinzas: Vozes do Silêncio – Edelyn Schweidson (PERS)

Acorde: Estratégias e Reflexões para Atualizar Habilidades de Relacionamento em Tempo de Inovações – Abel Guedes (LSC)

A Grande Mentira – José María Martínez Selva (LSC)

COLEÇÃO ESTUDOS
(Últimos Lançamentos)

325. *Psicanálise e Teoria Literária: O Tempo Lógico e as Rodas da Escritura e da Leitura,* Philippe Willemart
326. *Os Ensinamentos da Loucura: A Clínica de Dostoiévski,* Heitor O´Dwyer de Macedo
327. *A Mais Alemã das Artes,* Pamela Potter
328. *A Pessoa Humana e Singularidade em Edith Stein,* Francesco Allieri
329. *A Dança do Agit-Prop,* Eugenia Casini Ropa
330. *Luxo & Design,* Giovanni Cutolo
331. *Arte e Política no Brasil,* André Egg, Artur Freitas e Rosane Kaminski (orgs.)
332. *Teatro Hip-Hop,* Roberta Estrela D'Alva
333. *O Soldado Nu: Raízes da Dança Butō,* Éden Peretta
334. *Ética, Responsabilidade e Juízo em Hannah Arendt,* Bethania Assy
335. *Alegoria em Jogo: A Encenação Como Prática Pedagógica,* Joaquim Gama
336. *Jorge Andrade: Um Dramaturgo no Espaço Tempo,* Carlos Antônio Rahal
337. *Nova Economia Política dos Serviços,* Anita Kon
338. *Arqueologia da Política,* Paulo Butti de Lima (E338)
340. *A Presença de Duns Escoto no Pensamento de Edith Stein: A Questão da Individualidade,* Francesco Alfieri (E340)
341. *Os Miseráveis Entram em Cena: Brasil, 1950-1970,* Marina de Oliveira (E341)
342. *Antígona, Intriga e Enigma,* Kathrin H. Rosenfield
343. *Teatro: A Redescoberta do Estilo e Outros Escritos,* Michel Saint-Denis
344. *Isto Não É um Ator,* Melissa Ferreira
345. *Música Errante,* Rogério Costa
346. *O Terceiro Tempo do Trauma,* Eugênio Canesin Dal Molin
347. *Machado e Shakespeare: Intertextualidade,* Adriana da Costa Teles

Este livro foi impresso em Cotia,
nas oficinas da Meta Brasil para a Editora Perspectiva.